Is University
Education Useful
for Job ?

文系
大学教育は
仕事の役に
立つのか

● 職業的レリバンスの検討

本田由紀 編
Yuki Honda

ナカニシヤ出版

目　次

01　人文社会科学系大学教育は「役に立たない」のか ——————— 1
本書の問題関心・研究動向・調査概要　　　　　　　　　　　本田由紀

1　問題関心と社会背景　　2
2　研究動向　　6
3　調査の概要　　9
4　本書の構成と各章の内容　　13

02　分野間の教育内容・方法の相違とスキルへの影響 ——————— 21
本田由紀

1　分野間の教育内容・方法の相違　　22
2　学習成果としての仕事スキルとその形成経路　　31
3　知見のまとめと考察　　40

03　誰が大学での学びを仕事で活用しているのか ——————— 43
大学時代のラーニング・ブリッジング態度に着目して　　　小山　治

1　問題設定　　43
2　先行研究の検討　　46
3　変数の設定　　48
4　分析：（大学）ラーニング・ブリッジング態度と大学教育の仕事活用度との関連性　　51
5　結　論　　58

04　誰が資格を取得するのか ——————————————————— 61
大学在学中と卒業後の資格取得の規定要因　　　　　　　　河野志穂

1　はじめに　　61
2　先行研究の整理と分析の視点　　63
3　取得した資格　　68
4　誰が資格を取得するのか　　73
5　おわりに　　85

05 大学教育が現職で役立っていると感じるのは誰か ———— *89*
人文社会系の職業的レリバンスに関する潜在クラス分析　　　豊永耕平

1　問題設定　*89*
2　大学教育の職業的レリバンスの認知構造　*92*
3　大学教育が現職で役立っていると感じるのは誰か　*95*
4　結　論　*101*

06 大学教育への否定的評価再考 ———————————— *105*
パーソナルな「無駄」観とソーシャルな「不要」観に注目して　　香川めい

1　大学が「役立たない」認識は否定的評価に結びつくのか　*105*
2　分析手法と変数の設定　*108*
3　分析結果　*110*
4　まとめと考察　*121*

07 学生時代の学習経験を顧みる ————————————— *125*
聞き取り調査の結果から　　　二宮　祐

1　本章の目的：大学での学習経験への着目　*125*
2　調査の概要　*128*
3　分析の結果　*131*
4　まとめと課題　*146*

08 奨学金利用と学生時代の学び ————————————— *151*
西舘洋介

1　問題設定　*151*
2　データと変数の設定　*155*
3　奨学金の利用は大学での学びに影響をもたらすのか　*156*
4　大学での学びは安定した職業の獲得につながるのか　*161*
5　結　論　*166*

09 人文社会系大卒者の空間的ライフコースとその規定要因 ──────── *171*

河原秀行

1 問題設定 *171*
2 先行研究の検討と分析の視点 *172*
3 個人の移動経路と移動先：出身地と空間的ライフコース *178*
4 「誰が移動しているのか」：出身県外現住の規定要因分析 *182*
5 結 論 *189*

あとがき *195*

事項索引 *198*
人名索引 *201*

01 人文社会科学系大学教育は「役に立たない」のか

本書の問題関心・研究動向・調査概要 [1]

本田由紀

日本では，人文社会科学系の大学教育は仕事には「役に立たない」と言われることが多い。そのような認識に基づいて，人文社会科学系を無理矢理に「役に立たせよう」とする施策，あるいは廃止・縮小の圧力さえ生じている。しかし，そもそも「役に立たない」という認識や，そうした認識に基づく施策は，データの分析に基づいたものではない場合が大半である。だとすれば，文系の大学教育でも，実は十分に仕事にも「役立っている」のではないか。あるいは，大学教育のやり方によっては仕事に「役立ちうる」のではないか。文系内部でも学問分野や仕事のありようによって「役立ち方」やその度合いは異なっているのではないか。もし「役立っている」のであれば，それにもかかわらず「役立っていない」と思われているのはなぜか。これらの問いに取り組むことを本書全体の目的として提示する。そのうえで，既存研究の動向や課題と，本書が使用する調査データについて説明する。

---

[1] 第1章および第2章は，本田由紀「人文社会系大学教育の分野別教育内容・方法と仕事スキル形成」『RIETI Discussion Paper Series』17-J-071 に加筆修正を加えたものである。

1 問題関心と社会背景

> 日本では高等教育で学んだことは役に立たない，もっと役に立つ教育を，という意見をよく耳にする。だが，その「役に立つ」ことのイメージは不明確だ。（中澤 2018：223）

　こうしたもやもやとした圧力が，日本の大学，特に文系の学問分野を取り巻いている。人文社会科学系の大学教育を低くみる視線と，実際にそれを減らしたりいじって変えようとしたりする施策に，現在の日本の大学は翻弄されている。そのような状況に対して，本書全体の問題関心は，「いわゆる文系の大学教育は本当に「役に立たない」のか」という問いを，思弁的にではなく調査結果に基づいて，さまざまな角度から検討することにある。そしてその際には，特に「文系」すなわち人文社会科学系に含まれるさまざまな学問分野──「＊＊学」として一般的に受け入れられている個々の学術領域──の間の共通性と相違に注目する。

　日本社会では総じて，大学教育，特に文系の諸学問は，少なくとも仕事には「役に立たない」と言われることが多い。たとえば日本経済団体連合会が毎年実施している「新卒採用に関するアンケート」では，「選考時に重視する要素（五つ選択）」の第1位は1997年の調査開始以降ほぼ一貫して「コミュニケーション能力」であり，次いで「主体性」「チャレンジ精神」「協調性」「誠実性」などの人格特性が上位を占め続けている。2017年の調査結果では，「コミュニケーション能力」を重視したとする企業は82.0％に上るのに対し，「専門性」は13.6％，「履修履歴・学業成績」は4.2％の企業しか重視していない[2]。朝日新聞社が実施した世論調査においても，「日本の大学は企業や社会が求める人材を育てることができていると思うか」「日本の大学は世界に通用する人材を育てることができていると思うか」という質問に対して，それぞれ64％と63％が「できていない」と回答している[3]。また，吉見（2016）は，「理系は役に立つけれども，文系は役に立たない」という認識が日本で広範にみられることを指摘したうえで，長期的な価値創造や人類的な普遍性への

2）日本経済団体連合会「2017年度 新卒採用に関するアンケート調査結果」（2017年11月27日）〈http://www.keidanren.or.jp/policy/2017/096.pdf（最終確認日：2018年7月6日）〉

3）「「教育」をテーマにした「全国世論調査」」『朝日新聞』（2011年1月1日付18面）

奉仕という点では「文系は役に立つ」と主張しているが，これは卒業生が日々従事している日常の仕事には役立たない，といっているに等しい。

　長期的な価値創造や人類的な普遍性に文系の大学教育が「役立つ」ということは，もちろん重要である。しかし，文系の大学教育の意義を，そうした側面だけに限定して考えてしまうことは，実はむしろ他の重要な意義の看過につながってしまうかもしれず，また逼迫した国家財政のもとで大学教育という知的社会基盤を維持してゆくのに十分な説得力をもちうるかどうかも心許ない。それに代えて本書がデータに基づいて正面から吟味しようとするのは，次のような一連の問いである。すなわち，文系の大学教育でも，実は十分に仕事にも「役立っている」のではないか，あるいは，大学教育のやり方によっては仕事に「役立ちうる」のではないか。または，文系内部でも学問分野や卒業後の仕事のありようによって「役立ち方」やその度合いは異なっているのではないか。もし「役立っている」のであれば，それにもかかわらず「役立っていない」と思われているのはなぜか。これらの素朴ともいえる疑問に対して答えを探す試みを，調査データの分析を通じて示すことが，本書の目的である。

　本書が調査にこだわることには，さらなる背景がある。それは，「役に立たない」とされる文系の大学教育に，無理に枠をはめて「役に立つ」ようにさせようとする動きが，調査の裏づけなく進んでいるからである。その際には「分野」という単位が重要なものとして浮上している。

　たとえば近年，「大学教育の質保証」，なかでも「分野別質保証」の重要性が文部科学省や中央教育審議会などによって主張されている。2005 年 1 月 28 日の中央教育審議会答申「我が国の高等教育の将来像」では，「教育の充実のため，分野ごとにコア・カリキュラムが作成されることが望ましい」としており，2008 年 3 月 25 日の同答申「学士課程教育の構築に向けて」にも同様の文言が含まれている。これらの答申が推奨する「コア・カリキュラム」とは，専門職養成系分野で学協会もしくは文部科学省の主導により策定が進められてきた「モデル・コア・カリキュラム」を，それ以外の分野にも適用しようとするものである。専門職養成の「モデル・コア・カリキュラム」は，医学・歯学では 2001 年から，薬学では 2002 年から，獣医学では 2011 年から策定されており，また直近の 2017 年からは看護学および教員養成についても導入されている。教員養成すなわち教職課程科目の「モデル・コア・カリキュラム」については，「開放制教員養成にはそぐわない」「細分化された項目を列挙することで，養成される教員の画一化や，教員の資質能力の固定化を招くこ

とになる」などの批判がパブリックコメントでも寄せられたにもかかわらず，実施に至った。

　望ましい結果をもたらすかどうかの経験的な検討がないまま進行しているのは「コア・カリキュラム」だけではない。前述の「学士課程教育の構築に向けて」答申後の 2008 年 6 月 3 日には，文部科学省高等教育局より日本学術会議に対して「大学教育の分野別質保証の在り方に関する審議について」依頼があり，日本学術会議では「大学教育の分野別質保証の在り方検討委員会」における審議と 2010 年 8 月 17日の回答「大学教育の分野別質保証の在り方について」を経て，「大学教育の分野別質保証のための教育課程編成上の参照基準」の策定が進められてきた。2017 年 10月時点で，31 分野の「参照基準」が日本学術会議のホームページ上で公開されている。

　この「参照基準」には，各学問分野の大学教育を通じて獲得すべき知識・理解や基本的能力，そしてそれらの習得に必要な学修方法などが記載されている。しかし，掲げられている学修方法の有効性——特に大学卒業後の職業生活における有効性——について，エビデンスに基づく検証がなされているわけではない。さらに，これらの「参照基準」は個々の大学における各分野の教育課程編成において積極的に参照されているわけでもない（大学評価・学位授与機構 2015）。それゆえ，この「参照基準」が「大学教育の分野別質保証」を実質化するためにどれほど効力をもつかについては懸念が残る。

　他方で，各国立大学法人の第 3 期中期目標・中期計画の方向性に関して文部科学大臣が 2015 年 6 月 8 日に発した「通知」において，「特に教員養成系学部・大学院，人文社会科学系学部・大学院については，18 歳人口の減少や人材需要，教育研究水準の確保，国立大学等としての役割を踏まえた組織見直し計画を策定し，組織の廃止や社会的要請の高い分野への転換に積極的に取り組むように努めることとする」という記載があり，この文言が国立大学文系学部の廃止・縮小を奨励していると受け止められたことから，さまざまな反発や議論が巻き起こった[4]。

　この通知への応答として日本学術会議が同年 7 月 23 日に発表した幹事会声明「これからの大学のあり方——特に教員養成・人文社会科学系のあり方——に関する議論に寄せて」では，「人文・社会科学のみをことさらに取り出して「組織の廃止や社会的要請の高い分野への転換」を求めることには大きな疑問がある」としつつ，

4）論争の経緯のまとめとして，吉見（2016）および本田（2016）などを参照。

「人文・社会科学に従事する大学教員は，変化が著しい現代社会のなかで人文・社会科学系の学部がどのような人材を養成しようとしているのか，学術全体に対して人文・社会科学分野の学問がどのような役割を果たしうるのかについて，これまで社会に対して十分に説明してこなかったという面があることも否定できない」とも述べている。すなわち，人文・社会科学系の大学教育の内容・方法と人材育成あるいはより広く「社会的要請」との関係について，把握や分析が十分なされてこなかったことを日本学術会議も認めた形となっている[5]。

　一方，産業界からも大学教育に対する要求がさまざまに寄せられている[6]。そこでは学問分野に対する関心は相対的に低い。文系に関しては，たとえば 2004 年に日本経済団体連合会（以下，日本経団連）が企業と大学に対して実施した「企業の求める人材像についてのアンケート結果」によれば，「知識や情報を集めて自分の考えを導き出す訓練をすること」に関しては企業の大学への期待と大学側の教育における注力とがいずれも高い水準で一致している。しかし，「理論に加えて，実社会とのつながりを意識した教育を行うこと」および「チームを組んで特定の課題に取り組む経験をさせること」に関しては企業から大学への期待が高いのに対して大学側の注力の度合いは低く，逆に「専門分野の知識を学生にしっかり身に付けさせること」と「専門分野に関連する他領域の基礎知識も身に付けさせること」に関しては大学側の重視度が企業側の期待を大きく上回っており，両者の間に認識のギャップがみられる。2011 年に同じく日本経団連が企業に対して実施した「産業界の求

---

5) 日本学術会議は同年 10 月 15 日にも続編にあたる幹事会声明「人文・社会科学系のあり方に関する声明への賛同・支援への謝意と大学改革のための国民的合意形成に向けての提案」を発表し，また 2017 年 6 月 1 日には第 1 部付設の「人文・社会科学の役割とその振興に関する分科会」が提言「学術の総合的発展をめざして―人文・社会科学からの提言」を発表している。後者の提言においても，「社会一般に説明しうる論理と根拠に基づいた学士教育課程の創造と実践に取り組むべく，日本学術会議は「大学教育の分野別質保証のための教育課程編成上の参照基準」を分野ごとに公表している。そこで体系的に示された諸能力・素養が職業人に意味あるものとなっているかどうかの検証は残された課題である」との記述があり，参照基準の検証を「残された課題」としている。

6) OECD が 2011–12 年に実施した「国際成人スキル調査（PIAAC）」の結果によれば，日本はいずれの学歴であっても読解力および数的思考力が OECD 平均やアメリカ，ドイツなどを上回っているが，自分の学歴と比べて仕事で必要とされる学歴の方が低いと回答した割合が 31.1% と OECD 平均（21.4%）を上回り，最も高い国の一つである（文部科学省 2013；深町 2014）。このことは，むしろ産業界が個々の従業員のスキルを十分に発揮させることができていないことをうかがわせる。

める人材像と大学教育への期待に関するアンケート結果」においても，文系の大学に対して企業が最も求めているのは「論理的思考力や課題解決能力を身につけさせる」こと，次いで「チームを組んで特定の課題に取り組む経験をさせる」ことであり，専門分野に関する期待は少ない。

　しかし，大学教育においては一部で学問分野の融合・学際化やいっそうの細分化がみられるとはいえ，いまだ多くの学部・学科は従来からの学問分野別に編成されている場合が多く，また大学教員も個別の学問分野に関する研究業績を積んだうえでポストを得ることが通常である。そして先の調査結果が示すように，大学では専門分野に関する教育が今なお重視されている。それゆえ，産業界と大学との間での人材育成に関するニーズのすり合わせも，個別の学問分野単位で行われる必要があるが，それに資する調査研究は立ち遅れている。

　このように，大学教育の学問分野別の内容・方法や「役立ち方」についての実証的かつ詳細な検討を欠いたまま，特に文系の大学教育をめぐって理念的な議論や要求，批判が繰り広げられている状況は，不毛といわざるをえない。

　こうした現状に対する反応の一つとして，大学での教育研究，特に文系のそれは，特に「役に立つ」ものである必要はないが価値があるのでいじらず尊重せよ，といった議論も，先に引いた吉見（2016）をはじめ，「学問の自由」を主張する立場からは多々見受けられる。むろん「学問の自由」は重要である。しかし同時に，多額の公的・私的支出に基づいて運営されている大学が，大半は何らかの仕事に就く卒業生の人生や仕事にとって，有益なものであることが望ましいということはいうまでもない。それゆえ，求められるのは，無理な枠を外側からはめることでもなく，また「学問の自由」に閉じこもるのでもなく，「学問」の側が自らを点検し改善してゆくことだろう。本書は，こうした問題関心から，「役に立たない」とされてきた文系の大学教育の「質（内容・方法）」と，その卒業生が従事する仕事との関係を，特に個別の学問分野に焦点を当てつつ把握する一つの試みを提示するものである。

2　研究動向

　むろん，どのような「質」の大学教育が，学生の大学生活や学業達成，卒業後の職業達成などにどういった影響を及ぼしているかという関心から実施された調査とその分析は，日本でもかなりの蓄積がある[7]。それらは，アメリカで興隆したカレッジ・インパクト研究からの刺激を受け，大学教育のインプット・スループット・ア

ウトカム間の関係に対してさまざまなデータや分析手法を用いて検討を加えてきた。

しかし，これらの研究の多くは，以下の点で課題を残している。①自然科学系，人文系，社会科学系といった大きな括りの分野の分類を用いている例は少なくないが，その内部の個別の学問分野に分けて，その特徴を比較対照しつつ把握した例は，大学・学部別の私的収益率を推計した岩村（1996）などを除いてほとんど存在しない。②交友関係や学習への構え（エンゲージメント）など，大学生側の特性をアウトカムの規定要因として強調する例が多く，大学教育の特性への関心が薄い。③初年次教育や読書経験など大学教育の特定の部分に注目する研究例はあるが，大学での教育課程全体の内容・方法を把握する努力が十分になされていない。④在学中の大学生の学業成績や大学生活への適応状態などに関する分析にとどまり，卒業後への影響が分析されていない例が多い。⑤特定の大学の学生や卒業生に限定するなど，サンプルに明らかな偏りがある場合もみられる。

いくつかの研究例を具体的に検討しよう。小方（2008）は，大学1年生と3年生に対する大規模調査データに基づき，「汎用的技能形成」「学問的知識形成」および成績を従属変数，家庭背景と入学前の特性・学習動機（父母学歴，中3時学力，高3時学習習慣，学び志向，進路希望），学部の組織構造（選抜性，専門分野，ST比，授業規模），教育プログラム（双方向型，学生配慮型，管理統制型，スタディスキル科目，キャリア科目），学生のエンゲージメント（能動的学習，授業外学習時間，授業出席率）を独立変数とした重回帰分析およびパス解析の結果，汎用的技能形成と学問的知識のいずれについても，能動的学習からの影響が強いが，能動的学習そのものが入学前の要因，学部の組織構造，教育プログラムから影響を受けていることを明らかにしている。これはすぐれた分析であるが，先述の①（分野が大括りであること）と④（在学中の学生を対象とした調査であること）の限界を免れていない。

大学卒業者を対象とした調査データを用いた例として，金子（2013）は，対象者が従事している仕事を事務営業，技術，大卒専門職に分類したうえで，賃金を従属変数とし属性，仕事内容ウェイト，必要な能力を独立変数とした重回帰分析を行うとともに，「意味のあった授業」や，研究室での経験および卒論・卒研が現在どれほ

7）主な研究例として，小山（2017），矢野（2015, 2009），金子（2013），濱中（2016, 2013, 2012），中原・溝上（2014），篠田・日下田（2014），平尾他（2013），山田（2012, 2009a, 2009b），浦坂他（2011），藤本（2011），古田（2010），小方（2008, 1997），葛城（2008, 2006），高橋・石井（2008），松繁（2004），村澤（2003），日本労働研究機構（1999），岩村（1996），慶伊（1984）など。

ど重要であるかについて回答分布を検討している。これは④の問題は克服しているが，①の問題は残り，②（大学教育の特性への関心の薄さ）および③（大学教育の特定部分への注目）についてもさらに詳細な検討の余地の大きい分析にとどまっている。

　また，濱中（2012）は，特定大学の工学系および経済学系の卒業者を対象とする調査データを用い，労働経験年数，企業規模，大学卒業時の知識能力，現在の知識能力，就労時間を独立変数，所得を従属変数とする重回帰分析およびパス解析を行った結果，矢野（2009）が指摘する「学び習慣」仮説——大学時代の知識能力は直接には所得に影響しないが，現在の知識能力を経由して間接的に影響しているという知見——が，経済学部卒業者についても当てはまることを確認している。この分析は文系の大学教育が間接的に「役に立っている」ことを示す知見として重要であるが，⑤（特定大学のサンプル）の限界をもち，②についても大きな関心は払われていない。

　なお，小山（2017）は，社会科学分野の大卒者へのインターネットモニター調査データの分析を通じて，大学時代のレポートに関する学習行動（「学術的作法」および「第三者的思考」）が，大学入学前・在学中・卒業後の多数の変数を統制したうえでも，職場における「経験学習」の度合いに影響していることを見出している。これは大学教育におけるレポート執筆指導の重要性を示している点で注目すべき分析であり，さらに人文系や他の大学教育の要素についても展開が期待される。

　他方で，大学生や卒業生を対象としてはいないが，興味深い調査研究の例として，企業の事務系総合職の採用面接経験者を調査対象とした濱中（2016）がある。企業特性や個人の仕事経験に加えて採用担当者自身の大学時代の勉強への取り組みを独立変数とし，大学教育が企業人として有能な人材になることに結びつくと考えている度合いを従属変数とした多項ロジスティック回帰分析の結果によれば，採用者自身が大学時代に意欲的に取り組んでいなかった場合，大学教育が「役に立つ」と考えなくなる傾向が見出された。また，採用面接の対象者の専門分野がわかる担当者を配置しているかどうか，および大学教育が「役に立つ」と考えている度合いに応じて，面接時に大学での学習や研究を話題にする比率には差がついており，このような採用面接の構造そのものが「大学教育無効説」の要因となっていると指摘されている。

　以上のように，大学教育の「役立ち方」や「質」に関する研究は個別に積み重ねられてきてはいるが，データや手法についてそれぞれの制約をはらんでおり，また学

問分野への注目は総じて弱いといえる。またこれまでの研究例からもわかるように，大学教育のスループットやアウトカムをどのような変数で捉え，それらの関連性をどのように分析するかに関しても，個々の研究の関心やデータのとり方によってさまざまである[8]。アウトカムとしてはスキルの自己評価や収入，満足度などが用いられ，統計的手法によって大学教育との関連を検討する研究が多くみられる。あるいは，大学教育の「役立ち感」など，調査対象による主観的な評価が検討される場合もある。矢野（2001）が指摘するように，大学教育の客観的機能と主観的評価が食い違っている可能性も日本では大きいことから，アウトカムをどのように捉えるかについては一意的に定めることは難しく，多角的な検討を展開していくことの方が現状では有益であろう[9]。

　一方，これとは別の流れとして，個々の学問分野が自らの大学教育のあり方について，調査に基づいて反省・点検を行うような一連の研究が存在する（八木他 2015；滝沢 2013；片桐 2008；別惣・渡邊 2012 など）。しかし，これらの研究では他分野との比較がなされていないため，各分野の特徴の把握には限界がある。

　それに対して，海外では，大学での個別の専攻分野に着目し，人的資本形成や階層再生産への影響を分析する研究が豊富に展開されており，日本でのこうした研究の遅れが目立っている。この点は複数の研究レビューにおいて指摘されている（豊永 2016；Fujihara and Ishida 2016；平沢他 2013；Gerber and Cheung 2008 など）。このように，大学教育の専攻分野による相違は，日本の研究のなかで「見逃されてきたトピック」（豊永 2016）となっている。

　それゆえ本書では，文系（人文社会科学系）分野の大学教育に焦点を当て，独自の調査データを用いて，本章の冒頭に述べた一連の問い――「役立っている」のではないか，「役立ちうる」のではないか，どのような「役立ち方」なのか，なぜ「役立たない」と思われているのか――に取り組んでゆく。

3　調査の概要

　以上の問題関心に対してさまざまな角度から分析を行うため，本書では，「社会人調査」「大学生パネル調査」「卒業生インタビュー調査」という三つの調査データを

---

8) 小方（2002）は，質問紙調査で使用される能力項目の内容に分析を加えている。
9) 教育の「レリバンス」の捉え方については，本田（2005, 2009）も参照。

使用する[10]。

「社会人調査」は，人文社会科学系に含まれる 10 の学問分野を選定し，インターネット調査会社のマクロミルに登録しているモニター[11] のなかから，これら 10 分野を大学で学んだ 25–34 歳の社会人をスクリーニングして 2016 年 9 月に実施した調査である。周知のように，登録モニターを対象としたインターネット調査はランダム・サンプリングではなく，モニター登録をしている人びとがその対象であること自体により，バイアスが生じているおそれがある。しかし，本研究のように人文社会科学系大学卒業者で一定の年齢層の対象者に，特定の大学に限定することなく広範囲にアクセスしうるという点で，インターネット調査には利点があることも否定できない。より精密な調査の実施は将来的な課題とし，さしあたりパイロット的な調査を実施するという点から，今回はインターネットモニター調査という方法を選択した。

この「社会人調査」のサンプル構成を表 1-1 に示した。10 分野のそれぞれについて最低 200 のケースを確保するよう依頼したが，「哲学・倫理・宗教」および「政治学」については条件に該当する回答数が 200 に満たなかった。

「社会人調査」は，10 分野をできるだけ均等にサンプリングしているため，国内の分野別の大卒者数と比較すると，特に経済学および商学・経営学が過少に，歴史学

表 1-1 「社会人調査」のサンプル構成

	法律学	政治学	経済学	商学・経営学	社会学	教育学	心理学	文学・言語	哲学・倫理・宗教	歴史学	合計
ケース数	227	171	227	227	227	227	227	227	84	222	2066
うち有職者	204	155	204	204	204	204	204	204	73	201	1857
うち男性	103	76	122	100	47	38	37	22	26	69	640
出身大学数	86	69	111	90	113	113	135	134	48	94	993

10) 本研究は，科学研究費助成研究「人文社会科学系大学教育の内容・方法とその職業的レリバンスに関するパネル調査研究」（研究期間：2012–16 年，研究代表：本田由紀）として実施された。

11) マクロミル社のホームページによれば，日本国内のモニター数は 120 万人とされ，二重登録や不正な回答を行うモニターは除外するなどの管理がなされていることが記されている。

および哲学が過多になっていること，また全ての分野，特に社会科学系分野において，国内の男女別の大卒者数と比較して女性が過多であることの2点において，母集団を代表するサンプルではないことに留意が必要である。

第二のデータである「大学生パネル調査」は，大学3年時点から大学卒業後2年目時点まで同一の対象に毎年1回ずつ10月〜1月にかけて調査を実施したパネル調査データである[12]。人文社会科学系のなかから「法律学」「教育学」「社会学」の3分野を選定し，2013年にこれら3分野を専攻している大学3年生に対して大学教員経由で調査協力を依頼した。インターネット上に開設した調査画面にアクセスしてもらう形で調査を実施したが，回答負担の大きい設計であったためか，有効回収数が当初の予定を大幅に下回ったため，2014年の第2波調査からはマクロミル社のインターネットモニターのなかから上記3分野に「経済学」を追加した4分野の大学4年生をスクリーニングし，サンプルを補充した。しかし2015年の卒業後1年目時点の第3波調査において，おそらく就職に伴う地域移動や多忙化のために多数の脱落が発生し，2016年の第4波調査でもさらに脱落が生じたため，卒業後2年目時点のサンプルサイズはかなり小さくなっている。「大学生パネル調査」のサンプル構成は表1-2に示した。

---

12) 大学教育に関する情報と，卒業後の仕事に関する情報を豊富に収集し，かつ本人の変化を捉えるうえで，パネル調査は望ましい手法である。日本でも近年，大学生や大卒者を対象に含むパネル調査は進展してきており，たとえば以下の例がある。
　　・京都大学・河合塾「10年トランジション調査」：2013年に高校2年生であった対象を追跡。現在は大学3年生。約5,000名。大学教育の分野や内容・方法よりも個人の資質・能力の変化に重点を置いた分析がメインとなっている。
　　・東京大学大学院教育学研究科大学経営・政策研究センター「全国大学生調査」（追跡調査）：2009年に1回のみ追跡，卒業生は348名。
　　・東京大学社会科学研究所「高卒パネル調査（JLPS-H）」：2016年時点で第11回（30歳），461名。継続中。
　　・東京大学社会科学研究所「働き方とライフスタイルの変化に関する全国調査（JLPS）」：2006年12月末時点で満20-34歳および満35-40歳の男女を対象として実施。第1波有効回収数は3,367名。継続中。分析結果は石田（2017）を参照。
　　・乾彰夫代表「若者の教育とキャリアに関する調査」：2007年4月1日時点で20歳であった男女を2011年まで追跡。2011年時点で817名。分析結果は乾他（2017）を参照。
　　しかしこれらはいずれも特定分野の大学生に限定して卒後まで毎年追跡するという形式ではないことから，本研究の「大学生パネル調査」は，少なくとも2018年時点においては独自性があるといえる。

表1-2 「大学生パネル調査」のサンプル構成

	調査時点	法律学	教育学	社会学	経済学	合 計
第1波（2013年）有効回収数	大学3年時	201	114	134		449
第2波（2014年）有効回収数		204	182	187	102	675
うち第1波からの継続	大学4年時	107	82	85		274
補充調査		97	100	102	102	401
第3波（2015年）有効回収数		101	90	101	32	324
うち第1波からの継続		71	53	66		190
補充調査からの継続	卒後1年目	30	37	35	32	134
うち有職者		91	80	90	27	288
第4波（2016年）有効回収数		77	60	76	16	229
うち第1波からの継続		61	45	59		165
補充調査からの継続	卒後2年目	16	15	17	16	64
うち有職者		73	56	70	15	214
うち男性		36	11	18	5	70
出身大学数		21	30	30	15	96

　「社会人調査」は10の学問分野について一定のケース数を確保できていること，ある程度の職業経験・職業キャリアを経た年齢層に対して実施していることが長所であるが，単時点の調査であり，また回答者のなかには大学卒業後10年以上を経過した者も含まれているため，大学教育に関する情報は限定され，また回顧による制約を受ける。先にも指摘したように，インターネットモニターが調査対象であることにも留意が必要である。一方，「大学生パネル調査」は在学時点から卒業後まで各調査時点の回答者の状況や在学中の大学教育についての情報は詳細にたずねることができているが，対象分野やサンプルサイズが限定されている。このように二つのデータはそれぞれ異なる利点と欠点をもつため，各調査の利点を生かすよう相互補完的に使用することが望ましい。本書の第7章以外の全ての章では「社会人調査」を使用しており，第2章では「大学生パネル調査」も併用している。「大学生パネル調査」については，各波の調査が終了するごとに学会報告[13]をしているため，関心をもっていただける方はそちらも参照していただきたい。

　もう一つの「卒業生インタビュー調査」は，第7章のみで分析に使用しているので，詳細は第7章を参照していただきたい。なお，「卒業生インタビュー調査」以外

---

13) 本田・河野（2014, 2015, 2016）。

にも，この研究プロジェクトでは，予備調査として大学生および大学教員に対して専門分野の大学教育に関するインタビュー調査を実施しているが，その結果はやはり学会発表などですでに公開しているため[14]，本書では取り扱わない。

4 本書の構成と各章の内容

本書は，次の各章から構成されている。

本章に続く第2章「分野間の教育内容・方法の相違とスキルへの影響」（本田由紀）では，「卒業生調査」と「大学生パネル調査」の二つのデータを用いて，まず人文社会科学系内部の各専門分野が大学教育の内容と方法に関してどのような特徴をもっているかを記述的に検討する。重要な要素として抽出されたのは，教育方法の双方向性と，教育内容が学生の将来にとってどれほど関連のあるものとして感じられるように設計されているか，すなわち内容的な「レリバンス」である。この二つの要素の水準は分野によって相当に異なっている。また，ゼミや卒業論文の位置づけについても分野間で相違がある。こうした実態を踏まえて，大学教育の内容と方法の相違が，大学4年時および卒業後の仕事の遂行に関する「スキル」にいかなる影響を及ぼしているのかを検討した結果，多数の他の変数を統制したうえでも，方法的双方向性と内容的レリバンスはスキル形成に対して少なからず影響を及ぼしていることが見出された。この分析結果は，こうした要素を兼ね備えていれば，人文社会科学系の大学教育が卒業後の仕事に対しても十分に「役に立つ」ことを示唆している。

第3章「誰が大学での学びを仕事で活用しているのか──大学時代のラーニング・ブリッジング態度に着目して」（小山治）は，独立変数として大学在学中の「ラーニング・ブリッジング態度」，すなわち大学の個々の授業と授業の間，さらには授業と授業外の諸活動とを結びつけようとする学習態度に注目し，また従属変数としては大学で学んだことを仕事でどれほど活用しているかに注目している。前者が後者に及ぼす影響を社会人調査データを用いて専門分野の種類別に検討したところ，いずれの分野についてもラーニング・ブリッジング態度は大学教育の仕事での活用度にプラスの効果をもっていた。ここから小山は，大学において学生にラーニング・ブリッジングを生起させるような学習支援を行うことにより，大学教育が仕事に「役

14）小山（2013），堤（2013），本田他（2013）を参照。

立つ」度合いを高めることができるのではないか，と指摘している。

第4章「誰が資格を取得するのか―大学在学中と卒業後の資格取得の規定要因」（河野志穂）は，人文社会科学系の大卒者がどのような職業資格を取得してきているのか，大学在学中および卒業後に資格を取得しているのは誰か，資格を取得することはどのような効果があるのか，という問いに取り組んでいる。職業資格の保有率は，教育学で突出して高く，これには教員免許が大きく反映されている。それ以外の分野でも半数前後は職業資格を取得している。今回のデータでは，取得者数の多い資格は，簿記，教員免許，秘書検定，ファイナンシャルプランナーの順となっており，資格の分野は大学の専門分野との間に一定の関連がある。そして資格の種類により，いつ（在学中か否か），なぜ（職場の指示か否か）取得したかもさまざまである。資格取得時期・理由を従属変数とした分析からは，専門分野や大学教育，学び方（方略）の影響とともに，総じて入試難易度が低い大学出身者で取得率が低いことが見出された。さらに，職業資格の効果を検討すると，収入や仕事満足度には資格の影響はみられないが，自己啓発の実施に対しては正の効果があることがわかった。自己啓発には大学教育の内容・方法や学び方も関連しており，卒業後の継続的なスキル形成に対して大学教育は少なからず「役に立って」いることが確認された。

以上の第2章から第4章は，大学教育に関わる何らかの独立変数と，仕事に就いた後の何らかの従属変数との関連を統計的に検証するタイプの分析である。それに対し，第5章から第7章までの三つの章は，大学教育の主観的な「役立ち感」の実態やその規定要因を，それぞれ異なる切り口や手法を通じて検討している。

第5章「大学教育が現職で役立っていると感じるのは誰か―人文社会系の職業的レリバンスに関する潜在クラス分析」（豊永耕平）は，人文社会科学系の大学教育の「役立ち感」の構造を把握するため，潜在クラス分析という統計手法を用いてその類型化を試みている。社会人調査の対象者のなかで，一般科目も専門科目も現在の仕事に役立っていないと考えている者が4割を占めているとはいえ，いずれも役立っていると考える者が2割，一般科目のみ役立っていると考える者が3割，専門科目のみ役立っていると考える者が1割，それぞれ存在しており，「役立ち感」はグラデーションをなしている。この各類型への分化を規定する要因を探った結果，仕事に大学教育が役立っていると考える傾向が強いのは，教育・心理系の専門分野，女性，第4次産業（情報通信，マスコミ，ソフトウエアなど知識集約型産業）従事者，教員であり，また大学時代の授業がディスカッション型もしくはレリバンス型であることも「役立ち感」を高めていた。すなわち，主観的側面に注目しても，人文社会

科学系の大学教育の「役立ち方」には濃淡があり，特に女性や第4次産業など今後の活躍・発展が期待される層については，むしろ「役立っている」という実感が強いのである。

続く第6章「大学教育への否定的評価再考—パーソナルな「無駄」観とソーシャルな「不要」観に注目して」（香川めい）は，大学教育が「役に立たない」という意識を，（自分にとって）「無駄だった」という側面と，（社会にとって）「不要である」という側面とに分けて捉えるべきではないかと問題提起している。多重対応分析という統計手法により，多数の意識項目の布置関係を探り，さらに現在の仕事に対する大学教育の「役立ち度」との関連についても検討が加えられている。その結果として，大学教育は「無駄」という意識は，本人が大学時代に勉学などに真摯に取り組んでいなかったことと表裏一体であること，他方で，大学教育は「不要」という意識は，むしろ大学教育への高い期待や，それが現実にはかなえられていない苛立ちと関連していることが明らかにされている。前者はあくまで個人的な経験として完結しており，また後者は大学への要求が高く広範であるがゆえに現実的な対策によって解消されがたいと著者は指摘する。大学に対する個々人の行動と意識，大学教育の現実，それらの多様性が絡み合い，もつれたその裂け目に，「役立たない」という言説が位置づいていることを浮き彫りにしている。

第7章「学生時代の学習経験を顧みる—聞き取り調査の結果から」（二宮祐）は，本書のなかで唯一，卒業生インタビュー調査の結果に分析を加えている。法律学もしくは社会学の分野の大学を卒業後1-2年目の調査対象者20名の語りをM-GTAという手法を用いて詳細に分析した結果，次の知見が得られた。いずれの分野についても，大学教育への評価が調査対象者間で分かれる側面もみられ，またサンプルバイアスには注意する必要があるが，総じて，現在就いている仕事の内容に照らして大学教育の経験をふりかえってもらうことで，ゼミや講義で得たこと——文章を書くスキル，発表技法，専門知識，文献調査，学習方法，社会関心，学習観の転換など——が，現在の仕事に「役立っている」という認識が多く聞かれた。このように大学教育と仕事との関連を具体的に認識し記述する「語彙」自体が，日本の大学教育政策や従来の調査研究では不足していたのではないか，と著者は問題提起している。

第8章と第9章では，現在の大学を考えるうえで重要な二つのテーマである，奨学金と地域移動という観点から，大学教育の「役立ち方」を検討している。

第8章「奨学金利用と学生時代の学び」（西舘洋介）は，奨学金を受給すること

が大学での学習態度に及ぼす影響，さらには奨学金受給や学習態度が卒業直後および現在の職業的地位に及ぼす影響について，二段階の分析を加えている。その結果によれば，大学進学のために奨学金を受給していたことは，そのコストを回収しようとする意識をもたらすためか，大学での勉学，特に専門科目の勉学への熱心度を高める方向に影響を及ぼしている。そして奨学金受給や勉学の熱心度は，卒業直後に正規の仕事に就けるか否かには影響していないが，現時点での知識やスキルの高さに媒介されて所得の上昇にもつながっている。これは矢野（2009, 2015）や濱中（2013）の「学び習慣」仮説に沿った大学の「役立ち方」を再確認する結果であるが，奨学金受給がそれを後押しするように働いていることが新たな発見である。ただし，就職時の雇用形態に勉学への熱心度が影響しないという新規大卒労働市場の問題点や，奨学金の返済負担の重さなど，楽観を許さない現状を指摘している。

　第9章「人文社会系大卒者の空間的ライフコースとその規定要因」（河原秀行）は，個人の出身地によって進学時やその後の地域移動がどのように異なっているのかを検討している。先行研究に依拠して出身地を大都市・中間地方・外縁地方の三つに分類し，それぞれの地域移動のパターンおよび移動先を記述的に確認すると，総じて「外縁地方現住者の多くは外縁地方出身者であり，中間地方現住者の多くは中間地方出身者であり，大都市現住者の多くは大都市出身者」と表現されるような「空間的断絶」の実態が見出される。それを踏まえ，出身地に現在住んでいるか否かを従属変数とした規定要因の分析により，外縁地方では大学進学機会の制約から出身地外に流出せざるをえないこと，また中間地方では社会階層が高い家庭の出身者ほど流出していること，そしてどの地域でも中3時成績が高い者ほど出身地外に流出していることが知見として得られた。もう一つ重要な知見は，外縁地方出身者にとって地元の教員養成学部に進学することが，出身地で仕事に就く，言い換えれば人口流出を抑制する効果をもっているということである。そのような「役立ち方」をしている地方大学教育学部を安易に廃止・縮小・統合することは，こうした「地元で生き続ける」選択肢を若者から奪ってしまうことになりかねないのである。

　以上のように，本書の各章は，「人文社会科学系の大学教育は「役に立たない」のか」という関心を共有しつつ，それぞれ異なる視角，手法，変数，データを用いて，多面的にこの問いに取り組んでいる。このシンプルな問いに対して，このように多様な答え方があり，章に応じて答えの中身にも相違があるということに，読者は戸惑うかもしれない。しかし，それはこの問い自体が，一見シンプルにみえながらも，実際には乱反射するプリズムのような性質をもっているからである。その原因の中

心にあるのは，本章冒頭の引用に記されているような，「役に立つ」という言葉の多義性や曖昧さである。にもかかわらず，今の日本社会ではこの言葉が大学教育や教育全般，さらには社会政策や人間全般に対して雑な形で突きつけられている。それならば，いっそこの言葉をこねくりまわすように，多様な形で検証しつくすことが，その言葉の呪術的ともいえる威力を摩耗させることにつながるのではないか。本書の各章は，そのための「種を蒔く」試みである。

　今のところ本書のなかに蒔かれたそれぞれの種は，「人文社会科学系の大学教育は（仕事に対しても）「役に立っている」面が少なからずある」という方向に向けて芽を伸ばしているようにみえる。むろん，各分野の大学教育の問題点も，知見には含まれている。しかしそれは，今後の大学教育の改善の端緒とするための重要な診断結果である。明らかなのは，こうした地道な検討の作業を抜きにして，あてずっぽうで派手な改革を無理矢理導入してみたり，それらをやっているふりだけしてごまかしたり，逆に何も変える気も調べる気もないと殻にこもってみたりしているだけでは，日本の人文社会科学系大学教育はただ彷徨い，疲弊し，活気をなくす一方であり，そうした状況の最大の被害者は学生たちであるということだ。このことが，私たちが本書をつくった理由である。

　専門分野ごとの大学教育の内容・方法，そして現在の仕事の中身や発揮しているスキルを，詳細かつ具体的に把握するという点では，今回の調査研究にも課題は多く残されている。また，本書では，主に仕事に対して大学教育が「役に立つ」か否かということに照準を絞ったが，それ以外のさまざまなアウトカム——たとえば，社会正義を実現しようとする行動と意識，多様な他者との関係の取り結び方，精神的な充足など——についても，軽視しているわけではまったくない。さらに，大学教育の影響が遅延して現れる可能性がもしあるとすれば，調査対象の年齢層などにもまだまだ吟味が必要である。これらの山積する研究課題に対して，本書の貢献はいかにもわずかである。大学教育は学んだ者に対して何をもたらしているのか，それは大学内部の分野や大学教育のあり方によってどのように左右されているのか，大学教育をどのようにすれば学ぶ者にとってより有益なものとなるのか，という尽きせぬ問いが，いっそう多角的に追究されてゆく必要がある。

【文　　献】

石田　浩編 2017,『教育とキャリア』勁草書房.

乾　彰夫・本田由紀・中村高康編 2017,『危機のなかの若者たち―教育とキャリアに関する 5 年間の追跡調査』東京大学出版会.

岩村美智恵 1996,「高等教育の私的収益率―教育経済学の展開」『教育社会学研究』58: 5-28.

浦坂純子・西村和雄・平田純一・八木　匡 2011,「理系出身者と文系出身者の年収比較―JHPS データに基づく分析結果」『RIETI Discussion Paper Series』11-J-02.

小方直幸 1997,「大卒者の就職と初期キャリアに関する実証的研究―大学教育の職業的レリバンス」博士学位論文（広島大学教育学研究科）.

小方直幸 2002,「職業的レリバンス研究における大学教育―質問紙調査の能力項目分析」『広島大学大学院教育学研究科紀要』51: 407-413.

小方直幸 2008,「学生のエンゲージメントと大学教育のアウトカム」『高等教育研究』11: 45-64.

片桐新自 2008,「社会学教育の意義―大学での学び方，活かし方」『社会学評論』58(4): 437-455.

金子元久 2013,『大学教育の再構築―学生を成長させる大学へ』玉川大学出版部.

葛城浩一 2006, 「在学生によるカリキュラム評価の可能性と限界」『高等教育研究』9: 161-180.

葛城浩一 2008,「学習経験の量に対するカリキュラムの影響力―大学教育によって直接的に促される学習経験に着目して」『広島大学大学院教育学研究科紀要』57: 133-140.

慶伊富長編 1984,『大学評価の研究』東京大学出版会.

小山　治 2013,「大学における法学部教育のレリバンス―就職活動との関連性の観点から」『日本教育社会学会大会発表要旨集録』65: 76-77.

小山　治 2017,「大学時代のレポートに関する学習経験は職場における経験学習を促進するのか―社会科学分野の大卒就業者に対するインターネットモニター調査」『高等教育研究』20: 199-218.

篠田雅人・日下田岳史 2014,「人文科学系学科における卒業論文の意味するもの―学科における現状認識と，操作変数法による執筆効果の推定から」『大学経営政策研究』4: 55-71.

大学評価・学位授与機構 2015,「大学教育における分野別質保証の在り方に関する調査研究報告書」.

高橋桂子・石井藍子 2008,「大学生活・就職活動が自己効力感に与える影響」『新潟大学教育学部附属教育実践総合センター研究紀要 教育実践総合研究』7: 47-55.

滝沢聿代 2013,『変動する法社会と法学教育―民法改正・法科大学院』日本評論社.

堤　孝晃 2013,「大学における教員養成教育のレリバンス―教育に対する意味づけの限定性という観点から」『日本教育社会学会大会発表要旨集録』65: 74-75.

豊永耕平 2016,「大学での専攻分野を通じた不平等生成メカニズムに関する研究動向―社会階層と専攻分野の関連に着目して」『東京大学大学院教育学研究科紀要』56: 129-138.

中澤　渉 2018,『日本の公教育―学力・コスト・民主主義』中央公論新社.

中原　淳・溝上慎一編 2014,『活躍する組織人の探究―大学から企業へのトランジション』

東京大学出版会.

日本労働研究機構 1999,『変化する大卒者の初期キャリア―「第2回大学卒業後のキャリア調査」より』(調査研究報告書 No.129.).

濱中淳子 2012,「「大学教育の効用」再考―文系領域における学び習慣仮説の検証」『大学論集』43: 189–205.

濱中淳子 2013,『検証・学歴の効用』勁草書房.

濱中淳子 2016,「「大学教育無効説」をめぐる一考察―事務系総合職採用面接担当者への質問紙調査の分析から」『RIETI Discussion Series』16-J-022.

平尾智隆・梅崎　修・松繁寿和編 2013,『教育効果の実証―キャリア形成における有効性』日本評論社.

平沢和司・古田和久・藤原　翔 2013,「社会階層と教育研究の動向と課題―高学歴化社会における格差の構造」『教育社会学研究』93: 151–191.

深町珠由 2014,「PIAAC から読み解く近年の職業能力評価の動向」『日本労働研究雑誌』650: 71–81.

藤本佳奈 2011,「大学生の知識・技能の習得における学習経験の影響」『香川大学教育研究』8: 79–88.

藤本夕衣・古川雄嗣・渡邉浩一編 2017,『反「大学改革」論』ナカニシヤ出版.

古田和久 2010,「大学の教育環境と学習成果―学生調査から見た知識・技能の獲得」『Journal of Quality Education』3: 59–75.

別惣淳二・渡邊隆信編／兵庫教育大学教員養成スタンダード研究開発チーム 2012,『教員養成スタンダードに基づく教員の質保証―学生の自己成長を促す全学的学習支援体制の構築』ジアース教育新社.

本田由紀 2005,『若者と仕事―「学校経由の就職」を超えて』東京大学出版会.

本田由紀 2009,『教育の職業的意義―若者，学校，社会をつなぐ』筑摩書房.

本田由紀 2016,「文科相通知騒動とは何だったのか」『大学出版』106: 1–7.

本田由紀・香川めい・二宮　祐 2013,「大学における社会学教育のレリバンス―過少／過剰系統性の観点から」『日本教育社会学会大会発表要旨集録』65: 266–269.

本田由紀・河野志穂 2014,「大学教育の分野別「質保証」に関する実証研究―カリキュラム・教育方法と学生の意識に着目して」『日本教育社会学会大会発表要旨集録』66: 348–351.

本田由紀・河野志穂 2015,「大学教育の分野別質保証に関する実証研究―大学4年生を対象とする第2波パネル調査結果より」『日本教育社会学会大会発表要旨集録』67: 412–415.

本田由紀・河野志穂 2016,「人文社会系大学教育の職業的レリバンス―卒後1年目の大卒者を対象とする第3波パネル調査結果より」『日本教育社会学会大会発表要旨集録』68: 76–99.

松繁寿和編著 2004,『大学教育効果の実証分析―ある国立大学卒業生たちのその後』日本評論社.

村澤昌崇 2003,「学生の力量形成における大学教育の効果」有本　章編『大学のカリキュラム改革』玉川大学出版部, pp.75–89.

文部科学省 2013,「OECD 国際成人力調査　調査結果の概要」.
八木紀一郎他 2015,『経済学と経済教育の未来―日本学術会議「参照基準」を超えて』桜井書店.
矢野眞和 2001,『教育社会の設計』東京大学出版会.
矢野眞和 2009,「教育と労働と社会―教育効果の視点から」『日本労働研究雑誌』588: 5-15.
矢野眞和 2015,『大学の条件―大衆化と市場化の経済分析』東京大学出版会.
山田礼子 2009a,「学生の情緒的側面の充実と教育成果―CSSとJCSS 結果分析から」『大学論集』40: 181-198.
山田礼子編著 2009b,『大学教育を科学する―学生の教育評価の国際比較』東信堂.
山田礼子 2012,『学士課程教育の質保証へむけて―学生調査と初年次教育からみえてきたもの』東信堂.
吉見俊哉 2016,『「文系学部廃止」の衝撃』集英社.
吉本圭一・小杉礼子・小方直幸他 2001,「日欧の大学と職業―高等教育と職業に関する 12 ヵ国比較調査結果」『JIL 調査研究報告書』143: 1-368.
Fujihara, S. and Ishida, H. 2016, The absolute and relative values of education and the inequality of educational opportunity: Trends in access to education in postwar Japan. *Research in Social Stratification and Mobility*, 43: 25-37.
Gerber, T. P. and Cheung, S. Y. 2008, Horizontal stratification in postsecondary education: Forms, explanations, and implications. *Annual Review of Sociology*, 34: 299-318.

02 分野間の教育内容・方法の相違とスキルへの影響

本田由紀

　本章では，人文社会科学系内部の各分野間で大学教育の内容・方法がどのように異なっているかを概観したうえで，そうした大学教育の特性が，大学卒業後の仕事スキルとどのように関連しているかについて分析を加えた結果，以下の知見が得られた。

　第一に，人文社会科学系内部の個別の学問分野の間で，大学教育の内容・方法にはかなりの相違がある。たとえば経済学や法律学などの社会科学系では教育方法の双方向性が低いのに対し，文学や哲学などの人文系では教育内容と卒業後の生活のレリバンスが低く，逆に教育学はいずれも高く，社会学・心理学は中間的でバランスがとれている。こうした分野別の大学教育の特性は，ST 比の相違からも影響を受けている。

　第二に，人文社会科学系の大学教育の内容・方法は，大学最終学年時点および卒業後のスキル形成に一定の影響を及ぼしている。社会人調査を用いた分析では，大学教育の内容的レリバンスと方法的双方向性の両者が 25–34 歳時点の判断スキルおよび交渉スキルと関連しており，双方向性は情報スキルとも関連していた。こうした関連のあり方は，分野によっても異なる。また，大学生パネル調査を用いた分析では，授業の内容的レリバンス，方法的双方向性に加えてゼミの密度の高さが，大学 4 年時点の主に柔軟スキルを介して，卒後 2 年目時点の判断スキル・交渉スキルを高めていた。

　本章では，まず人文社会科学系内部の各分野間で大学教育の内容・方法がどのように異なっているかを記述的に概観する。続いて，そうした大学教育の内容・方法

の相違が，大学卒業後の仕事スキルとどのように関連しているかについて分析を加える。分析に際しては，「社会人調査」および「大学生パネル調査」を使用する。

1 分野間の教育内容・方法の相違

■ 1-1 10分野間の比較

まず「社会人調査」に基づいて，人文社会科学系10分野の大学教育の特徴を検討しよう。

表2-1は，7種類のタイプの授業が大学在学中にどの程度の頻度で実施されていたかをたずねた結果を分野別に示している。テューキー（Tukey）のb検定の結果，数値が大きいグループは太枠で，数値が小さいグループは網掛けで示している。教育学と社会学は大きな数値が多いのに対し，法律学，政治学，経済学，商学・経営学という社会科学系の分野は（c）〜（g）の項目で小さな数値が目立ち，また人文科学系のなかでも特に哲学・倫理・宗教および歴史学は（a）・（b）が数値が小さくなっている。心理学と文学・言語は中間的である。

各項目の内容から，（a）・（b）は「内容的レリバンスの高い授業」[1]，それ以外は「方法的（教員と学生間の）双方向性の高い授業」であると解釈される。実際に，7種類の授業タイプ項目について因子分析（最尤法・プロマックス回転）にかけると，（a）・（b）とそれ以外を主要な要素とする2因子が抽出される[2]。そこでそれぞれの授業頻度の平均を算出し（クロンバッハ（Chronbach）のαはそれぞれ.854と.802），分野別に示したものが図2-1である。ここからも，相対的に方法的双方向性の低い社会科学系，相対的に内容的レリバンスの低い人文科学系，いずれも高いが特に内容的レリバンスの高い教育学，中間的でバランスの取れている社会学および心理学，という各分野の特徴が確認される。

これらの特徴が大学タイプによって異なるかどうかをみたものが図2-2である。各カテゴリーのサンプルサイズが小さくなるため有意差はあまり検出できないが，内容的レリバンスは総じて「その他私立」でやや高く（特に教育学および心理学），

---

1) 「レリバンス」とは，教育内容の意義・有用性を表す概念であり，主観的／客観的，職業的／市民的／即自的，適応／抵抗などのように，その把握の仕方や内容は多面的でありうる（本田 2005, 2009）。

2) （c）は相対的に後者の因子負荷量が高いが前者の因子負荷量も一定水準であり（それぞれ.424と.298），やや中間的性格をもつ項目である。

表 2-1　分野別　各種授業の頻度 （「社会人調査」）

(割)

	(a) 学んでいる内容と将来のかかわりについて考えられる授業	(b) 将来に役立つ実践的な知識や技能が身につく授業	(c) 授業内容に興味がわくように工夫された授業	(d) 授業内容に関するコメントや意見を書く授業
法律学	2.32	2.46	2.61	2.47
政治学	2.54	2.49	2.95	2.73
経済学	2.48	2.35	2.41	2.50
商学・経営学	2.54	2.65	2.56	2.37
社会学	2.78	2.68	3.07	3.32
教育学	3.66	3.62	3.28	3.51
心理学	2.49	2.53	2.98	3.01
文学・言語	2.31	2.44	2.92	2.87
哲学・倫理・宗教	1.98	2.04	2.93	3.35
歴史学	1.95	1.87	2.88	2.91

	(e) 課題や宿題がたくさん出される授業	(f) 提出物に教員からのコメントが付されて返却される授業	(g) 議論やグループワークなど学生が参加する機会がある授業
法律学	2.23	1.73	2.20
政治学	2.29	1.78	2.54
経済学	2.18	1.77	2.18
商学・経営学	2.20	1.64	2.13
社会学	2.60	2.06	3.12
教育学	3.05	2.15	3.35
心理学	2.54	1.82	2.77
文学・言語	3.08	2.11	2.82
哲学・倫理・宗教	2.85	2.07	2.81
歴史学	2.25	1.80	2.49

方法的双方向性は総じて「国公立」でやや高い（哲学・倫理・宗教の場合は「上位私立」で高い）という傾向が見出される。特に後者は教員1人当たりの学生数（ST比）の違いを反映している可能性がある。

　実際に，分野別・大学タイプ別のST比[3] には明確な相違があり，中堅私立・上位私立の社会科学系において特にST比が大きくなっている（図2-3）。また，ST比

---

3) ST比は，朝日新聞×河合塾共同調査「ひらく日本の大学」がインターネット上で公開している大学・学部別のST比を社会人調査データに入力した。

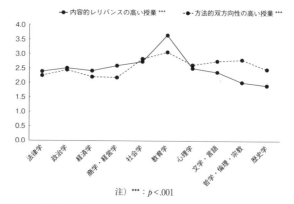

注）＊＊＊：$p<.001$

図 2-1　分野別・大学タイプ別　各授業タイプの頻度（「社会人調査」）

(A) 内容的レリバンスの高い授業

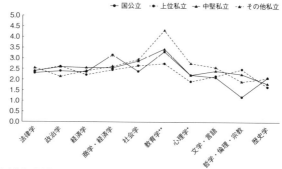

(B) 方法的双方向性の高い授業

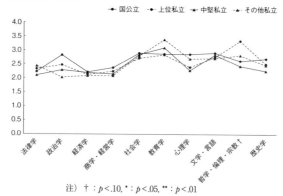

注）†：$p<.10$，＊：$p<.05$，＊＊：$p<.01$

図 2-2　分野別・大学タイプ別　各授業タイプの頻度（「社会人調査」）

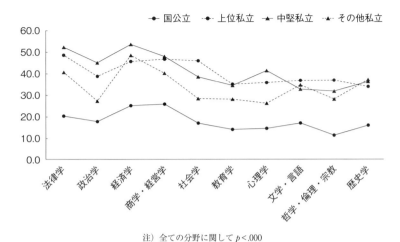

注）全ての分野に関して $p<.000$
図2-3 分野別・大学タイプ別 ST比（「社会人調査」）

と内容的レリバンス授業頻度との間に有意な相関はみられないが，ST比と双方向授業頻度との間には -0.143（0.1％水準で有意）の相関が見出される。それゆえ，双方向授業頻度は少人数教育を可能にする大学教育環境と密接に関連しているといえる。

■ 1-2 大学授業の種類と内容

続いて，「大学生パネル調査」を用いて，限定された分野数ではあるが，より詳細な大学教育の内容・方法について検討する。図2-4は，「大学生パネル調査」の第1波調査（大学3年時）について，法律学，教育学，社会学の3分野別に，「大学での学び方に関する授業」「専門分野の入門・概論の授業」「専門分野の実践的な授業」「上記以外で専門分野に関して有意義だと思う授業」「2年次ゼミ」「3年次ゼミ」という6種類の授業を履修したかどうかをたずねた結果である。法律学ではこれらの授業を履修した比率が全体的に低くなっている。逆に教育学では全体的に高くなっているが，ゼミだけは相対的に低調である。そして社会学はこの二つの中間にあたるが，2年次ゼミの履修率が高いことが特徴的である。

図2-5には，図2-4の各種類の授業を履修した者に対して，それらのより詳細な内容・方法を多肢選択で質問した結果に履修率を乗じた結果（経験率）を分野別に示した。やはり教育学は全般的に経験率が高いが，知識展開型の専門授業やゼミに

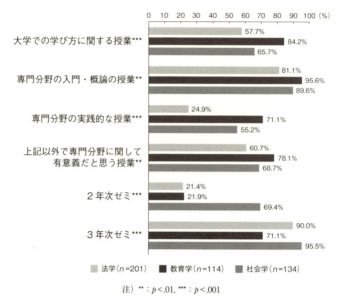

注) ** : $p<.01$, *** : $p<.001$

図 2-4　分野別　大学での各タイプの授業の履修の有無（「大学生パネル調査」・3 年時）

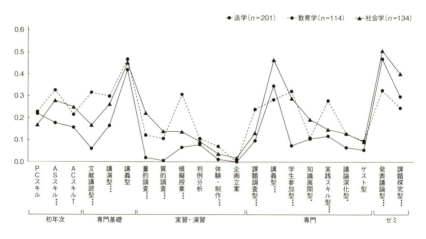

注) † : $p<.10$, * : $p<.05$, *** : $p<.001$

図 2-5　分野別　各タイプの授業の具体的な内容（経験率,「大学生パネル調査」・3 年時）

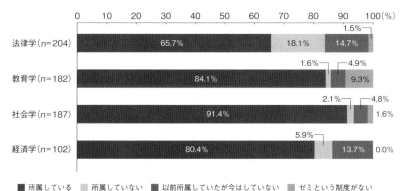

図 2-6　分野別　4 年時ゼミの所属状況（「大学生パネル調査」・4 年時）

おける議論・探究については相対的に低調である。逆に法律学は講義型の授業以外は総じて経験率が低いが，発表議論型のゼミは相対的に高い。社会学は調査関連の実習とゼミに重点が置かれているが，専門授業は講義型に偏っている。

1-3　ゼミ・卒論

大学 4 年時の大学教育における重要な構成要素として注目されるのは，ゼミと卒業論文である。しかしそれらの制度的位置づけや具体的な内容は，専門分野によってかなり異なっている。図 2-6 によれば，大学 4 年秋時点のゼミ所属率は，社会学では 91.4% に達し，次いで教育学 84.1%，経済学 80.4% であるのに対し，法律学では 65.7% と相対的に低い。法律学ではゼミが必修であると答えた者は 26.1% にとどまり，他の 3 分野では 7-9 割が必修であることと相違がある。

ゼミの内容などに関しては，次のような分野別の相違がみられる。第一に，ゼミ所属理由として「希望している業種や職種に関係がありそうだから」という回答は法律学と教育学で相対的に高く，「そのゼミに入ると就職に有利そうだから」という回答は経済学と法律学で相対的に高い（図 2-7）。第二に，「学内でゼミの成果を発表する」機会は教育学と社会学で相対的に多く，ゼミ内部で「レジュメやパワーポイントを使ってグループで発表する」機会および「レポートなどの文章（卒業論文を除く）を書く」機会は経済学と社会学で相対的に多い。加えて社会学では「グループで調査や観察をする」機会も多い（図 2-8）。第三に，ゼミでの発表回数は，社会学＞教育学＞経済学＞法律学の順に多くなっており，法律学と経済学ではゼミ

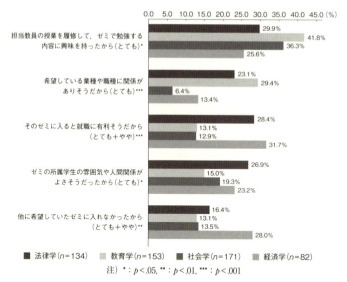

図2-7　分野別　ゼミ所属理由（履修者，有意差のある項目，「大学生パネル調査」・4年時）

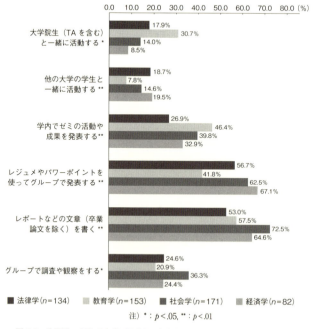

図2-8　分野別　ゼミの内容（履修者，有意差のある項目，「大学生パネル調査」・4年時）

02 分野間の教育内容・方法の相違とスキルへの影響　29

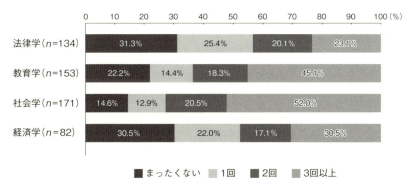

図2-9　分野別　ゼミ発表の回数（履修者，「大学生パネル調査」・4年時）

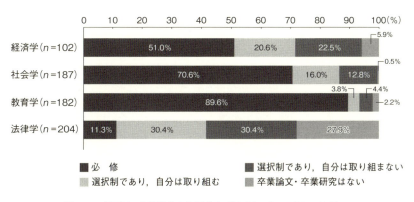

図2-10　分野別　卒業論文の位置づけ（「大学生パネル調査」・4年時）

での発表が「まったくない」者も3割を占める（図2-9）。

　また卒業論文に関しては，必修である比率が教育学89.6％，社会学70.6％，経済学51.0％，法律学11.3％と大きく差があり，法律学では選択必修で執筆する者まで含めても41.3％にとどまる（図2-10）。

　卒業論文の内実について分野別の違いをみると，①教育学において，テーマが卒業後の進路と関連しているケースが約半数に達しており，2-3割にとどまる他3分野とは異なること（図2-11），②教育学と社会学では卒業論文の分量が「A4で11枚（15,000字程度）以上」が約8割を占め，経済学・法律学と比べて長いこと，を除け

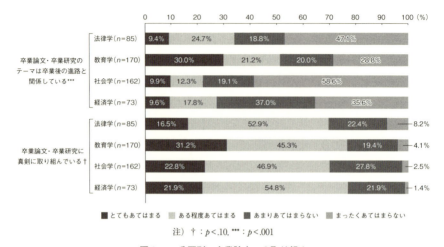

図2-11　分野別　卒業論文への取り組み
（卒論執筆者，有意差のある項目，「大学生パネル調査」・4年時）

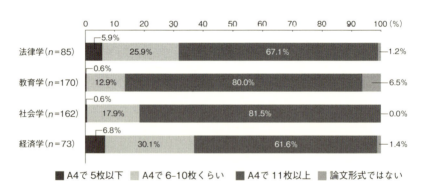

図2-12　分野別　卒業論文の分量（執筆者，「大学生パネル調査」・4年時）

ば，取り組みの熱心さやテーマ選択の自由度などには分野間で大きな相違はみられない（図2-12）。

　以上より，ゼミ・卒論に関して，ゼミでの発表や調査，論文執筆に重点を置く社会学，卒業後の仕事との関連が強い教育学，就職活動での有利不利に関わる要因としての意味が強い経済学，重視の度合いが相対的に低い法律学，という分野別の特徴が見出せる。

02　分野間の教育内容・方法の相違とスキルへの影響　*31*

「大学生パネル調査」を用いたここまでの概観から，理論重視の法律学，実践重視の教育学，ゼミ重視の社会学，相対的に教育の密度が低い経済学という形で，人文社会科学系のなかでも個々の学問分野によって大学教育の内容・方法にはかなりの相違があることが確認される。

2 学習成果としての仕事スキルとその形成経路

■ 2-1　25–34 歳時点の仕事スキルの規定要因

では，このような分野別の特徴をもつ人文社会科学系の大学教育は，学生や卒業生の仕事スキルの形成に対してどのように影響しているのか。

まず，「社会人調査」の有職者サンプルを用いて，25–34 歳時点の仕事スキル変数を作成する。現職において，表 2-2 の九つの項目がどれほどうまくできるかをそれぞれ 4 段階（うまくできる／ある程度うまくできる／あまりうまくできない／うまくできない）で自己評価してもらっている。これら 9 項目を内容に即して 3 項目ずつに分類し，それぞれ「情報スキル」「判断スキル」「交渉スキル」と名づけた[4]。各スキルを構成する項目の回答結果を 1–4 点にスコア化し，平均値を算出して変数化した。

表 2-2　仕事スキルを構成する変数（「社会人調査」，有職者）

	スキル名	Chronbach の α
パソコンで文章を作成する		
インターネットなどで情報を収集する	情報スキル	0.800
パソコンでデータの集計・分析や図表作成をする		
業務に関して企画・提案する		
複雑な事柄を総合的に考えて判断をくだす	判断スキル	0.843
人（部下や生徒，アルバイトなど）を教育・指導する		
職場外の顧客などと応対や交渉をする		
会議などでプレゼンテーションや報告をする	交渉スキル	0.794
職場内の同僚などと話し合いや打ち合わせをする		

---

4) 小方（2002）のレビューからもわかるように，仕事スキルを把握するための項目設定やその分類には多様な方法が用いられており，そのいずれがより優れているとも言い難い。また，PIAAC などを除く大半の調査研究では，スキルを調査対象者の自己評価・自己申告を通じて把握するにとどまるという限界がある。本研究の仕事スキル変数も暫定的なものであるが，多くの仕事に必要とされるであろう汎用的な内容に偏っており，特定の仕事や職場について必要とされるスキルをどのように把握するかが課題である。

表 2-3 変数の説明と記述統計量（「社会人調査」・有職者）

変数名		説明	記述統計量				
			有効度数	最小値	最大値	平均値	標準偏差
性 別	男 性	男性＝1，女性＝0	1857	0.0	1.0	0.345	0.475
年 齢	年齢（歳）	調査時点の年齢をそのまま使用	1857	25.0	34.0	29.757	2.782
親学歴	父大卒	父大卒以上＝1，それ以外＝0	1857	0.0	1.0	0.533	0.499
	母大卒	母大卒以上＝1，それ以外＝0	1857	0.0	1.0	0.226	0.418
中3時成績		5段階自己評価を1-5とスコア化	1857	1.0	5.0	2.164	1.160
大学タイプ（基準：その他私大）	旧帝大	出身大学が旧帝大＝1，それ以外＝0	1857	0.0	1.0	0.029	0.168
	国公立	出身大学が旧帝大以外の国公立大＝1，それ以外＝0	1857	0.0	1.0	0.181	0.385
	上位私大	出身大学が入試偏差値上位の私立大＝1，それ以外＝0	1857	0.0	1.0	0.214	0.410
	中位私大	出身大学が入試偏差値中位の私立大＝1，それ以外＝0	1857	0.0	1.0	0.211	0.408
専門分野（基準：心理学）	法律学	各分野に該当＝1，それ以外＝0	1857	0.0	1.0	0.110	0.313
	政治学		1857	0.0	1.0	0.083	0.277
	経済学		1857	0.0	1.0	0.110	0.313
	経営学		1857	0.0	1.0	0.110	0.313
	社会学		1857	0.0	1.0	0.110	0.313
	教育学		1857	0.0	1.0	0.110	0.313
	文 学		1857	0.0	1.0	0.110	0.313
	哲 学		1857	0.0	1.0	0.039	0.194
	歴史学		1857	0.0	1.0	0.108	0.311
大学教育変数	レリバンス授業頻度	1-1節本文および表2-1を参照	1857	0.5	6.0	2.547	1.181
	双方向授業頻度		1857	0.5	6.0	2.520	1.497
大学生活関連変数	大学時アルバイト経験	大学時にアルバイト経験あり＝1，それ以外＝0	1857	0.0	1.0	0.931	0.253
	大学時サークル経験	大学時にサークル経験あり＝1，それ以外＝0	1857	0.0	1.0	0.595	0.491
	大学時自己探求度	「授業に関連して，わからないことや関心のあることが出てきたら自分で調べてみた」に当てはまる度合いを1-4点でスコア化	1857	1.0	4.0	2.641	0.840
	大学時関連理解度	「複数の授業で学んだことを関連づけて理解していた」に当てはまる度合いを1-4点でスコア化	1857	1.0	4.0	2.444	0.757
	大学時発展履修度	「履修体系を考えて徐々に発展的な内容の授業を履修するようにしていた」に当てはまる度合いを1-4点でスコア化	1857	1.0	4.0	2.480	0.797
	大学成績	大学成績中の優の比率	1857	0.0	10.0	5.579	2.384

02　分野間の教育内容・方法の相違とスキルへの影響　*33*

表 2-3　変数の説明と記述統計量（つづき）（「社会人調査」・有職者）

変数名		説　明	記述統計量				
			有効度数	最小値	最大値	平均値	標準偏差
現職職種	専門職	各職種に該当＝1，それ以外＝0	1857	0.0	1.0	0.035	0.184
	技術職		1857	0.0	1.0	0.042	0.201
	事務職		1857	0.0	1.0	0.477	0.500
	営業職		1857	0.0	1.0	0.202	0.402
	サービス職		1857	0.0	1.0	0.066	0.249
	教　員		1857	0.0	1.0	0.069	0.254
仕事関連変数	正規雇用	正規雇用＝1，それ以外＝0	1857	0.0	1.0	0.668	0.471
	現職企業規模	現在の勤務先の従業員数	1857	5.0	6000.0	1795.856	2401.893
	転職回数	過去に勤め先を変えた回数	1857	0.0	4.0	1.096	1.199
	現職研修日数	現在の勤務先での教育訓練受講日数	1857	0.0	30.0	7.805	10.948
	現職自己啓発	過去半年間に自己啓発実施＝1，実施しない＝0	1857	0.0	1.0	0.428	0.495
仕事スキル	情報スキル	2-1 節本文および表 2-2 を参照	1857	1.0	4.0	2.881	0.686
	判断スキル		1857	1.0	4.0	2.322	0.734
	交渉スキル		1857	1.0	4.0	2.489	0.705

　この三つの仕事スキルを従属変数とし，独立変数に本章 1-1 で作成した授業タイプ頻度変数を含めた重回帰分析を行った。使用した変数の記述統計を表 2-3，分析結果を表 2-4 に示す。独立変数として，性別（男性ダミー），年齢，父母学歴（大卒ダミー），大学タイプ，専門分野，大学時のアルバイトおよびサークルの経験の有無，大学の授業への取り組み方（自己探求度，関連理解度，発展履修度），大学成績（優の比率），現職職種，雇用形態（正規ダミー），企業規模，転職回数，現職研修日数，現職自己啓発の有無を投入した[5]。

　表 2-4 の結果によれば，内容的レリバンスの高い授業の頻度は判断スキルおよび交渉スキルとの間に，また方法的双方向性の高い授業の頻度は三つの仕事スキル全てとの間に，それぞれ有意な正の関連がみられた。これら以外にも，属性，大学タイプ，大学生活，職業経験など多様な変数が三つのスキルと関連しているが，大学教育の内容・方法のあり方も仕事スキル形成にとって無視できない重要性をもつことが確認されたことになる。

　なお，表 2-4 のモデルの独立変数に三つの仕事スキルを加え，仕事のやりがい，

5）ST 比を独立変数に投入したモデルも試みたが，二つのスキルとの間に有意な関連はみられなかった。

表2-4 仕事スキルを従属変数とした重回帰分析結果 （「社会人調査」・有職者, 値は標準化係数）

		標準化係数		
		情報スキル	判断スキル	交渉スキル
性 別	男性ダミー	.067**	.095***	.095***
年 齢	年齢（歳）	.070**	.158***	.125***
親学歴	父大卒	.046†	-.005	.037
	母大卒	-.007	.039†	.024
中3時成績		-.092**	-.073**	-.061**
大学タイプ（基準：その他私大）	旧帝大	.053*	.043†	.038†
	国公立	.047†	.051*	.058*
	上位私大	.047†	.119***	.106***
	中位私大	-.016	.018	-.003
専門分野（基準：心理学）	法律学	.008	.064*	.034
	政治学	.012	.064*	.031
	経済学	.009	.047	.026
	経営学	-.030	.005	-.025
	社会学	-.034	.026	-.020
	教育学	-.074*	.003	-.039
	文 学	-.020	.014	.001
	哲 学	.020	.056*	.022
	歴史学	-.042	.004	-.024
大学教育変数	レリバンス授業頻度	.042	.081**	.079**
	双方向授業頻度	.079**	.065*	.109***
大学生活関連変数	大学時アルバイト経験	.082***	.069**	.080***
	大学時サークル経験	.026	.024	.053*
	大学時自己探求度	.096**	.071**	.050†
	大学時関連理解度	.009	.060*	.023
	大学時発展履修度	.022	.043	.041
	大学成績（優比率）	.058*	.015	.041†
現職職種（基準：上記以外）	専門職	.089***	.066**	.058*
	技術職	.098***	.025	.050*
	事務職	.217***	.033	.084**
	営業職	.073*	.080*	.137***
	サービス職	.014	.045†	.027
	教 員	.069*	.083**	.085**
仕事関連変数	正規雇用	.091***	.051*	.130***
	現職企業規模	-.001	-.003	.014
	転職回数	.052*	.007	.030
	現職研修日数	.006	.062**	.054*
	現職自己啓発	.105***	.118***	.103***
n		1857	1857	1857
調整済み R 二乗		0.148	0.177	0.189
有意確率		0.000	0.000	0.000

注） † : $p < .10$, * : $p < .05$, ** : $p < .01$, *** : $p < .001$

02　分野間の教育内容・方法の相違とスキルへの影響　*35*

表 2-5　専門分野別　授業タイプ頻度と仕事スキルの関連（「社会人調査」・有職者）

	情報スキル		判断スキル		交渉スキル	
	レリバンス授業	双方向授業	レリバンス授業	双方向授業	レリバンス授業	双方向授業
法律学	†		†			†
政治学	(†)		(†)		(**)	*
経済学	**				*	
商学・経営学			†		†	
社会学						
教育学						
心理学		**			†	*
文学・言語		†	*		*	
哲学・倫理・宗教						
歴史学				*		**

注）†：$p<.10$，*：$p<.05$，**：$p<.01$，***：$p<.001$，（ ）つきは負の係数

収入，自己肯定感の 3 変数を従属変数とした分析を行うと，情報スキルはやりがいと，判断スキルは 3 変数全てと，交渉スキルはやりがいおよび自己肯定感と，いずれも有意な正の関連をもっている（結果は割愛）。それゆえ，大学教育において授業内容のレリバンスもしくは授業方法の双方向性を高めることによって，卒業生の仕事スキルを向上させることには，これら「生活の質」に関わる諸要素を高めるうえでも意義があるといえるだろう。

さらに，表 2-4 の分析を専門分野別に行い，二つの授業タイプの頻度と三つの仕事スキルとの関連の有無をみた結果が表 2-5 である。この結果に基づけば，たとえば経済学分野においては授業内容のレリバンスをより高めることが，卒業生の情報スキルおよび交渉スキルの向上にとって重要な課題となるといえる。文学・言語分野でも，授業の内容的レリバンスが判断スキルおよび交渉スキルと関連している。逆に政治学では内容的レリバンスと三つのスキルとの間に負の連関が見出された。他方で双方向授業の頻度は，心理学分野では情報スキル・交渉スキルとの間に，また歴史学分野では判断スキル・交渉スキルとの間で，それぞれ正の関連がみられる。なお社会学や教育学など両タイプの授業頻度が相対的に高い分野では，むしろスキルとの関連はみられない。このような分野間の相違がなぜ生じるのかは明らかではないが，分野内のそれぞれの授業頻度の水準や分散などが影響していることが推測される。

■ 2-2 卒業後2年目時点のスキルの形成経路

　前項の分析は，単時点の調査データに基づくものであることから，仕事スキルの形成における時系列的な連鎖については明らかにできておらず，また大学教育に関する変数も限定的である。そこで，対象分野は限られるが，パネルで仕事スキル形成プロセスを追うことができ，また大学教育特性もより詳細に把握できている「大学生パネル調査」を用いて，大学時点から卒業後2年目までの時系列的分析を試みる。

　「大学生パネル調査」では大学3年時調査および大学4年時調査において，前者は回顧により高校時点でのスキル自己評価，後者は当該時点でのスキル自己評価を複数項目について5段階でたずねている。内容に即して項目をそれぞれ二つのグルー

表 2-6　**高校時点のスキル**（「大学生パネル調査」・3年時）

	スキル名	Chronbach の α
文献や資料・データを収集・分析する力	論理スキル	.854
レポートなど文章の書き方・まとめ方		
意見を伝えたり議論をしたりする力		
筋道立てて考える力		
知的関心	広範スキル	.800
ものごとを捉える幅広い視点		
自分とは異なる考え方を受け入れる柔軟性		
社会のいろいろな問題を考える姿勢		

表 2-7　**大学4年時点のスキル**（「大学生パネル調査」・4年時）

	スキル名	Chronbach の α
幅広い視点	柔軟スキル	.863
知的関心		
社会問題を考える姿勢		
柔軟性		
筋道立てて考える力		
意見伝達・議論力		
主体的に学習する力		
専門分野に関する知識	専門スキル	.866
専門分野に関する実践的スキル		
専門分野における基本的なものの考え方		
データ収集・分析力		

プに分類し，高校時点については「論理スキル」「広範スキル」，大学4年時点については「柔軟スキル」「専門スキル」と名づけ，各項目群のスコアの平均値を算出して変数化した（表2-6, 2-7）。

　また，「大学生パネル調査」の卒後1年目調査および卒後2年目調査においても「社会人調査」と同じ項目で仕事スキルをたずねており，「社会人調査」と同様に「情報スキル」「判断スキル」「交渉スキル」に分類して該当項目のスコア平均値をこれらのスキルを表す変数として使用する。

　以下では，時間の経過に沿って大学4年時・卒後1年目・卒後2年目の各時点におけるスキルの規定要因を分析する。分析に使用した変数の記述統計を表2-8に，分析結果を表2-9に示した。

　表2-9の分析は，サンプルサイズが小さいためあくまで参考としての結果ではあるが，それでもいくつかのことが読み取れる。まず，大学4年時の専門スキル・柔軟スキルの形成には，内容的レリバンスの高い授業頻度と方法的双方向性の高い授業頻度のいずれもが正の効果をもっている。自己探求的な授業への取り組み方も同様にスキルとの正の関連があるが，そうした学生個人の要素を統制しても，大学教育の内容・方法は4年時のスキル形成に影響している。

　他方で，卒後1年目の仕事スキルに対しては，大学教育の内容・方法からの直接の影響はほぼみられず，性別などの個人特性および企業規模や仕事のやりがいといった職場特性が仕事スキルに影響している。ただし，卒後1年目の交渉スキルに対しては，大学4年時の柔軟スキルとの間に正の関連がみられる。

　また，卒後2年目については，モデル1では卒後1年目のスキルを独立変数に含めず，モデル2では含めて分析を行った。当然ではあるが，モデル2からは卒後1年目のスキルと2年目のスキルが強く相関していることがわかる。卒後1年目スキルを除外したモデル1では，大学教育の内容・方法と卒後2年目スキルとの関連はみられないが，大学4年時の柔軟スキルが卒後2年目の判断スキルおよび交渉スキルと正の関連があり，またゼミ発表回数が多かったことが情報スキルと関連している。

　総合的にみれば，大学時の授業の内容的レリバンスや双方向性，あるいはゼミ発表回数などの大学教育面での特徴が，大学4年時のスキルを介して卒業後の各時点の仕事スキルにも連鎖的に影響を及ぼしているといえる。なお，今回の分析では，大学4年時の専門スキルは，卒業後の仕事スキルとの間に直接・間接の関連を有していないようにみえる。これは，日本の多くの職場において大学で学んだ専門分野が尊重されていないことの表れであり，大学教育と仕事との接続における無駄や齟齬を意

表 2-8　変数の説明と記述統計量（「大学生パネル調査」・有職者）

| | 変数名 | 説明 | 記述統計量 | | | | |
			有効度数	最小値	最大値	平均値	標準偏差
性別	男性	男性＝1，女性＝0	273	0.0	1.0	0.337	0.474
入試難易度	大学偏差値	予備校データより入力した偏差値を使用	273	34.0	70.0	51.941	8.253
親学歴	父大卒	父大卒以上＝1，それ以外＝0	273	0.0	1.0	0.645	0.479
	母大卒	母大卒以上＝1，それ以外＝0	273	0.0	1.0	0.205	0.405
高校時代の状況	論理スキル	表 2-6 を参照	214	1.0	5.0	2.917	0.906
	広範スキル		214	1.0	5.0	3.238	0.870
専門分野（基準：経済学）	法律学	各分野に該当＝1，それ以外＝0	273	0.0	1.0	0.322	0.468
	教育学		273	0.0	1.0	0.256	0.437
	社会学		273	0.0	1.0	0.311	0.464
大学教育変数	レリバンス授業頻度	表 2-3 と同じ	273	0.0	5.0	2.597	1.383
	双方向授業頻度		273	0.0	5.0	2.147	1.081
大学生活関連変数	ゼミ発表 3 回以上	ゼミ発表 3 回以上＝1，それ以外＝0	273	0.0	1.0	0.374	0.485
	長文卒論	A4 で 11 枚以上の卒論を執筆＝1，それ以外＝0	273	0.0	1.0	0.623	0.486
	大学時アルバイト経験	大学時にアルバイト経験あり＝1，それ以外＝0	273	0.0	1.0	0.773	0.420
	大学時サークル経験	大学時にサークル経験あり＝1，それ以外＝0	273	0.0	1.0	0.256	0.437
	大学時自己探求度	「授業に関連して，わからないことや関心のあることが出てきたら自分で調べてみた」に当てはまる度合いを 1–4 点でスコア化	273	1.0	4.0	2.934	0.792
	大学成績	大学成績中の優の比率	273	1.0	10.0	5.073	2.394
	柔軟スキル（大学 4 年時）	表 2-7 を参照	273	1.0	5.0	3.423	0.678
	専門スキル（大学 4 年時）		273	1.0	5.0	3.000	0.687
卒後 1 年目の状況	企業規模	勤務先従業員数	258	5.0	6000.0	2417.965	2483.041
	正規雇用	正規雇用＝1，それ以外＝0	273	0.0	1.0	0.777	0.417
	営業職	各職種に該当＝1，それ以外＝0	273	0.0	1.0	0.359	0.481
	事務職		273	0.0	1.0	0.275	0.447
	教員		273	0.0	1.0	0.117	0.322
	職場研修	勤務先で研修あり＝1，それ以外＝0	273	0.0	1.0	0.648	0.478
	仕事特性：過重	「労働時間が長すぎる」「仕事の内容がきつい」「仕事の上での責任が重すぎる」「仕事にかかわるストレスや不安は大きい」各 1–4 点の平均	257	1.0	4.0	2.487	0.702
	仕事特性：やりがい	「仕事にやりがいを感じる」「手ぬきをせずに，仕事に取り組んでいる」「自分の仕事のやり方を自分で決めることができる」「職場全体の仕事のやり方に自分の意見を反映させることができる」「顧客や利用者に喜んでもらえる」「大学で学んだことを仕事で活用している」各 1–4 点の平均	257	1.3	4.0	2.728	0.524
	仕事特性：関係良好	「職場の人間関係が良好である」「上司はよく面倒を見てくれる」「職場の先輩・同僚は自分の仕事を手助けしてくれる」各 1–4 点の平均	257	1.0	4.0	3.245	0.601
	仕事特性：使い捨て	「賃金に不満がある」「職業能力を向上させる機会がない」「雇用が不安定である」「単調な繰り返しの仕事が多い」「職場には若者を使い捨てにする雰囲気がある」各 1–4 点の平均	257	1.0	3.8	2.140	0.553
	情報スキル（卒後 1 年目）	表 2-3 と同じ（卒後 1 年目時点）	257	1.0	4.0	2.916	0.579
	判断スキル（卒後 1 年目）		256	1.0	4.0	2.182	0.703
	交渉スキル（卒後 1 年目）		257	1.0	4.0	2.420	0.632
卒後 2 年目の状況	転職経験あり	転職経験あり＝1，それ以外＝0	273	0.0	1.0	0.194	0.396
	情報スキル（卒後 2 年目）	表 2-3 と同じ（卒後 2 年目時点）	271	1.0	4.0	2.916	0.633
	判断スキル（卒後 2 年目）		273	1.0	4.0	2.294	0.694
	交渉スキル（卒後 2 年目）		272	1.0	4.0	2.554	0.620

表2-9　各時点のスキルの規定要因（重回帰分析、「大学生パネル調査」・卒後2年目有識者）

| | 大学4年時 | | 卒後1年目 | | | 卒後2年目 | | | | | |
	専門スキル	柔軟スキル	情報スキル	判断スキル	交渉スキル	情報スキル モデル1	情報スキル モデル2	判断スキル モデル1	判断スキル モデル2	交渉スキル モデル1	交渉スキル モデル2
男性	0.159*	0.089	0.167*	0.132†	0.146*	0.156*	0.078	0.210**	0.114*	0.216*	0.147*
大学偏差値	0.078	0.145*	0.008	0.096	0.057	0.109	0.026	0.041	-0.030	0.140†	0.075
父大卒	-0.015	-0.022	-0.067	0.027	-0.049	-0.042	0.004	0.005	0.012	-0.066	-0.027
母大卒	0.186**	0.081	-0.007	-0.176**	-0.027	-0.054	-0.030	-0.111	-0.054	0.005	0.015
調理スキル	0.022	0.109	0.054	0.169*	0.158†	0.012	-0.070	0.112	0.014	0.009	-0.057
広範スキル	0.063	0.241***	-0.144	-0.136	-0.137	0.002	0.066	-0.065	0.042	-0.080	-0.013
法律学	0.048	0.048	-0.147	0.189	0.160	0.092	0.038	0.245†	0.147	0.238	0.156
教育学	0.092	-0.055	0.067	0.286*	0.216	0.036	-0.035	0.341**	0.192	0.321*	0.221†
社会学	0.022	0.086	0.002	0.263†	0.195	0.057	0.031	0.319*	0.167	0.262†	0.182
レポート執筆頻度	0.219**	0.145*	-0.021	0.005	-0.069	-0.040	-0.066	-0.057	-0.003	0.045	0.084
双方向授業頻度	0.153*	0.139*	-0.115	-0.027	-0.106	-0.100	-0.007	0.004	-0.002	-0.110	-0.072
ゼミ発表3回以上	0.076	0.046	0.105	-0.010	0.045	-0.017	0.186*	-0.003	-0.043	-0.006	-0.020
長文卒論	-0.030	0.072	0.036	0.092	0.021	0.195*	0.014	-0.002	-0.002	0.049	0.012
部・サークル活動	-0.075	-0.099†	-0.137†	0.021	-0.018	0.086	-0.148*	-0.086	-0.126†	-0.110	-0.096
アルバイト	-0.047	0.043	-0.120	0.056	0.020	-0.164*	-0.079	0.004	-0.110	0.004	0.020
大学時自己深求度（優の比率）	0.251***	0.275***	0.011	-0.028	-0.096	-0.100	0.073	0.207*	0.095	0.042	0.111
大学成績（優の比率）	0.058	0.046	-0.104	-0.073	-0.054	-0.001	0.109	-0.083	0.030	-0.016	0.012
柔軟スキル（大学4年時）			0.149	0.120	0.237**	0.133	0.031	-0.086	0.013	0.210*	0.110
専門スキル（大学4年時）			0.127	0.044	0.089	-0.014	-0.015	0.044	0.132†	-0.083	-0.129
企業規模			0.015	0.014	0.163**	-0.041	-0.092	-0.005	-0.133*	-0.129	-0.025
正規			-0.039	-0.015	0.008	-0.109	-0.174*	-0.158†	-0.195**	-0.014	-0.166*
営業職			0.006	-0.109	0.209*	0.072	0.023	0.052	-0.013	0.067	0.112
課務職			0.025	-0.002	0.045	0.120	0.088	0.035	0.047	0.015	0.090
教員			-0.016	-0.010	0.017	0.102	0.093	0.064	0.057	0.093	0.065
職場研修あり			-0.152*	-0.065	0.096	-0.061	-0.022	0.060	0.030	-0.002	-0.015
仕事特性：温厚			0.084	0.481***	0.048	0.032	0.018	0.000	0.013	0.065	0.109
仕事特性：やりがい			0.263***	-0.114	0.468***	0.184*	0.169**	0.294***	0.132*	0.358***	0.014
仕事特性：関係良好			-0.060	-0.286***	-0.154†	0.130	-0.131	0.049	0.022	-0.063	-0.099
仕事特性：使い捨て			-0.054		0.090	-0.088		0.102	0.007	-0.082	0.028
情報スキル（卒後1年目）							0.298***		0.232***		0.018
判断スキル（卒後1年目）							0.158†		0.336***		0.143**
交渉スキル（卒後1年目）							0.231**		0.218***		0.481***
転職経験あり						0.081	0.007	0.081	-0.002	0.011	-0.061
n	214	214	200	199	200	199	195	201	197	200	196
調整済みR二乗	0.259	0.379	0.091	0.280	0.229	0.205	0.346	0.228	0.453	0.214	0.388
有意確率	0.000	0.000	0.022	0.000	0.000	0.000	0.000	0.000	0.000	0.000	0.000

注：† $p<.10$、* $p<.05$、** $p<.01$、*** $p<.001$

味していると考えられる。しかし，分析方法や変数の設定の仕方，データの拡充により，専門スキルと仕事スキルとの関連が見出されてゆく可能性は残されている。

3 知見のまとめと考察

　本章の知見は以下のようにまとめられる。

　第一に，人文社会科学系内部の個別の学問分野の間で，大学教育の内容・方法にはかなりの相違がある。その特徴の把握の仕方は指標により多様でありうるが，本研究で見出されたのは，相対的に方法的双方向性の低い社会科学系，相対的に内容的レリバンスの低い人文科学系，いずれも高いが特に内容的レリバンスの高い教育学，中間的でバランスのとれている社会学および心理学，あるいは理論重視の法律学，実践重視の教育学，ゼミ重視の社会学，相対的に教育の密度が低い経済学，といった特徴である。このような大学教育の特性は，分野や大学タイプによるST比の相違にも影響されている。

　第二に，人文社会科学系の大学教育の内容・方法は，大学最終学年時点および卒業後のスキル形成に一定の影響を及ぼしている。25-34歳の社会人を対象とした分析では，大学教育の内容的レリバンスおよび方法的双方向性の両者が25-34歳時点の判断スキルおよび交渉スキルと関連しており，方法的双方向性は情報スキルとも関連していた。これらの関連のあり方は，分野によっても異なっている。また，大学在学中から卒業後2年目までを追跡したデータを用いた分析では，内容的レリバンスの高い授業，方法的双方向性の高い授業やゼミの密度の高さが，大学4年時点の主に柔軟スキルを介して，卒後2年目時点の判断スキル・交渉スキルを高めていた。

　以上の結果が示唆しているのは，それぞれの学問分野が自らの教育内容・方法の「偏り」や「不足」に自覚的となり，それぞれの分野の特性を尊重しつつも，教育内容・方法の充実化——本章の注目点に即するならば「内容的レリバンス」と「方法的双方向性」を高める工夫をすること——によって，卒業生が仕事現場で用いるスキルを高めることに資することができるということである。いきなり特定分野の廃止・縮小や他分野の転換を要求することでも，「学問の自由」を掲げて教育内容・方法の点検を拒むことでもない，改善の方向性がここにあると考える。

　ただし，本章の結果にはいくつかの留保が必要である。本研究では2種類のデータを使用して上記の知見を得たが，サンプルサイズや質問項目，対象分野数などに関して改善の余地は大きい。また，高大接続の観点から，高校までの学習のあり方

と大学での勉学の成果との関連を分析することも重要な課題であるが，本章では踏み込めていない。仕事スキルの把握の仕方についても，質問項目の拡充などを通じたデータの改良が求められる。本章では「情報スキル」「交渉スキル」「判断スキル」という一般性の高い三つのスキルに注目したが，個々の専門分野の専門知識が直接に活かされている仕事も一定の広がりをもって存在する可能性があるため，そうした側面のより詳細な把握が今後の課題とされる。

　さらに，本章の知見を大学教育に適用する場合，特に「方法的双方向性」については，ST 比の改善など，大学の財政構造と直結する改革が必要とされる。また，大学の教育内容・方法を通じて身につけたさまざまなスキルを正当に評価しうる採用・配置・処遇のあり方についてもいっそうの追求と実施が求められよう。

　本研究は，大学教育の分野別の内容・方法を点検し改善していくための取り組みの端緒にすぎない。それぞれの学問分野で過去からの慣例として行われている教育内容・方法を客観的に振り返り，可能な部分から自主的に改善・変革していくことは，理念論でも，いきなりの廃止・縮小論でも，「役に立つ／立たない」の水掛け論でもない，はるかに有益な作業であり，今後のさらなる調査研究の展開が期待される。

【文　　献】

小方直幸 2002,「職業的レリバンス研究における大学教育―質問紙調査の能力項目分析」
　　『広島大学大学院教育学研究科紀要』51: 407–413.
本田由紀 2005,『若者と仕事―「学校経由の就職」を超えて』東京大学出版会.
本田由紀 2009,『教育の職業的意義―若者，学校，社会をつなぐ』筑摩書房.

03 誰が大学での学びを仕事で活用しているのか

大学時代のラーニング・ブリッジング態度に着目して

小山　治

　本章の目的は，社会人調査データに基づいて，誰が大学での学びを仕事で活用しているのかという問いを明らかにすることである。本章の結論は，社会学を除いて，大学時代に授業内外で架橋的に学んだり，授業内容を授業間で関連づけて理解したりしていた者（＝ラーニング・ブリッジングという学びをしていた者）ほど，大学での学びを仕事で活用しているということになる。この結論は，①学習科学で使用されている学習に関する変数と大学教育の職業的レリバンス研究で使用されている大学教育の職業的成果を測定する変数との関連性を分析することによって，大学教育が仕事の世界に転移する可能性や程度をさらに精緻に明らかにできること，②学生のラーニング・ブリッジングを生起させる学習支援が重要であることを含意している。

1 問題設定

　本章の目的は，社会人調査データに基づいて，誰が大学での学びを仕事で活用しているのかという問いを明らかにすることである。

　1990 年代以降の大学進学率の上昇に伴う大学の大衆化によって，大学での学びのあり方が社会から問われている。産業界に目を向ければ，大学教育要求は高まっているし（飯吉 2008），大学界においても，専門分野ごとにその存在意義や職業的意義を明確化する動きが高まっている（日本学術会議 2010）。政策においても，大学における職業教育の重要性が再確認されている一方で，近年では職業における実践的な能力を育成するために「専門職大学等」の設置が議論され（中央教育審議会

2016：28)，2019 年度からそれらが創設されることになった。

　こうした一連の動向のなかで重要なのは，専門分野と大学教育の職業的レリバンス（意義・有効性）という 2 点である。

　まず，専門分野として，本章では，①文学・哲学・歴史学，②商学・経済学，③法学・政治学，④社会学，⑤教育学・心理学という五つの専門分野を取り扱う[1]。いずれも人文・社会科学分野の代表的な専門分野の一つであるとともに，大学教育無用論の標的とされる専門分野でもあるからである。

　次に，大学教育の職業的レリバンスの指標としては，大学教育の仕事活用度を取り上げる。この概念は，大学での学びを仕事で活用しているのかということを指す。大学教育の職業的レリバンスを問題にする場合，大学時代の授業・学習経験と仕事スキル・能力・所得・役立ち感などとの関連性という形で実証研究に落とし込む方法が考えられるが，こうした分析は主に第 2 章と第 5 章で行われているので，本章では取り扱わない。一方，「役に立たない」人文・社会科学分野の大学教育を仕事で活用しているかという問題設定それ自体に意味がなく，大学教育はそもそも仕事に役に立つことを想定していないという批判がありうる[2]。以下では，この批判に対してあらかじめ反論を提示することによって本章における問いの公共的意義を示す。

　本章で取り上げる大学教育の仕事活用度は，大学教育の職業的レリバンス研究における伝統的な変数の一つである。日欧の大卒者に対する大規模な質問紙調査のデータを分析した吉本（2001：120-1）によれば，日本の大卒者の場合，職業や年収といった指標でみる限り職業生活への移行のパフォーマンスは必ずしも低くないにもかかわらず，大学時代に獲得した知識・技能の仕事における活用度は欧州諸国と比べて最低水準となっている。人文・社会科学分野においては大学で学ぶ知識の中身自体は日欧で決定的な差がないと仮定できるにもかかわらず，日本の大学教育の仕事活用度が欧州の大学教育の仕事活用度よりも低いとしたら，それ自体が問われなければならない問題であるといえる[3]。また，前述したように，近年の大学教育

1）五つの専門分野のカテゴリーについては，学校基本調査による分類を参考にしている。質問項目の表記と合わせて正確に記載すると，文学・哲学・歴史学とは，「文学・言語（日本文学・外国文学・語学・言語学など）」「哲学・倫理・宗教」「歴史学（西洋史・東洋史・日本史など）」を指す。商学・経済学とは，「商学・経営学」「経済学」を指す。法学・政治学とは，「法律学」「政治学」を指す。社会学とは，「社会学」を指す。教育学・心理学とは，「教育学」「心理学」を指す。

2）この批判は産業界からはもとより，大学教育の担い手である大学界からも想定されうる。

の存在意義・職業的意義を問う産業界・大学界・政策に共通する動向を踏まえれば，大学教育の仕事活用度を問題にすることを批判する見方自体を反省的に捉えなければならない。

　重要なのは，どのようにすれば，大学時代の学びが仕事に活かされるのか／活かされないのかという点を実証的に明らかにすることであり，それが大学教育の職業的意義をより望ましい方向に導くことになると考えられる[4]。また，こうした点を明らかにすることは，大学の学習支援の改善にも資する。大学教育の仕事活用度を問題にすること自体を否定して実態を顧みない態度はもはや有益とはいえない。

　一方，大学教育の仕事活用度に対する独立変数として本章が重視するのは，大学時代のラーニング・ブリッジング態度である。この概念は，授業内外の学びを相互に結びつける学習態度を指す。ラーニング・ブリッジングとは，「学習者が，授業外での活動と授業のように複数の異なる活動の間で移行・往還しながら，それぞれにおける学習を結合・統合していくこと」（河井 2014：138）である。河井（2012：297）は，「学生が深い学習をしていくためには，授業外での活動・学習だけでなく，体系的な専門知識の習得と活用の場である授業での学習が重要になると考えられる」と指摘し，授業内外の学びの関係性を問題にした学生の学習と成長に関する研究の必要性を説いている。本章では，この主張の重要性を認めたうえで，大学時代のラーニング・ブリッジングに相当する学習態度が卒業後における大学教育の仕事活用度と正の関連があるという仮説を検証する。この仮説の設定理由は，ラーニング・ブリッジングのような架橋的・越境的な学習態度が仕事の世界に転移すると考えられるからである。ラーニング・ブリッジングは，学習内容の意味理解につながっており，人生・生活の形成の積極的関与とも結びついている（河井・溝上 2012：224）。大学教育の職業的レリバンスを考える場合，「科学的な認識と仕事の遂行能力とのつながり以外に，一方では教科や学問の獲得を，他方では業務上必要な能力を獲得するための学習態度の間にも繋がりを想定できる」という小方（2011：32）の指摘を考慮に入れると，大学時代のラーニング・ブリッジング態度は仕事における大学での学びの活用にもつながると予想される。

---

3) 矢野（2001：13）は，大学の経済学の教科書とエコノミストの仕事内容は日米欧で大きく変わらないにもかかわらず，「なぜ，欧米の大学の経済学が役に立って，日本の大学の経済学が役に立たないのか」という興味深い疑問を提示している。こうした疑問は，他の人文・社会科学分野の専門分野においても提示可能であろう。
4) ただし，本章は大学の就職予備校化を無批判に推進するものではない。

本章の分析で使用するのは，大卒者に対するインターネットモニター調査から得られた社会人調査データである。利用調査機関はマクロミル社であり，調査は2016年9月下旬に実施された（有効回収数は2,066ケース）。本章では大学教育の職業的レリバンスを問題にするため，調査時点で有職者であることが明らかな1,846ケースを分析対象とする（ただし，欠損値の関係で，分析内容によっては，これよりも少ないケース数となる）。インターネットモニター調査には一定のバイアスがあると考えられるが，大卒者に対する大規模な質問紙調査の実施は現実的には困難である。本章では，調査手法自体に課題があることに留意したうえで，参考までに統計的検定を行う。

本章の構成は次の通りである。第2節では，本章と関連する先行研究の到達点を整理し，その問題点を検討したうえで本章の学術的な意義を論証する。第3節では，分析で使用する変数の設定を行う。第4節では，大学教育の仕事活用度と大学時代の学習態度の分布を確認した後に，前者の規定要因を多変量解析によって分析する。第5節では，本章の主な知見をまとめて結論を示し，その含意について考察したうえで，今後の課題を指摘する。

2 先行研究の検討

本章と関連する先行研究は，大学教育の職業的レリバンス研究である。この研究の全体像は第1章で言及されているため，ここでは本章の従属変数と重要な独立変数と密接に関連する先行研究である①大学教育の仕事活用度に関する研究と，②学生のラーニング・ブリッジング（態度）に関する研究を取り上げる。

まず，これらの先行研究の到達点を整理する。

前述した①の研究では，大学時代の学習経験と大学教育の仕事活用度との関連性が部分的に明らかにされている（主に教育社会学・高等教育論の領域）。この関連性の前提として，大卒者に対する大規模な質問紙調査のデータを分析した吉本（1999：145）は，「就業期間中を通して，大学教育で得た知識・技術が活用できる仕事により近づく形で多くの大卒者が職業経験をしている」ことを明らかにしている。日欧の大卒者に対する大規模な質問紙調査のデータを分析した吉本（2001：125-6）によれば，大学の専門分野や職業などに関する変数を統制しても，「在学中の就業体験と学習内容との関連」が高いほど，職場での大学知識の活用度が高い。同じデータを再分析した吉本・山田（2003：96）によれば，「在学中の専攻分野と就業体験の

関連性」は，専攻分野と現在の仕事の対応性を高めている。

　前述した②の研究では，ラーニング・ブリッジングの学習・成長に対する有効性が明らかにされている（主に学習科学の領域）。全国の国公私立大学の学生に対するインターネットモニター調査のデータを分析した河井・溝上（2011）によれば，学習活動を行う授業外実践コミュニティ（さまざまな他者と関わりながら活動する場）に参加し，そこを足場として，授業での学習とラーニング・ブリッジする学生としない学生を比較した結果，前者の方が自主学習・読書，知識・技能の習得，大学生活の充実感が高い。そこでは，ラーニング・ブリッジングは，「授業の外で学んだことを，授業で活かす」経験（頻度）として４件法で測定されている。特定大学の授業履修者に対する質問紙調査のデータを分析した河井（2012）によれば，学習活動を行う授業外実践コミュニティに参加し，そこでの授業外学習を授業での学習に架橋するというラーニング・ブリッジをしているグループは，他のグループと比べて，知識・技能などの獲得度が高い。複数の私立４年制大学文科系学部の学生に対する質問紙調査のデータを分析した河井・溝上（2012）によれば，ラーニング・ブリッジングは，深い学習アプローチ（関連づけ，意味的な内容理解，根拠を活用した探究）と強い正の相関があるとともに，将来と日常の接続意識・行動とも正の相関がある。そこでは，ラーニング・ブリッジングが授業間，異時点間，授業外－授業間という三つの視点から測定されている。

　次に，以上の先行研究の問題点を検討する。

　先行研究に共通する問題点は，大学時代のラーニング・ブリッジング態度と大学教育の仕事活用度との関連性が正面から問われていないうえに，専門分野という視点も希薄であるということにある。前述した①の研究では，大学時代の就業体験と大学における学習内容との関連性が独立変数とされているものの，就業体験以外の学生の多様で豊かな学び自体は十分に問題にされていない。一方，前述した②の研究では，授業外での活動と学習だけではなく，授業外での学習と授業での学習を架橋するラーニング・ブリッジングが学生の学習と成長（将来を見据えた意識・行動を含む）にとって重要であることが明らかにされているものの，ラーニング・ブリッジングが卒業後の職業生活でいかなる有効性を発揮するのかという点は不問に付されている[5]。以上を踏まえると，大学教育の職業的レリバンス研究と学習科学は

5）もっとも，大学教育の仕事活用度を除外して考えると，大学時代の学習経験と仕事の世界との関連性については，溝上ら（2012），保田・溝上（2014），舘野ら（2016），小山（2017）などのように，研究の蓄積が近年進んできている。

相互に関連する内容であるにもかかわらず，必ずしも有機的に関連づけられてこなかったと考えられる。

　吉本（2001：128）は，インターンシップのような就業体験だけでなく，「広く「大学の学習と関連する就業体験」をもつこと」の重要性を指摘している。この指摘を敷衍すれば，大学教育の仕事活用度と正の関連がある変数は，直接的な就業体験に限らないと予想される。大学教育の職業的レリバンス研究は，学習科学における学習に関する豊かな指標を積極的に取り入れる必要があると考えられる。そこで，本章では，社会人調査データの分析によって，先行研究の問題点を克服することを試みる。具体的には，大学時代におけるラーニング・ブリッジング態度が大学教育の仕事活用度と正の関連があるという仮説を専門分野ごとに検証する。

3 変数の設定

　表 3-1 は，本章の分析で使用する変数の操作的定義をまとめたものである。いつの時点の変数なのかわかるように，各変数の名称の前に「現職」「大学」という文言を付記している。以下では，重要な変数について説明する。

　従属変数は，大学教育の仕事活用度である。この変数は，「あなたの現在の仕事について，次の点はどの程度あてはまりますか」という質問文における「大学で学んだことを仕事で活用している」という質問項目（4 件法）で測定した。回答の分布は，「とてもあてはまる」（6.0％），「ややあてはまる」（21.0％），「あまりあてはまらない」（32.4％），「まったくあてはまらない」（40.5％）である（$n=1846$。小数点の丸めのため，合計が 100.0％にならない）。分析においては，「とてもあてはまる」と「ややあてはまる」を「あてはまる」＝1 とし，「あまりあてはまらない」と「まったくあてはまらない」を「あてはまらない」＝0 とした。

　独立変数で重要なのは，大学時代の学習態度（特にラーニング・ブリッジング態度）である。この変数は，「大学での授業全般を通して，あなたは以下のことがどれくらいあてはまりましたか」という質問文における「興味がわかない授業でもきちんと出席していた」などの 10 個の質問項目によって測定した。4 件法の選択肢を「とてもあてはまる」＝4 〜「まったくあてはまらない」＝1 として因子分析（主因子法，プロマックス回転）にかけた結果，三つの因子が抽出された（以下のカッコ内の数値は因子負荷量）。一つ目の因子は，「授業外で学んだことを授業で活かした」（0.904），「授業で学んだことを授業外で活かした」（0.877），「複数の授業で学ん

03　誰が大学での学びを仕事で活用しているのか　　*49*

表 3-1　分析で使用する変数の操作的定義

変数名	操作的定義
大学教育の仕事活用度	「大学で学んだことを仕事で活用している」という質問項目について，「とてもあてはまる」と「ややあてはまる」を「あてはまる」＝1とし，「あまりあてはまらない」と「まったくあてはまらない」を「あてはまらない」＝0とした。
男性ダミー	男性＝1，女性＝0とした。
（父親の学歴）大卒・大学院卒ダミー	大卒・大学院卒＝1，それ以外＝0とした。
（母親の学歴）大卒・大学院卒ダミー	大卒・大学院卒＝1，それ以外＝0とした。
中学3年生のときの校内成績	5件法の選択肢について，「上のほう」＝5〜「下のほう」＝1とした。
大学卒業後の通算仕事経験年数	「1」〜「13」（年間）の選択肢（13件法）をそのまま連続変数とした。
転職経験ありダミー	大学卒業後に勤め先を「変えたことがある」を「転職経験あり」＝1，「変えたことはない」＝0とした。「仕事をしたことがない」は欠損値とした。
（現職：雇用形態）正規雇用ダミー	正規雇用（経営者・役員を含む）＝1，非正規雇用・その他＝0とした。
（現職：産業）製造業・金融業・官公庁・教育機関ダミー	製造業・金融業・官公庁・教育機関＝1，それ以外＝0とした。相対的に良質な雇用機会を有する産業のダミー変数である。
（現職：規模）99人以下	
（現職：規模）100-999人	99人以下を基準変数とするダミー変数とした。
（現職：規模）1,000人以上	
（現職：職種）専門・技術職（教員・保育士）	
（現職：職種）専門・技術職（教員・保育士以外）	
（現職：職種）事務職	その他の職種を基準変数とするダミー変数とした。
（現職：職種）営業・販売職	
（現職：職種）サービス職	
（現職：職種）その他の職種	
（大学）旧帝大・一橋大・東工大・早慶上智大ダミー	旧帝大・一橋大・東工大・早慶上智大＝1，その他の大学＝0とした。銘柄大学卒のダミー変数である。
（大学）文学・哲学・歴史学	
（大学）商学・経済学	「大学で専攻していた学問分野（専門分野）」である。文学・哲学・歴史学を基準変数とするダミー変数とした。
（大学）法学・政治学	
（大学）社会学	
（大学）教育学・心理学	
（大学）成　績	大学で履修した授業の成績のうち，「優・A」の成績（秀・A+なども含む）の割合（11件法）を「0」〜「10」とした。
（大学）初年次教育科目を履修したダミー	「（大学1年生の時に）大学での学び方（文献の探し方，レポートの書き方，エクセルやパワーポイントの使い方）に関する授業」に「とても熱心に取り組んだ」〜「全然熱心に取り組まなかった」を「履修した」＝1，「そのような授業は履修しなかった」＝0とした。
（大学）ゼミを履修したダミー	「ゼミ（特定の指導教員のもとで行われる少人数授業）」に「とても熱心に取り組んだ」〜「全然熱心に取り組まなかった」を「履修した」＝1，「そのような授業は履修しなかった」＝0とした。
（大学）卒業論文に取り組んだダミー	「卒業論文」に「とても熱心に取り組んだ」〜「全然熱心に取り組まなかった」を「取り組んだ」＝1，「そのような授業は履修しなかった」＝0とした。
（大学）レリバンス型授業頻度	「将来に役立つ実践的な知識や技能が身につく授業」「学んでいる内容と将来のかかわりについて考えられる授業」という質問項目（各4件法）それぞれについて，「よくあった（5割以上）」＝4〜「ほとんどなかった」＝1として平均値を算出した（Cronbachの α =0.854）。大学時代の授業頻度に関する質問項目全体を合わせて因子分析（主因子法，プロマックス回転）にかけて抽出された因子をもとにして作成した。
（大学）双方向型授業頻度	「課題や宿題がたくさん出される授業」「議論やグループワークなど学生が参加する機会がある授業」「授業内容に関するコメントや意見を書く授業」「提出物に教員からのコメントが付されて返却される授業」「授業内容に興味がわくように工夫された授業」という質問項目（各4件法）それぞれについて，「よくあった（5割以上）」＝4〜「ほとんどなかった」＝1として平均値を算出した（Cronbachの α =0.812）。大学時代の授業頻度に関する質問項目全体を合わせて因子分析（主因子法，プロマックス回転）にかけて抽出された因子をもとにして作成した。

50

表 3-1　分析で使用する変数の操作的定義（つづき）

変数名	操作的定義
（大学）ラーニング・ブリッジング態度	「授業外で学んだことを授業で活かした」「授業で学んだことを授業外で活かした」「複数の授業で学んだことを関連づけて理解していた」「履修体系を考えて徐々に発展的な内容の授業を履修するようにしていた」という質問項目（各4件法）それぞれについて、「とてもあてはまる」＝4〜「まったくあてはまらない」＝1として平均値を算出した（Cronbach の α =0.838）。大学時代の学習態度に関する質問項目全体を因子分析（主因子法，プロマックス回転）にかけて抽出された因子をもとにして作成した。
（大学）まじめ態度	「なるべく良い成績をとるようにしていた」「興味がわかない授業でもきちんと出席していた」「授業に関連して，わからないことや関心のあることが出てきたら自分で調べてみた」という質問項目（各4件法）それぞれについて、「とてもあてはまる」＝4〜「まったくあてはまらない」＝1として平均値を算出した（Cronbach の α =0.749）。大学時代の学習態度に関する質問項目全体を因子分析（主因子法，プロマックス回転）にかけて抽出された因子をもとにして作成した。
（大学）不適応態度	「内容が理解できない授業が多かった」「自分の学んでいる専門分野に興味がわかなかった」「授業では教えられたことをそのまま暗記した」という質問項目（各4件法）それぞれについて、「とてもあてはまる」＝4〜「まったくあてはまらない」＝1として平均値を算出した（Cronbach の α =0.582）。大学時代の学習態度に関する質問項目全体を因子分析（主因子法，プロマックス回転）にかけて抽出された因子をもとにして作成した。
（大学）部・サークル活動・学生団体に参加したダミー	一つ以上の部・サークル活動・学生団体に参加した＝1，「部・サークル活動・学生団体には参加していなかった」＝0とした。
（大学）アルバイトをしたダミー	一つ以上のアルバイトをした＝1，「アルバイトはしていなかった」＝0とした。

だことを関連づけて理解していた」（0.574），「履修体系を考えて徐々に発展的な内容の授業を履修するようにしていた」（0.547）という質問項目から構成された。これらの質問項目の 1–4 の得点の平均値を算出して（大学）ラーニング・ブリッジング態度と呼称した（Cronbach の α = 0.838）。なお，ラーニング・ブリッジング態度に相当する質問項目は，河井・溝上（2012）で使用されているものを参考にして大卒者向けに修正したものである。二つ目の因子は，「なるべく良い成績をとるようにしていた」（0.863），「興味がわかない授業でもきちんと出席していた」（0.682），「授業に関連して，わからないことや関心のあることが出てきたら自分で調べてみた」（0.445）という質問項目から構成された。これらの質問項目の 1–4 の得点の平均値を算出して（大学）まじめ態度と呼称した（Cronbach の α = 0.749）。三つ目の因子は，「内容が理解できない授業が多かった」（0.685），「自分の学んでいる専門分野に興味がわかなかった」（0.646），「授業では教えられたことをそのまま暗記した」（0.405）という質問項目から構成された。これらの質問項目の 1–4 の得点の平均値を算出して（大学）不適応態度と呼称した（Cronbach の α = 0.582）[6]。

　統制変数としては，①属性などの基本的な変数，②職業に関する変数，③大学生活に関する変数を設定した。

　①は，性別，父親・母親の学歴，中学 3 年生のときの校内成績である。擬似相関

6）この変数のみ，Cronbach の α の値がやや小さいという点には留意が必要である。

の可能性を排除するための基本的な変数であるため，統制変数とした。

②は，大学卒業後の通算仕事経験年数，転職経験，現職の雇用形態・産業・規模（従業員数）・職種である。いずれも大学教育の仕事活用度の前提となる職場環境・仕事環境に関する変数であるため，統制変数とした。就業期間が長くなるほど，大学知識と関連する仕事をする者が多くなるという吉本（1999：145）の知見を踏まえれば，大学卒業後の通算仕事経験年数は特に統制する必要性が高い変数である。

③は，学校歴（出身大学），大学の成績，授業の履修有無・取り組み，授業頻度，課外活動経験である。学校歴については，銘柄大学（旧帝大・一橋大・東工大・早慶上智大）か否かで教育の水準が異なる可能性があるため，統制変数とした。授業の履修有無・取り組みとしては，初年次教育科目，ゼミ，卒業論文を設定した。これらは大学での学習内容を活用することを想定した学習経験であるからである。授業頻度とは，授業を受けた頻度を指す。具体的には，「将来に役立つ実践的な知識や技能が身につく授業」と「学んでいる内容と将来のかかわりについて考えられる授業」から構成されるレリバンス型授業頻度，「議論やグループワークなど学生が参加する機会がある授業」などから構成される双方向型授業頻度である（詳細は表3-1 を参照）。課外活動経験としては，部・サークル活動・学生団体への参加の有無，アルバイト経験の有無を設定した（いずれもダミー変数）。大学教育の仕事活用度に悪影響を及ぼす可能性がある変数であるため，統制変数とした。

4 分析：（大学）ラーニング・ブリッジング態度と大学教育の仕事活用度との関連性

■ 4-1　専門分野別にみた大学教育の仕事活用度・大学時代の学習態度

まず，基本的な分析を行う。

図3-1 は，専門分野別に大学教育の仕事活用度の分布をまとめたものである。それによれば，独立性の検定では有意差が出るものの，専門分野によって大学教育の仕事活用度はそれほど違わないことがわかる（効果量である Cramer の V の値が小さい）。ただし，相対的にみれば，教育学・心理学では当該活用度が高い者（「とてもあてはまる」＋「ややあてはまる」）が 35.3％とやや多くなっている一方で，文学・哲学・歴史学ではそうした者は 19.0％に留まっている。この背景には，現在の職業の違いが反映されている可能性があるため，後の分析では職業に関する変数を統制する。

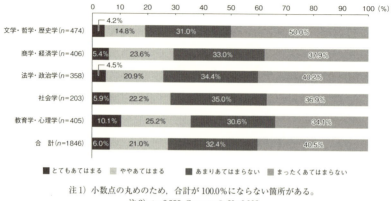

注1) 小数点の丸めのため,合計が100.0%にならない箇所がある。
注2) $p=0.000$, Cramer の $V=0.092$

図 3-1 専門分野別にみた大学教育の仕事活用度

表 3-2 専門分野別にみた大学時代の学習態度（平均値,分散分析）

専門分野	(大学)ラーニング・ブリッジング態度	(大学)まじめ態度	(大学)不適応態度
文学・哲学・歴史学 (各 n=474)	2.358	2.859	2.272
商学・経済学 (各 n=406)	2.283	2.715	2.520
法学・政治学 (各 n=358)	2.362	2.784	2.439
社会学 (各 n=203)	2.411	2.795	2.370
教育学・心理学 (各 n=405)	2.449	2.891	2.299
合　計 (各 n=1846)	2.368	2.813	2.375
F 値	3.532	4.037	12.790
p 値	0.007	0.003	0.000
η^2	0.008	0.009	0.027

　表3-2は,専門分野別に大学時代の学習態度の平均値をまとめたものである。それによれば,分散分析では有意差があり,専門分野間で大学時代の学習態度にはやや違いがみられるものの,その違いはそれほど大きくないことがわかる（効果量である η^2 の値が小さい）。ただし,相対的にみれば,教育学・心理学では,大学時代に学習内容を授業内外で活用しつつ,まじめで不適応も少ない一方で,商学・経済学では,大学時代に学習内容を活用した学びをしておらず,まじめではなく,不適応も多い。法学・政治学と社会学はほぼ中間的な位置づけであるものの,社会学においては大学時代の学習内容の活用度がやや高い。

03 誰が大学での学びを仕事で活用しているのか　　*53*

■ 4-2　専門分野別にみた大学教育の仕事活用度の規定要因

次に，大学教育の仕事活用度の規定要因を多変量解析によって分析する。

表3-3は，分析で使用する変数の記述統計量をまとめたものである。表3-4は，大学教育の仕事活用度を従属変数とした（二項）ロジスティック回帰分析の結果をまとめたものである[7]。それによれば，次の6点がわかる。

第一に，社会学を除いて，（大学）ラーニング・ブリッジング態度は，大学教育の仕事活用度と有意な正の関連があるという点である。たとえば，文学・哲学・歴史学では，（大学）ラーニング・ブリッジング態度が1増加すると，大学での学びを仕事で活用する確率が1.954倍になっている。他の専門分野でもオッズ比は3-4程度となっている[8]。大学教育の仕事活用度は，特に職業に関する変数に影響を受けると予想されるが，そうした変数を統制しても（大学）ラーニング・ブリッジング態度に有意な正の関連が残っているという点が重要である。以上から，本章の仮説は，社会学を除いて，検証された。

第二に，いずれの専門分野においても，（大学）まじめ態度は，大学教育の仕事活用度と有意な関連がないという点である。

第三に，商学・経済学においてのみ，（大学）不適応態度は，大学教育の仕事活用度と有意な負の関連があるという点である。

第四に，文学・哲学・歴史学，商学・経済学，教育学・心理学において，（大学）レリバンス型授業頻度は，大学教育の仕事活用度と有意な正の関連があるという点である。

第五に，社会学を除いて，（大学）双方向型授業頻度は，大学教育の仕事活用度と有意な関連がないという点である。

第六に，総じて，（大学）初年次教育科目を履修したダミー，（大学）ゼミを履修したダミー，（大学）卒業論文に取り組んだダミーは，大学教育の仕事活用度と有意な関連がないという点である。法学・政治学においてのみ，（大学）初年次教育科目を履修したダミーは，大学教育の仕事活用度と有意な正の関連がある。

---

7) 独立変数間に極端に強い相関関係はない。なお，商学・経済学において，（現職：職種）専門・技術職（教員・保育士）ダミーの偏回帰係数の値が大きくなっているのは，教員・保育士の職に就いている者がごく少数であるからであると考えられる。（現職：職種）専門・技術職（教員・保育士）のカテゴリーを（現職：職種）専門・技術職（教員・保育士以外）のカテゴリーに統合して分析しても，その他の結果に大きな相違はない。

8) なお，社会学では，（大学）ラーニング・ブリッジング態度は10％水準有意で正の関連があることに留まっている。偏回帰係数の値を考慮すると，これには社会学のサンプルサイズが小さいことによる影響があると考えられる。

表 3-3 記述統計量

変　数	平均値	標準偏差	最小値	最大値
大学教育の仕事活用度	0.268	0.443	0	1
男性ダミー	0.348	0.476	0	1
（父親の学歴）大卒・大学院卒ダミー	0.546	0.498	0	1
（母親の学歴）大卒・大学院卒ダミー	0.228	0.420	0	1
中学 3 年生のときの校内成績	3.841	1.159	1	5
大学卒業後の通算仕事経験年数	7.019	2.922	1	13
転職経験ありダミー	0.603	0.489	0	1
（現職：雇用形態）正規雇用ダミー	0.675	0.468	0	1
（現職：産業）製造業・金融業・官公庁・教育機関ダミー	0.396	0.489	0	1
（現職：規模）99 人以下	0.364	0.481	0	1
（現職：規模）100-999 人	0.298	0.458	0	1
（現職：規模）1,000 人以上	0.338	0.473	0	1
（現職：職種）専門・技術職（教員・保育士）	0.069	0.254	0	1
（現職：職種）専門・技術職（教員・保育士以外）	0.084	0.277	0	1
（現職：職種）事務職	0.478	0.500	0	1
（現職：職種）営業・販売職	0.205	0.404	0	1
（現職：職種）サービス職	0.067	0.251	0	1
（現職：職種）その他の職種	0.097	0.296	0	1
（大学）旧帝大・一橋大・東工大・早慶上智大ダミー	0.084	0.278	0	1
（大学）文学・哲学・歴史学	0.262	0.440	0	1
（大学）商学・経済学	0.220	0.414	0	1
（大学）法学・政治学	0.193	0.395	0	1
（大学）社会学	0.109	0.312	0	1
（大学）教育学・心理学	0.217	0.412	0	1
（大学）成績	5.588	2.368	0	10
（大学）初年次教育科目を履修したダミー	0.815	0.388	0	1
（大学）ゼミを履修したダミー	0.925	0.263	0	1
（大学）卒業論文に取り組んだダミー	0.820	0.385	0	1
（大学）レリバンス型授業頻度	2.411	0.806	1	4
（大学）双方向型授業頻度	2.429	0.630	1	4
（大学）ラーニング・ブリッジング態度	2.369	0.653	1	4
（大学）まじめ態度	2.816	0.691	1	4
（大学）不適応態度	2.375	0.584	1	4
（大学）部・サークル活動・学生団体に参加したダミー	0.601	0.490	0	1
（大学）アルバイトをしたダミー	0.934	0.248	0	1

注）各 $n = 1767$

表3-4　大学教育の仕事活用度の規定要因（ロジスティック回帰分析）

独立変数	全体（参考）		文学・哲学・歴史学		商学・経済学		法学・政治学		社会学		教育学・心理学	
	偏回帰係数	オッズ比	偏回帰係数	オッズ比	偏回帰係数	オッズ比	偏回帰係数	オッズ比	偏回帰係数	オッズ比	偏回帰係数	オッズ比
男性ダミー	0.417	1.571**	-0.094	0.911	0.502	1.652	0.618	1.854†	-0.222	0.801	0.661	1.937†
（父親の学歴）大卒・大学院卒ダミー	-0.160	0.852	-0.093	0.911	0.002	1.002	-0.516	0.597	-0.459	0.632	-0.002	0.998
（母親の学歴）大卒・大学院卒ダミー	0.113	1.119	-0.003	0.997	0.458	1.581	-0.185	0.831	-0.244	0.783	0.176	1.192
中学3年生のときの校内成績	-0.021	0.979	-0.063	0.939	-0.207	0.813†	-0.093	0.911	-0.031	0.970	0.261	1.299†
大学卒業後の通算仕事経験年数	0.019	1.020	0.083	1.086	-0.070	0.933	0.021	1.021	0.225	1.252*	-0.023	0.977
転職経験ありダミー	-0.162	0.850	-0.801	0.449*	-0.041	0.960	-0.159	0.853	0.042	1.043	0.706	2.026†
（現職：雇用形態）正規雇用ダミー	0.035	1.036	-0.391	0.676	0.566	1.761	-0.206	0.814	0.536	1.710	0.114	1.121
（現職：産業）製造業・金融業・教育機関ダミー	0.220	1.246	-0.102	0.903	0.040	1.041	0.586	1.796†	0.766	2.151	0.192	1.212
（現職：規模）100-999人（基準：99人以下）	-0.177	0.838	-0.062	0.940	-0.377	0.686	-0.245	0.783	0.301	1.351	-0.325	0.723
（現職：規模）1,000人以上・官公庁・学校（基準：99人以下）	-0.208	0.812	-0.279	0.756	-0.308	0.735	-0.401	0.669	0.081	1.084	-0.007	0.993
（現職：職種）専門・技術職（教員・保育士）（基準：その他の職種）	2.272	9.699***	1.577	4.842*	3.213	24.860*	1.138	3.120	2.673	14.477***	2.511	12.320***
（現職：職種）専門・技術職（教員・保育士以外）（基準：その他の職種）	0.563	1.757*	0.019	1.020	0.665	1.944	-0.360	0.698	1.215	3.372	1.043	2.837
（現職：職種）事務職（基準：その他の職種）	-0.178	0.837	-0.679	0.507	0.656	1.928	0.066	1.068	-0.597	0.551	-0.973	0.378†
（現職：職種）営業・販売職（基準：その他の職種）	-0.171	0.843	-0.432	0.649	0.091	1.095	-0.153	0.858	-0.630	0.533	-0.229	0.795
（現職：職種）サービス職（基準：その他の職種）	0.147	1.159	0.041	1.042	0.248	1.282	0.515	1.673	1.351	3.863	-0.943	0.390
（大学）旧帝大・一橋大・東工大・早慶上智大ダミー	0.371	1.449	0.440	1.552	0.311	1.364	0.618	1.856	0.392	1.480	0.898	2.456
（大学）商学・経済学（基準：文学・哲学・歴史学）	0.590	1.803**										
（大学）法学・政治学（基準：文学・哲学・歴史学）	0.242	1.274										
（大学）社会学（基準：文学・哲学・歴史学）	0.378	1.460										
（大学）教育学・心理学（基準：文学・哲学・歴史学）	0.137	1.147										
（大学）成績	-0.008	0.992	0.050	1.051	-0.110	0.896	0.025	1.026	-0.033	0.968	-0.120	0.887
（大学）初年次教育科目を履修したダミー	0.097	1.102	-0.267	0.765	-0.500	0.607	0.847	2.333*	0.887	2.427	0.049	1.050
（大学）ゼミを履修したダミー	-0.231	0.793	-1.005	0.366†	-0.042	0.959	0.493	1.637	1.781	5.938	-1.155	0.315
（大学）卒業論文に取り組んだダミー	-0.145	0.865	-0.319	0.727	0.518	1.678	-0.134	0.875	-0.263	0.769	-0.425	0.654
（大学）レリバンス型授業頻度	0.674	1.961***	0.720	2.055**	1.069	2.913***	0.282	1.326	0.552	1.737	0.534	1.706†
（大学）双方向型授業頻度	0.124	1.132	-0.019	0.982	-0.116	0.890	0.123	1.131	1.290	3.631*	0.225	1.252
（大学）ラーニング・ブリッジング態度	0.988	2.685***	0.670	1.954*	1.378	3.968***	1.217	3.377***	0.877	2.403†	1.206	3.341***
（大学）まじめ態度	-0.167	0.846	0.124	1.132	0.293	1.340	-0.366	0.694	-0.622	0.537	-0.357	0.700
（大学）不適応態度	-0.185	0.831	0.168	1.182	-1.008	0.365**	-0.341	0.711	0.241	1.272	0.026	1.027
（大学）部・サークル活動・学生団体に参加したダミー	0.202	1.224	0.633	1.883†	-0.061	0.941	0.542	1.720†	0.578	1.783	-0.040	0.960
（大学）アルバイトをしたダミー	-0.424	0.654†	0.078	1.081	-0.954	0.385†	-0.576	0.562	-0.855	0.425*	-0.468	0.626
（定数）	-4.472	0.011***	-4.031	0.018*	-3.224	0.040*	-3.982	0.019*	-10.528	0.000**	-4.052	0.017**
Nagelkerke擬似決定係数	0.334		0.263		0.409		0.267		0.465		0.553	
モデルχ²値	461.674***		81.087***		131.001***		67.848***		75.716***		197.293***	
n	1767		462		388		341		193		383	

注）†：$p<.10$，*：$p<.05$，**：$p<.01$，***：$p<.001$

■ 4-3 考　察

以上の分析結果について考察する。

第一に，社会学を除いて，（大学）ラーニング・ブリッジング態度に有意な正の関連がみられたのは，大学時代の深い学びが仕事の世界においても一定程度転移したからであると解釈できる。エントウィスル（2010：42-3）は，学習へのアプローチを①暗記的な学習である浅いアプローチと②反省的・意味的な学習である深いアプローチに区別している。（大学）ラーニング・ブリッジング態度の質問項目の中身は，学習内容の授業内外における活用，授業間を関連づけた理解などであった。上述した結果は，大学時代に深いアプローチの学びをすることで，職業などにかかわらず，大学での学びを仕事で活かす可能性が高まるということを示唆している。また，この結果は，ラーニング・ブリッジングが大学時代の学びと成長において重要であることに留まらず，卒業後の仕事の世界に転移する可能性を示唆しているという点で重要な発見である。別言すれば，上記の結果は，矢野（2009）や濱中（2012，2013）が提示した「学び習慣」仮説を精緻化したものと評価できる。

第二に，いずれの専門分野においても，（大学）まじめ態度に有意な関連がみられなかったのは，当該態度のなかには他律的な要素が含まれているからであると解釈できる[9]。学生に対する質問紙調査のデータを分析した岩田（2015：82）によれば，「主体的な『勉強志向』というよりは，受け身の姿勢をもとに『出席管理』，『学生の自主性より教員による管理重視』などを求める『生徒化』した，『まじめ・勉強文化』が進行していることが示唆される」という。目的や意味を考えず大学に適応しようとするまじめな学習態度は，大学教育の仕事活用度を下げはしないものの，当該活用度を上げることには寄与しないと推測される。

第三に，商学・経済学においてのみ，（大学）不適応態度に有意な負の関連がみられたのは，第 2 章で示唆されているように，商学・経済学では相対的に教育の密度が低いため，学習に関する不適応がそのまま大学教育の職業的意義の否定に結びつ

---

9) なお，第 6 章では，（大学）まじめ態度に相当する質問項目が学業面での積極性や自発性を指すものとして解釈されている。第 6 章では，大学生活・意識空間とレリバンス認識（大学教育の役立ち感）との関連性が問題にされており，本章とは問題関心や分析手法が異なっている。本章では，（大学）まじめ態度が大学教育の仕事活用度と有意な関連がないという分析結果を受けて，当該態度には積極性や自発性だけではなく，他律的な要素も含まれている可能性があるという解釈をしている。特に，よい成績をとろうとする行動，興味のわかない授業への出席には非主体的な「まじめ・勉強文化」が一定程度反映されている可能性がある。

きやすいからであると考えられる。

　第四に，文学・哲学・歴史学，商学・経済学，教育学・心理学において，（大学）レリバンス型授業頻度に有意な正の関連がみられたのは，次のように解釈できる。文学・哲学・歴史学においては，もともと仕事との関連性が薄いため，学習内容と将来との関わりを可視化することで初めて大学教育の職業的意義が認識されたからであると推測される。商学・経済学においては，前述したように教育の密度が低いため，将来との結びつきを意識した授業が大学教育の職業的意義の認識に一定程度寄与したからであると推測される。教育学・心理学においては，実践性の高い教育内容の職業的意義を強調することでその活用度がさらに上昇したからであると推測される。

　第五に，社会学を除いて，（大学）双方向型授業頻度に有意な関連がみられなかったのは，双方向型授業には学生消費者主義に迎合した内容が含まれているからであると推測される。たとえば，双方向型授業の中身の一つである学生が興味をわくような授業は，知的好奇心とは異なる即時的な「おもしろさ」（＝学生ウケの過剰な追求）につながる危険性があるし，学生参加型の授業もその場の「楽しさ」で完結し，前述した深いアプローチにつながっていない可能性がある。実際，アクティブ・ラーニングの経験が学修成果と関連することを実証した畑野ら（2015：92）でさえ，アクティブ・ラーニングの経験だけでは効果が十分でない可能性について言及している。アクティブ・ラーニングを含む双方向型授業が大学教育の職業的レリバンスにいかなる影響を及ぼすのかという点については注視が必要である。

　第六に，総じて，（大学）初年次教育科目を履修したダミー，（大学）ゼミを履修したダミー，（大学）卒業論文に取り組んだダミーに有意な関連がみられなかったのは，各内容への学生の取り組みが前述した浅いアプローチに留まっているのと同時に，該当する教育内容の水準が必ずしも高くないからであると解釈できる。たとえば，学生に対する大規模な質問紙調査のデータを分析した金子（2013：44）は，「文系では8割」が卒業論文を「課されていないか，あるいはあまり時間をかけていない」と指摘している。また，社会科学分野の大学4年生（卒業直前期）に対する聞きとり調査のデータを分析した小山（2016）によれば，選抜性の比較的高い大学の学生でさえ，問いを立てるという基本事項を理解・認識している者はほとんどいない。大学は，初年次教育，ゼミ，卒業論文において大学生水準の認知的な能力を養うだけの教育内容・機会を提供できているのか省察する必要があるように思われる[10]。

5 結　論

　本章では，社会人調査データに基づいて，誰が大学での学びを仕事で活用しているのかという問いを明らかにしてきた。本章の主な知見は，社会学を除いて，大学時代のラーニング・ブリッジング態度は，大学教育の仕事活用度と有意な正の関連があったという点である。

　以上から，本章の結論は，社会学を除いて，大学時代に授業内外で架橋的に学んだり，授業内容を授業間で関連づけて理解したりしていた者（＝ラーニング・ブリッジングという学びをしていた者）ほど，大学での学びを仕事で活用しているということになる。

　それを踏まえて，本章の知見の含意について，次の二つの視点から考察する。

　第一に，学術的な視点である。第2節で整理・検討したように，大学教育の職業的レリバンス研究と学習科学は相互に関連する内容であるにもかかわらず，必ずしも有機的に関連づけられてこなかった。本章の知見を踏まえれば，学習科学で使用されている学習に関する変数と大学教育の職業的レリバンス研究で使用されている大学教育の職業的成果を測定する変数との関連性を分析することによって，大学教育が仕事の世界に転移する可能性や程度をさらに精緻に明らかにできると考えられる。本章で問題にした大学教育の仕事活用度の規定要因の分析はその第一歩となる。

　第二に，実践的な視点である。大学時代のラーニング・ブリッジングに一定の職業的レリバンスがあるとすれば，学生のラーニング・ブリッジングを生起させる学習支援が重要であるということになる。職業的レリバンスといった場合，インターンシップなどの直接的な就業体験や課題解決型授業に目が向きがちである。しかし，そうした学習支援には多大なコストとノウハウが必要である。特に新興大学では，企業などとの信頼関係の構築を含めて，そうした学習支援をすぐに実行することは困難であろう。それに対して，本章が着目したラーニング・ブリッジング態度は就業体験に限定されたものではないため，どのような大学においても一定程度涵養可能であると考えられる。

　最後に，今後の課題として，次の3点を指摘する。

　第一に，どのような学生がラーニング・ブリッジングを行っているのかという点

10）なお，初年次教育，ゼミ，卒業論文の職業上の役立ち感の中身については，第7章で詳細に検討されている。

を明らかにする必要があるという点である。この点を明らかにすることで，大学が
どのような学習支援をすればいいのかという点が具体化される。

　第二に，大学時代のラーニング・ブリッジング態度と就業体験を識別した分析が
必要であるという点である。本章の社会人調査データには，大学時代のインターン
シップのような直接的な就業体験を測定する変数が存在していない。そのため，ラ
ーニング・ブリッジングの職業的レリバンスをより正確に明らかにするためには，
今後，大学時代の就業体験を十分に統制できる調査を設計する必要がある。

　第三に，パネル調査による厳密な実証研究が不可欠であるという点である。本章
の社会人調査は一時点の調査であり，大学時代の出来事を回顧的に回答してもらっ
ているため，記憶の曖昧さや過去の正当化といったバイアスが混入している可能性
は否定できない。本章では，こうしたバイアスを回避するために，可能な限り，意
識ではなく行動・態度といった事実に関する変数を取り扱ったが，大学時代の学習
態度が仕事の世界にもたらす影響を分析するためには縦断的な研究が必要となる。

【文　　献】

飯吉弘子 2008,『戦後日本産業界の大学教育要求—経済団体の教育言説と現代の教養論』東
　　信堂.
岩田弘三 2015,「「大学の学校化」と大学生の「生徒化」」『The Basis 武蔵野大学教養教育
　　リサーチセンター紀要』5: 65–87.
エントウィスル, N. ／山口栄一訳 2010,『学生の理解を重視する大学授業』玉川大学出版
　　部.（Entwistle, N. 2009, *Teaching for understanding at university: Deep approaches
　　and distinctive ways of thinking.* Basingstoke: Palgrave Macmillan.）
小方直幸 2011,「大学生の学力と仕事の遂行能力」『日本労働研究雑誌』614: 28–38.
金子元久 2013,『大学教育の再構築—学生を成長させる大学へ』玉川大学出版部.
河井　亨 2012,「学生の学習と成長に対する授業外実践コミュニティへの参加とラーニン
　　グ・ブリッジングの役割」『日本教育工学会論文誌』35(4): 297–308.
河井　亨 2014,『大学生の学習ダイナミクス—授業内外のラーニング・ブリッジング』東信
　　堂.
河井　亨・溝上慎一 2011,「実践コミュニティに足場を置いたラーニング・ブリッジング
　　—実践コミュニティと授業を架橋する学生の学習研究」『大学教育学会誌』33(2): 124–
　　31.
河井　亨・溝上慎一 2012,「学習を架橋するラーニング・ブリッジングについての分析—学
　　習アプローチ，将来と日常の接続との関連に着目して」『日本教育工学会論文誌』36(3):
　　217–26.
小山　治 2016,「学生のレポートを書く力の熟達度—社会科学分野の大学4年生に対する閏

きとり調査」『大学教育実践ジャーナル』14: 9-16.

小山　治 2017,「大学時代のレポートに関する学習経験は職場における経験学習を促進するのか─社会科学分野の大卒就業者に対するインターネットモニター調査」『高等教育研究』20: 199-218.

舘野泰一・中原　淳・木村　充・保田江美・吉村春美・田中　聡・浜屋祐子・高崎美佐・溝上慎一 2016,「大学での学び・生活が就職後のプロアクティブ行動に与える影響」『日本教育工学会論文誌』40(1): 1-11.

中央教育審議会 2016,「個人の能力と可能性を開花させ，全員参加による課題解決社会を実現するための教育の多様化と質保証の在り方について（答申）」.

日本学術会議 2010,「大学教育の分野別質保証の在り方について」.

畑野　快・上垣友香理・高橋哲也 2015,「アクティブラーニングの経験は学修成果と関連するのか─3年間の学士課程教育における両者の変化に着目して」『大学教育学会誌』37(1): 86-94.

濱中淳子 2012,「「大学教育の効用」再考─文系領域における学び習慣仮説の検証」『大学論集』43: 189-205.

濱中淳子 2013,『検証・学歴の効用』勁草書房.

溝上慎一・中原　淳・舘野泰一・木村　充 2012,「仕事のパフォーマンスと能力業績に及ぼす学習・生活の影響─学校から仕事へのトランジション研究に向けて」『大学教育学会誌』34(2): 139-48.

保田江美・溝上慎一 2014,「初期キャリア以降の探究─「大学時代のキャリア見通し」と「企業におけるキャリアとパフォーマンス」を中心に」中原　淳・溝上慎一編『活躍する組織人の探究─大学から企業へのトランジション』東京大学出版会, pp.139-73.

矢野眞和 2001,「大学・知識・市場─特集にあたって」『高等教育研究』4: 7-18.

矢野眞和 2009,「教育と労働と社会─教育効果の視点から」『日本労働研究雑誌』588: 5-15.

吉本圭一 1999,「職業経験と職業能力」日本労働研究機構編『変化する大卒者の初期キャリア─「第2回大学卒業後のキャリア調査」より』（調査研究報告書No.129）日本労働研究機構, pp.142-53.

吉本圭一 2001,「大学教育と職業への移行─日欧比較調査結果より」『高等教育研究』4: 113-34.

吉本圭一・山田裕司 2003,「大学教育の職業生活への関連性─選抜効果・教育効果・キャリア効果」日本労働研究機構編『高等教育と職業に関する日蘭比較─高等教育卒業者調査の再分析』（調査研究報告書No.162）日本労働研究機構, pp.74-103.

04 誰が資格を取得するのか
大学在学中と卒業後の資格取得の規定要因

河野志穂

本章では，社会人調査データを用い，大学在学中と卒業後における職業資格の取得に関して，大学の選抜度，回答者の受けた授業経験，回答者の大学教育への取り組み姿勢などがどのような影響を及ぼすのか，また資格取得が職業キャリアにどのような効果をもつのかについて検討した。

分析として，資格取得の有無（資格未取得，大学在学中に取得，卒業後に勤め先に指示されて取得，卒業後に自主的に取得の4カテゴリー）に関しての多項ロジスティック分析および過去半年間の自己啓発の有無に関しての二項ロジスティック分析を行った。こうして得られた知見は以下の2点である。

第一は，入学難易度の最も低い大学群において，資格取得と自己啓発いずれも実施していない確率が高いことである。選抜度の低い大学ほど付加価値として資格を取得するという先行研究とは異なる結果となった。

第二は，自己啓発の有無に関して，在学中や卒業後の資格取得や，双方向授業が正に有意となることである。資格取得は働く際の自己研鑽を促している。また学生の主体的な授業参加を促す双方向授業は卒業後の自主学習の力を養っている可能性が示唆された。

1 はじめに

職業資格とは，何らかの職務を行うのに必要な知識・技能を身につけていることを公的に証明するものであり[1]，個人は職業資格を使って企業などの組織間を横断することができる。しかしながら，企業内訓練と内部昇進に基づく日本型労働市場

では，組織間移動を担保する職業資格に対する評価は必ずしも高くなく，資格を紹介するガイドブックでさえも「たかが資格，されど資格」という見出しのもと，独立開業や転職といったキャリアアップの際に有利に使えるのは，業務独占・必置といった法的な後ろ盾をもつごく一部の国家資格でしかないと述べている（笠木 2003；上田他 2004）。学生においても同様で，企業の採用基準として資格の重要度はさほど高くないことはかねてより指摘されている[2]。たとえば，ある資格ガイドブックは，学生がファイナンシャルプランナーを取得することに対して，某外資系証券会社が「実務経験に基づかない座学は，評価できない」と述べていることを紹介している（自由国民社 2000：77）。

　このように必ずしも高く評価されるとは限らない資格であるが，それを取得しているのはどのような人びとなのだろうか。資格を取得するのは，本人がそれを必要としていたり，職場がそれを求めたりするからであろう。しかし，資格を取得する必要性がある人の誰もが資格を取得できるわけではない。資格は，知識や技能の証明であり，取得するには何らかの要件（たとえば，養成課程での学習，試験の合格，実務経験を積むことなど）を満たすことが求められる。そうした要件を満たすには，養成課程での学習を修めたり試験を突破したりできるだけの学力や，学習や実務経験に取り組む根気やまじめさなどが必要とされる。そこで本章では，大学在学中と卒業後における資格取得に対して，大学の選抜度，回答者の受けた授業経験，回答者の大学教育への取り組み姿勢などが影響を及ぼすのか，また資格取得が職業キャリアにどのような効果をもつのかについて，検討する。大学の選抜度はいわば大学入学時点での学力であり，授業経験は在籍した大学や専門分野の教育の特性であり，そして授業への取り組み姿勢とは，回答者自身の学習への向き合い方を意味する。仕事との関連から語られることの多い資格であるが，教育との関連から捉えなおすことにより，資格にアプローチしやすい人は誰か，そして逆に資格にアプローチし

---

1) 松本（2010：49）は，職業に関する「資格」の明確な定義はないとし，官民の資格を「一定の職務の遂行に必要な知識・技能等の能力を国等の第三者が，特定の名称を与えて社会的に公証し，その知識・技能を行使する特定の職業行為が社会的に円滑に行われるようにするしくみ」と定義している。

2) リクルート（2001）の「就職白書 2000」によれば，企業が重視するポイントとして最も多く選ばれたのは「人柄」（86.6%）であり，「取得資格」（11.4%）は 21 項目中の 12 番目であった。その 17 年後に公表されたリクルートキャリア（2017）の「就職白書 2017」でも，企業が採用基準として重視する項目として最も多く選ばれたのは「人柄」（92.9%）であり，「資格取得」（9.5%）は 25 項目中の 14 番目であった。

にくい人は誰かを検証することができる。また本章では，資格が職業キャリアに及ぼす効果として，収入および仕事満足度に加えて，自己啓発に注目する。過去に資格取得に取り組んだ経験が，その後の自発的な学習につながっているとすれば，これまで必ずしも高く評価されてこなかった資格取得のポジティブな意味を，別の角度から提示しうるからである。

2 先行研究の整理と分析の視点

誰が資格を取得するのか，この問いについての仮説を立てるには，資格取得の効用を考える必要がある。資格を取得するには，労力や金銭など何らかのコストを支払う必要がある。人がそうしたコストを支払うのは，資格取得に対して何らかの効用を期待するからである。

■ 2-1 大学生の資格取得に関する先行研究

阿形（2010）は，職業資格の効用に関する先行研究を整理するにあたり，誰にとっての資格の効用か（個人か組織か），どのような局面で資格を利用するのか（育成か選抜か），という二つの軸を組み合わせてマトリクス図を描き，各象限に先行研究をあてはめた（図4-1）。

本章で検討する課題の一つである大学生の資格取得を，阿形の分類に依拠して整理するならば，第一象限と第二象限が中心となる。つまり，資格取得の効用は，学

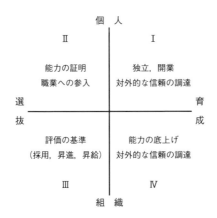

図4-1 資格の「効用」分類 （阿形 2010：22）

生個人が資格取得を通じて知識・スキルを習得することにあるのか，それとも学生個人が就職試験など選抜時に利用できる能力証明を資格の形で獲得することにあるのか，という観点である[3]。

　まず，第一象限（個人にとっての育成）に位置する先行研究について述べる。資格取得の効用には，企業などへの採用や収入の上昇といった実利的効用と，資格取得によってもたらされる精神的効用の二つがある。葛城（2007a, 2007c）は，大学の選抜度によって，学生が資格取得に対して実利的効用を認めるか，精神的効用を認めるかについての違いがあることを論じているが（詳細は後述），学生の資格取得に関する先行研究には，生田目（2000）や樋口・仁平（2014）のように，資格試験の合格によってもたらされる自信や達成感など，精神的効用に力点を置くものが多い。これらの研究によると，資格取得を目標とする学習は，学習のプロセスや成果が見えやすいため，目標として設定しやすく，達成感も得やすいという。資格取得を目標とする学習において，大学生は，従来的な大学教育では得られないような意識面の効用を得ているという。

　次に，第二象限（個人にとっての選抜）に位置する先行研究についてだが，これは職業資格が，他の学生との差別化の手段として，いかに有効性をもっているかという視点に立つ研究である。大学生の資格取得は，学位という教育資格に加えて職業資格を追加で獲得することを意味する（河野 2005；山田 2007）。こうした追加の付加価値を必要とするのはどのような学生なのか。経済学のシグナリング理論を根拠として，学位の価値が低い者ほどその低さを補うべく職業資格を必要とするという立場に立つのが山田（2007）および葛城（2007a, 2007b, 2007c）である。山田（2007：6-7）によれば，2000 年頃の調査では，勉強熱心な学生が増加し，学生の資格取得志向も高まっているという。山田（2007：7-8）は，こうした学生の資格志向の高まりの理由として，①大学の大衆化によって大学に期待される役割が，エリートが人格形成する場から大衆が産業社会に適応するための知識を得る場へと，変化したこと，②バブル景気がはじけた後の就職難の時代状況において，確実に就職するために学生が学業に力を入れるようになったこと，③ 18 歳人口の急減によって中堅以下の大学の偏差値の差の意味あいが低下し，学歴とは別の能力指標のシグナ

3）もちろん大学生の資格取得に対して，組織（企業）側がどのように評価するかといった第三象限に位置する研究も存在するが，第 1 節で述べたように，組織（企業）側は学生の資格取得をそれほど重視していないことが通説となっているので，先行研究の検討は割愛する。

ルが必要になったこと，を挙げている。葛城（2007c）は，偏差値の差にさらに踏み込み，偏差値50程度の中堅大学といわゆる「Ｆランク大学」[4]では，学生が抱く就職意識や資格に対する意識が異なっていることを明らかにした。具体的には，中堅大学の学生は，資格を就職活動で評価されるものと考え資格取得に実利的効用を感じているのに対し，Ｆランク大学の学生は，就職活動では人間性が評価されると考え，資格取得に対しても精神的効用（たとえば，人間的成長につながる）を感じているという。大学の選抜度によって学生の資格に期待する効用が異なるという葛城（2007c）の指摘は，資格に込める学生の思いが一様でないことを指摘したという意味で非常に意義深い。しかし，葛城の実証は，中堅校，Ｆランク校，それぞれ1校のデータのみの検証であることや，用いた従属変数が資格意識である（実際に資格を取得したか否かを検証しているわけではない）ことから，この意義深い仮説（選抜度の低い大学ほど学歴＋αの付加価値として資格を取得している）に十分な回答を与えるものではないといえよう[5]。

■ 2-2　社会人の資格取得に関する先行研究

　本章のもう一つの分析課題である大学卒業後の資格取得についても先行研究を検討する。なお，先行研究には，資格を取得した時期が学生時代か社会人になってからかを問わないものがほとんどなので，ここでは大学卒業後の資格取得と限定せずに，社会人にとっての資格取得に関する先行研究を，阿形（2010）の分類に依拠して整理する。

　まず，社会人個人にとっての効用（第一象限・第二象限）に関しては，職業資格が独立開業や収入面など実利的な面で及ぼす影響を検討する先行研究がある。前述の通り，職業資格は，知識・スキルの公的証明として組織間移動を担保するものであるが，取得した資格によってその活用の仕方は異なっている。今野・下田（1995）は，税理士や宅地建物取引主任者は独立開業する者が多く，中小企業診断士は取得後も同じ企業にとどまる者が多く，その中間にあるのが社会保険労務士と類型化している。組織間移動に加えて収入の増加も資格取得に寄せられる期待であるが，1995年のSSM調査を分析した阿形（1998）は，職業資格をもつ者のほうがもたない者より有意に収入が高いのは女性の40歳以上であり，男性ではどの年代でも有意差が

4）大学受験予備校がつけた大学の格付である。通常のランクづけができず受験すれば誰も合格すると思われる大学を指す。
5）学力面からのアプローチとして，学生の成績によって資格志向が異なるか否かの実証を試みた筒井（2006）も，調査対象は1校のみで，大学の選抜度は検討していない。

ないこと，高等教育を卒業した女性の収入を増加させるのは取得に学歴要件を課さ
ないような資格（たとえば簿記検定など）であり，高卒後の学歴を取得要件に課す
ような資格は影響を及ぼさないことを見出している。

　次に，組織（企業）にとっての効用（第三象限・第四象限）に関する先行研究に
触れる。上西（1999b）は，中小企業と大企業からそれぞれ2,500社ずつ抽出して
行ったアンケートを基に，資格によって育成か選抜か，企業からの使われ方に違い
があることを見出し，資格を「業務命令型」「一定職位取得奨励型」「自己啓発奨励
型」「併存型」「有資格者採用型」に分類した。また，上西（1999a）は，同アンケー
トを基に，企業が資格を育成に使用する場合，企業規模や業界によって，利用度に
違いがあることも指摘している[6]。

■ 2-3　分析の視点

　以上の先行研究を踏まえ，本章では分析の視点を六つ設定する。

　第一は，大学の選抜度と資格取得の関係である。前述の山田（2007）の指摘のよ
うに，在学中の資格取得には，入学難易度が中堅校以下の大学における差別化指標
としての意味合いがあるのか否か[7]について，意識ではなく実際の資格取得の行
動を対象として検証をする必要がある。本章で利用している社会人調査のデータは，
日本全国のさまざまな大学の出身者が回答をしており，大学の入学難易度も広範囲
にわたっている。また，資格意識については聞いてはいないものの，実際に取得し
た資格の具体的な名称を記入してもらっている。

---

6) 上西（1999a）によれば，企業規模が大きくなるほど，義務づけや取得を奨励している
　資格が「ある」とする回答割合が高くなるという。業種別に「ある」の回答割合をみる
　と，卸売・小売・飲食店の場合は5割程度であるのに対し，建設や金融・保健・不動産
　業では9割を超える。
7) なお，河野（2005）が，経済・経営・商学系4年制私立大学に関して，各大学が発行す
　る『大学案内』を基に，大学が取得を支援する資格が大学の入学難易度で異なるかを検
　証したところ，次の5点が明らかになった。①調査対象178校中，142校で資格取得支
　援講座を掲載していた。②入学難易度にかかわりなく講座が掲載されている資格は情
　報処理技術者，簿記，TOEIC。③難易度上位校で顕著に掲載されているのは，司法試験，
　公認会計士。④難易度中低位校で顕著に掲載されているのが販売士検定，マイクロソフ
　ト・オフィス・スペシャリスト。⑤難易度低位校では課外講座よりも，課内における資
　格取得支援の実施や，公務員・教員採用試験対策に重点を置いた支援がなされている。
　　このように，大学の入学難易度によって，大学が行う資格取得支援の方法も対象とす
　る資格も異なっている。

第二は，資格取得に対する大学の専門分野の影響である。大学で取得する資格といわれて，すぐに思いつくのが教員免許（正式な資格名は教育職員免許）であろう。教員免許は，教職課程を履修することで取得できる（資格試験の受験などを必要としない）ため，大学生にとってアプローチしやすい資格であり[8]，専門分野でいえば教育学専攻の取得者が多い。教員免許の他に専門分野との関連が強い資格といえば，歴史学専攻にとっての博物館学芸員もあてはまるが，これらのごくわずかな資格を除き，専門分野と資格の関連性はそれほど強くない。こうした現状において，在学中や卒業後の資格取得が大学の専門分野の影響を受けているのだろうか。

第三は，大学時代の授業経験である。大学での科目の履修は個人の裁量に任される部分が大きいが，第2章で検討したように，回答者の授業経験は，専門分野や大学の入学難易度によって異なっている。回答者が将来生活を意識した授業を受けた頻度が高いか否か，また近年，大学の授業形態として推奨されている学生の主体的な参加を促す双方向的な授業を経験した頻度が高いか否かによって，資格取得のしやすさは影響を受けるのだろうか。分析では，専門分野や大学入学難易度を同時に投入することで，これらの影響を取り除いた大学時代の授業経験の効果を読み取る。

第四は，大学時代の学習姿勢である。資格取得には一般的に地道な準備が必要である。まじめさや，必ずしも汎用的でない大学の教育内容を活用しようとする活用志向性があるかは，資格取得のしやすさに影響を及ぼすのか。

以上の4点は，大学教育に関する変数であるが，在学中の資格取得だけでなく，卒業後の資格取得や収入，仕事の満足度，自己啓発の実施についても，大学教育に関する変数を投入することで，大学の選抜度や，大学時代の授業経験や学習姿勢が，卒業後においても影響力を有するのかを併せて考察する。

第五は，雇用のあり方や職場環境の影響である。先行研究（上西 1999a, 1999b）では，企業規模が大きいほど資格取得の義務づけや推奨がなされているというが，本データにもあてはまるのだろうか。また，転職者ほど，卒業後に資格を取得して

---

8) 本調査で対象としている文系学部においては，教員免許や博物館学芸員，司書，社会教育主事などのように，大学の資格課程を履修することで取得できる資格はごくわずかである。これらの他に，大学の教育課程を修了することで取得できる資格を挙げると，たとえば，一般財団法人全国大学実務教育協会が授与する秘書士，上級ビジネス実務士などがある。これは，同協会が，協会入会の短大・大学における実務教育の教育課程を認定し，規程に定められた単位を修得した学生に資格認定証を授与するものである。また，一般社団法人社会調査協会が認定する社会調査士も，社会調査士科目を設置している大学で資格取得に必要なカリキュラムを履修すれば取得できる。

いるのだろうか。

第六は，資格取得の効果である。在学中もしくは卒業後に資格を取得したことが，現在の収入や仕事の満足度，自己啓発の実施の有無にいかなる影響を及ぼしているのかを検討することにより，資格取得の効用に再検討を加えることを試みる。

3 取得した資格

本章では，社会人調査のデータを用いる。本調査では，回答者に，職業資格の取得の有無を聞いた後，資格の取得者には具体的な資格名を記入してもらっている。調査票では，職業資格の例示として「教員免許，社会調査士，簿記，宅建，行政書士，販売士，銀行業務検定，秘書検定，カラーコーディネーターなど」を挙げ，「特定の会社内のみで通用する資格は除く」と注記し，職業資格に基づく組織間の移動が可能となるような資格を職業資格として想定している。ただ，回答者が記入した資格のなかには，職業とは関連の薄い，趣味的なものも含まれていた。本章では，回答者の記入に即し，こうした趣味的な資格も含めて検討する。

分析に入る前に，多種多様な資格のなかで，回答者がどのような資格を取得しているのか，概観する。

■ 3-1　資格の取得の有無と取得数

表4-1は，専門分野別に，資格取得の有無と，資格を有していると回答した者がもっている資格の数を示した。資格を「もっている」割合は，教育学において8割を超えているが，その他の専門分野では取得者と未取得者がほぼ半々である。取得した資格の数は，最小値は1で，表4-1には掲載していないが最頻値も1である。最大値には8個から35個まで開きがある。取得資格数の平均値は分野合計で2.39個である。平均値が最も高い哲学・倫理・宗教で2.89個，最も低い商学・経営学で2.18個と平均値に大きな差はない。最頻値である資格数1個と書いた人が取得者に占める割合は，哲学・倫理・宗教や教育学で3割台と若干低いが，分野合計では43.2%とこちらもおよそ半数弱である。つまり，調査の回答者の約半数が資格を取得しており，さらにその半数（全体からみれば約1/4）が取得資格1個である。

■ 3-2　具体的な資格名とその分野

では，どのような資格が記入されたのか，みていこう。具体的な資格名と資格の

04 誰が資格を取得するのか　*69*

表 4-1　大学の専門分野別，資格の取得の有無，取得した資格の数

専門分野	全体 n	職業資格を「もっている」(%)	取得した職業資格の数					
			平均値(個)	標準偏差	最小値(個)	最大値(個)	取得した資格が1個の者が占める割合 (%)	
							取得者 (%)	全体 n (%)
法律学	227	50.7	2.48	3.70	1	35	48.7	24.7
政治学	171	47.4	2.74	2.73	1	15	42.0	19.9
経済学	227	52.0	2.42	2.02	1	11	43.2	22.5
商学・経営学	227	54.6	2.18	2.15	1	19	50.8	27.8
社会学	227	59.0	2.24	2.21	1	20	47.8	28.2
文学・言語	227	48.5	2.29	2.07	1	15	47.3	22.9
哲学・倫理・宗教	84	41.7	2.89	2.87	1	15	34.3	14.3
心理学	227	53.7	2.22	1.79	1	10	47.5	25.6
歴史学	222	49.5	2.47	1.85	1	10	40.0	19.8
教育学	227	85.5	2.45	1.38	1	8	30.9	26.4
分野合計	2066	55.3	2.39	2.25	1	35	43.2	23.9

表 4-2　取得した資格名と取得者数

資格の名称【国】マークは国家資格	回答者数	資格の分野[注1]
簿　記	224	経営・経理・労務・金融
【国】教育職員免許（教員免許）	213	【大学の資格課程】
秘書検定	103	経営・経理・労務・金融
【国・民間】ファイナンシャルプランナー[注2]	91	経営・経理・労務・金融
【国】幼稚園教諭，保育士	46	【大学の資格課程】
【国】宅地建物取引主任者	44	建築・土木・不動産・農畜産
【国】情報処理技術者	32	コンピュータ・OA機器操作
【国】社会福祉士	29	医療・衛生・社会福祉
【国】博物館学芸員	25	【大学の資格課程】
医療事務の資格（実施主体は多様）	25	医療・衛生・社会福祉
【国】司書	21	【大学の資格課程】
販売士	20	経営・経理・労務・金融
【国】行政書士	19	司法・警察・消防・防衛
マイクロソフト・オフィス・スペシャリスト	19	コンピュータ・OA機器操作
【国】介護福祉士	15	医療・衛生・社会福祉
英　検	14	語学・翻訳・通訳
TOEIC	13	語学・翻訳・通訳
【国】旅行業務取扱管理者	13	航空・船舶・運輸・通信
証券外務員	12	経営・経理・労務・金融
【国】自動車運転免許	12	航空・船舶・運輸・通信
カラーコーディネーター	11	教養・ファッション

表4-2 取得した資格名と取得者数（つづき）

資格の名称 【国】マークは国家資格	回答者数	資格の分野注1)
生命保険募集人	10	経営・経理・労務・金融
社会調査士	10	経営・経理・労務・金融
銀行業務検定	9	経営・経理・労務・金融
【国】衛生管理者	9	工業・化学・技術
【国】精神保健福祉士	9	医療・衛生・社会福祉
【国】危険物取扱	8	工業・化学・技術
【国】登録販売者	8	医療・衛生・社会福祉
損害保険募集人	7	経営・経理・労務・金融
【国】ホームヘルパー	6	医療・衛生・社会福祉
日本語教師，日本語教育能力検定	6	教養・ファッション
【国】司法書士	5	司法・警察・消防・防衛
【国】調理師	5	医療・衛生・社会福祉
色彩能力検定	5	教養・ファッション
漢字検定	5	教養・ファッション
PC検定	4	コンピュータ・OA機器操作
【国】看護師	4	医療・衛生・社会福祉
【国】社会保険労務士	3	経営・経理・労務・金融
【国】公認会計士	3	経営・経理・労務・金融
【国】知的財産管理技能士	3	経営・経理・労務・金融
ビジネス実務法務	3	経営・経理・労務・金融
【国】大型車両	3	航空・船舶・運輸・通信
【国】通関士	3	航空・船舶・運輸・通信
【国】管理業務主任者	3	建築・土木・不動産・農畜産
【国】理学療法士	3	医療・衛生・社会福祉
【国】社会福祉主事	3	【大学の資格課程】
MR（Medical Representative）	3	医療・衛生・社会福祉

（以下は取得者2名以下の資格）【国】税理士，珠算能力検定，中国語検定，情報処理検定，【国】運行管理者，【国】電気工事士，福祉住環境コーディネーター，建設業経理士，【国】臨床検査技師，【国】歯科衛生士，介護職員初任者研修，認定心理士，ネイリスト，【国】社会教育主事，【国】消防設備士，個人情報保護士，【国】中小企業診断士，証券アナリスト，貸金業務取扱主任者，住宅ローンアドバイザー，上級秘書士，貿易実務検定，ビジネス文書，プロジェクトマネジメント・プロフェッショナル，CCNA，CS検定，C言語プログラミング能力認定試験，Webクリエイター能力認定試験エキスパート，ワープロ検定，イラストレーター クリエイター能力認定試験，【国】運航管理者技能審査（航空），【国】運転士，【国】動力車操縦者運転免許，【国】海技士，【国】小型船舶免許，【国】陸上特殊無線技術士，旅程管理主任者，【国】フォークリフト運転免許，【国】潜水士，【国】電気主任技術者，【国】ボイラー技士，【国】金属熱処理技能士，中古自動車査定士，【国】建築施工管理技士，住環境コーディネーター，インテリアコーディネーター，ペット看護師，【国】言語聴覚士，【国】福祉用具専門相談員，【国】管理栄養士，【国】相談支援専門員，ケアクラーク，サービス介助士，児童心理司，メンタルケア心理士，メンタルヘルスマネジメント検定，フードコーディネーター，ワインアドバイザー，アロマインストラクター，防災士，健康管理士，水泳指導員，乗馬指導者，実用数学技能検定，JCAキャンドルインストラクター，フォトマスター検定1級，子育てアドバイザー。

注1) 資格の分類は，自由国民社が発行する『国家試験資格試験全書2005』を参照した。掲載されていないものに関しては，各試験の実施主体のホームページなどを参照して判断した。

注2) ファイナンシャルプランナーに関しては，国家資格であるFP技能士か，民間資格であるCFPやAFPか自由記述だと読み取りが難しい場合があるので同じ枠組みでカウントした。

分野を，回答者数の多い順に示したのが表4-2である。資格名は自由記述の形式を
とったため，二つ以上の資格名を書いた者がおり，四つの資格名を書いた人が最大
だった。しかしながら，資格名を記入した回答者（1,126名）の9割以上は一つの
資格名しか記入していない。本項では，記入された資格名を把握することが目的で
あるため，二つ以上の資格を記入した回答者も集計に入れている。表中には，資格
ガイドブックを参考に，資格の分野を記載しているが，大学の資格課程の授業を履
修することで取得できる資格に関しては分野ではなく【大学の資格課程】と記して
いる。記載された資格は114種類にのぼったが，突出して取得者が多いのは簿記の
224名と教育職員免許（教員免許）の213名である。3番目に取得者の多い秘書検定
は103名と100名を超えているが，5番目以降は50名を下回っており，取得者2名
以下の資格は67種類と記入された資格の半数超にのぼる。このように回答者が取
得した資格は多岐にわたっており，取得者数にもばらつきがある。

　では大学の専門分野によって取得する職業資格に傾向の違いはあるのだろうか。
少人数しか取得していない資格もあり個々の資格で傾向をみることが難しいため，
資格の分野別に確認する。回答者の専門分野別に，資格の分野別の取得者数を表
4-3に示した。取得した人が多い資格の分野は，取得者が最も多かった簿記を含む
経営・経理・労務・金融の483名で，それに次ぐのが医療・衛生・社会福祉の122
名である。回答者数（回答の割付）が専門分野によって異なるため，単純に人数で
比較することはできないが，経営・経理・労務・金融の分野においては商学・経営
学専攻の取得者が多く，司法・警察・消防・防衛の分野においては法律学専攻の取
得者が多いといったように，資格の分野と大学の専門分野の間に内容的な対応関係
が推察できるものもある。【大学の資格課程】においても同様であり，教員免許の取
得者の6割弱が教育学専攻，博物館学芸員の取得者の7割強が歴史学専攻である。

■ 3-3　取得者数が多い資格の取得時期

　取得者の多い上位12資格に関して，取得した時期を示したのが図4-2である。
なお，本項では，資格と取得時期の対応関係を知ることが目的であるため，複数の
資格名を記入した回答者は集計から除いている。

　図4-2は，大学在学中における取得者の割合が高い資格から順に並べており，右
側にいくほど大学在学中での取得率が下がる。左側には，博物館学芸員，司書，教
員免許といった【大学の資格課程】を履修することで取得できる資格が並んでいる。
秘書検定は，【大学の資格課程】とは関わっていないものの，大学在学中での取得率

表 4-3　大学の専門分野別，資格の分野別の取得者数

	回答者数	資格の分野									
		経営・経理・労務・金融	医療・衛生・社会福祉	コンピューター・OA機器操作	建築・土木・不動産・農畜産	航空・船舶・運輸・通信	教養・ファッション	語学・翻訳・通訳	司法・警察・消防・防衛	工業・化学・技術	健康生活・スポーツ
分野合計	2066	483	122	61	55	39	30	29	26	25	3
法律学	227	57	8	5	10	4	3	6	12	3	1
政治学	171	38	9	4	6	8	3	2	4	1	0
経済学	227	76	12	6	7	2	1	5	1	3	1
商学・経営学	227	91	3	9	8	5	1	1	1	3	0
社会学	227	60	28	7	5	5	4	4	2	2	0
文学・言語	227	46	12	11	5	5	5	6	0	2	0
哲学・倫理・宗教	84	10	5	4	3	1	3	1	2	1	0
心理学	227	51	31	9	2	1	4	0	3	2	1
歴史学	222	37	9	5	6	3	2	2	1	8	0
教育学	227	17	5	1	3	5	4	2	0	0	0

	回答者数	【大学の資格課程】					
		教育職員免許（教員免許）	幼稚園教諭，保育士	博物館学芸員	司　書	社会福祉主事	社会教育主事
分野合計	2066	213	46	25	21	3	1
法律学	227	6	0	0	0	0	0
政治学	171	6	0	0	3	0	0
経済学	227	5	0	0	0	0	0
商学・経営学	227	4	1	0	0	0	0
社会学	227	10	2	2	2	2	0
文学・言語	227	22	0	0	0	0	0
哲学・倫理・宗教	84	4	1	3	1	0	0
心理学	227	12	3	0	1	1	0
歴史学	222	19	2	18	8	0	0
教育学	227	125	37	2	2	0	1

注）取得者が最も多い専門分野の数値は網掛けで示している。

が 78.5％ と極めて高い。【大学の資格課程】で取得できるものの卒業後の取得者が在学中に匹敵しそうなほど多いのは幼稚園教諭，保育士である。社会福祉士より右側は大学卒業後での取得者のほうが多い資格である。その内，取得者が最も多い資格である簿記は，大学卒業後の取得者が半数を超える資格であるが，同時に大学入学前の取得者も 8.4％（17名）と相対的にみて多い。調査票には高校種の質問が含まれていないので，商業高校など専門高校の出身者かどうかはわからないが，卒業高校で多い進路選択として「就職や就職希望者が多い」を 8 名が選んでおり，就職者が多いことを前提に職業準備教育に力を入れている高校の出身者の可能性がある。

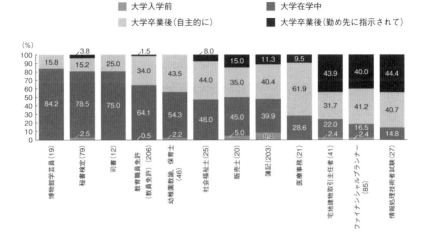

図 4-2 取得者の多い上位 12 資格の取得時期(記載資格 1 個の回答者に限定)

　大学卒業後に勤め先とは無関係に自主的に取得している者が多いのは医療事務の資格であり，逆に勤め先の指示によって取得している者が多いのは情報処理技術者，宅地建物取引主任者，ファイナンシャルプランナーである。自主的な資格取得は，勤め先に指示されて資格取得する場合に比べ，転職を視野にいれた資格取得といえよう。本調査において，回答者全体に占める転職者の割合は 60.1% であるのに対して，医療事務の場合は 21 名のうちの 17 名 (81.0%) が転職経験者である。逆に，勤め先の指示によって取得する者が多い資格の場合，転職者の占める割合は，情報処理技術者の場合は 27 名のうちの 14 名 (51.9%)，宅地建物取引主任者の場合は 41 名のうちの 22 名 (53.7%)，ファイナンシャルプランナーの場合は 85 名のうちの 44 名 (51.8%) と，全体に占める転職者の割合よりも低い。

4　誰が資格を取得するのか

　本節では，資格の取得時期の違いに着目しながら資格取得の規定要因を探索したのち，資格取得が職業キャリアに与える効果を検証する。

■ 4-1　変数の設定と記述統計

　分析に用いる変数とその操作的定義を表 4-4 に，記述統計を表 4-5 に示した。

表 4-4　分析に使用する変数

(1) 従属変数【資格取得】について

変 数	変数の定義
資格取得の有無	大学在学中に資格を取得した =1，大学卒業後に勤め先に指示されて資格を取得した =2，大学卒業後に自主的に資格を取得した =3，資格を取得していない =0　（大学入学前に資格を取得した者は欠損値とした）

(1) 独立変数【資格取得】について

項 目	変 数	変数の定義
①年　齢		年齢（歳）の数値
②性　別	女性ダミー	女性 =1
	（基準ダミー）	男性 =0
③大学入学難易度	偏差値 60 以上私大ダミー	偏差値 60 以上の私立大学 =1（偏差値は，当該学部学科の 2005 年度（それ以降の設置の場合は 2010 年度）のものを使用）
	偏差値 55-59 私大ダミー	偏差値 55 以上 59 以下の私立大学 =1
	偏差値 50-54 私大ダミー	偏差値 50 以上 54 以下の私立大学 =1
	偏差値 49 以下私大ダミー	偏差値 49 以下の私立大学 =1
	（基準ダミー）	国立大学 =0
④専門分野	法律学・政治学ダミー	法律学と政治学 =1
	経済学，商学・経営学ダミー	経済学と商学・経営学 =1
	社会学ダミー	社会学 =1
	文学・言語学ダミー	文学・言語（日本文学・外国文学・語学・言語学など）=1
	哲学・倫理・宗教，心理学ダミー	哲学・倫理・宗教と心理学 =1
	教育学ダミー	教育学 =1
	（基準ダミー）	歴史学（西洋史・東洋史・日本史など）=0
⑤大学時代の授業経験	双方向授業頻度	「授業内容に関するコメントや意見を書く授業」「課題や宿題がたくさん出される授業」「提出物に教員からのコメントが付されて返却される授業」「授業内容に興味がわくように工夫された授業」「議論やグループワークなど学生が参加する機会がある授業」という五つの質問に対する 4 件法の回答（1= ほとんどなかった，2= あまりなかった（1-2 割くらい），3= ある程度あった（3-4 割くらい），4= よくあった（5 割以上））を合算し，質問数で割った平均値を投入した。Cronbach の α 係数は 0.811 である。大学時代の授業経験に関する七つの質問を因子分析（最尤法，プロマックス回転）にかけて抽出された第一因子である。
	将来レリバンス授業頻度	「学んでいる内容と将来のかかわりについて考えられる授業」「将来に役立つ実践的な知識や技能が身につく授業」という二つの質問に対する 4 件法の回答を合算し，質問数で割った平均値を投入した。Cronbach の α 係数は 0.862 である。上記の因子分析にかけて抽出された第二因子である。
⑥大学時代の学習姿勢	活用方略	「授業外で学んだことを授業で活かした」「授業で学んだことを授業外で活かした」「複数の授業で学んだことを関連づけて理解していた」「履修体系を考えて徐々に発展的な内容の授業を履修するようにしていた」という四つの質問に対する 4 件法の回答（1= まったくあてはまらない，2= あまりあてはまらない，3= ややあてはまる，4= とてもあてはまる）を合算し，質問数で割った平均値を投入した。Cronbach の α 係数は 0.838 である。大学時代の学習姿勢に関する 10 の質問を因子分析（最尤法，プロマックス回転）にかけて抽出された第一因子である。
	まじめ方略	「なるべく良い成績をとるようにしていた」「興味がわかない授業でもきちんと出席していた」「授業に関連して，わからないことや関心のあることが出てきたら自分で調べてみた」という三つの質問に対する 4 件法の回答を合算し，質問数で割った平均値を投入した。Cronbach の α 係数は 0.743 である。上記の因子分析にかけて抽出された第二因子である。

04 誰が資格を取得するのか　75

表 4-4　分析に使用する変数（つづき）

（1）独立変数【資格取得】について		
項　目	変　数	変数の定義
⑥大学時代の学習姿勢 （つづき）	受け身方略	「内容が理解できない授業が多かった」「自分の学んでいる専門分野に興味がわかなかった」という二つの質問に対する 4 件法の回答を合算し、質問数で割った平均値を投入した。Cronbach の α 係数は 0.620 である。上記の因子分析にかけて抽出された第三因子のうち、内的整合性を高めるため「授業では教えられたことをそのまま暗記した」という質問を除いている（この質問を含めると、Cronbach の α 係数は 0.584 である）。
⑦初職正社員ダミー		初職が正社員 =1，それ以外 =0
⑧転職有ダミー		仕事を変えた経験あり =1，変えた経験なし =0
⑨現在正社員ダミー		現在の仕事が正社員 =1，それ以外 =0
⑩組織規模	正規従業員 30-499 人ダミー	現在の勤め先の正規従業員数が 30-499 人 =1
	正規従業員 500 人以上ダミー	現在の勤め先の正規従業員数が 500 人以上 =1
	官公庁・学校などダミー	官公庁・学校など =1
	（基準ダミー）	現在の勤め先の正規従業員数が 29 人以下 =0
⑪現在の職種	教員・保育士ダミー	教員・保育士ダミー =1
	専門職（教員以外），技術開発，マスコミダミー	教員・保育士以外の専門的な仕事（社会福祉士など）と技術・開発関係の仕事（システムエンジニアなど）とマスコミ関係の仕事（編集・記者など）=1
	営業・販売職ダミー	営業・販売関係の仕事 =1
	事務職ダミー	事務関係の仕事（企画・総務・経理など）=1
	運輸保安，生産工程ダミー	運輸・保安（配送・警備など）と生産工程 =1
	（基準ダミー）	サービス関係の仕事（冠婚葬祭・ホテルスタッフ・調理など）=0

（2）従属変数【資格取得が職業キャリアに与える影響】について	
変　数	変数の定義
過去半年間の 自己啓発の有無	過去半年間に、仕事に関連する自己啓発（仕事時間外に、勤め先の指示ではなく自分の意志でする勉強）をした =1，していない =0
個人年収	回答者自身の年収について、「200 万円未満」「200-400 万円未満」「400-600 万円未満」「600-800 万円未満」「800-1000 万円未満」「1,000-1,200 万円未満」「1,200-1,500 万円未満」「1,500-2,000 万円未満」「2,000 万円以上」「わからない」のうち、「わからない」を除く回答に関して、その中央値を投入した。なお、最小値である「200 万円未満」は 200 を、最大値である「2,000 万円以上」には 2,000 を投入した。
現在の仕事の満足度	現在の仕事に関する 4 件法の回答（1= まったく満足していない、2＝あまり満足していない、3＝まあ満足している、4＝とても満足している）
（2）独立変数【資格取得が職業キャリアに与える影響】について追加する変数	
変　数	変数の定義
大学在学中資格取得	大学在学中に資格取得した =1，それ以外＝ 0（大学入学前に資格を取得した者は欠損値とした）
大学卒業後資格取得	大学卒業後に資格取得した =1，それ以外＝ 0（大学入学前に資格を取得した者は欠損値とした）

表 4-5　記述統計

	最小値	最大値	未取得 (n=789) 平均値	未取得 (n=789) 標準偏差	大学在学中取得 (n=373) 平均値	大学在学中取得 (n=373) 標準偏差	大卒後取得（勤め先に指示されて）(n=152) 平均値	大卒後取得（勤め先に指示されて）(n=152) 標準偏差	大卒後取得（自主的に）(n=348) 平均値	大卒後取得（自主的に）(n=348) 標準偏差	自己啓発していない (n=951) 平均値	自己啓発していない (n=951) 標準偏差	自己啓発している (n=711) 平均値	自己啓発している (n=711) 標準偏差
年齢	25.00	34.00	29.81	2.80	29.23	2.80	30.01	2.72	30.15	2.65	29.91	2.77	29.59	2.77
女性ダミー	0.00	1.00	0.60	0.49	0.75	0.43	0.60	0.49	0.69	0.46	0.69	0.46	0.59	0.49
私大（偏差値60以上）	0.00	1.00	0.15	0.36	0.16	0.37	0.21	0.41	0.12	0.32	0.13	0.34	0.18	0.38
私大（偏差値55-59）	0.00	1.00	0.16	0.37	0.17	0.38	0.21	0.41	0.20	0.40	0.18	0.39	0.17	0.37
私大（偏差値50-54）	0.00	1.00	0.24	0.43	0.24	0.43	0.19	0.39	0.19	0.39	0.22	0.41	0.23	0.42
私大（偏差値49以下）	0.00	1.00	0.28	0.45	0.18	0.39	0.18	0.39	0.22	0.42	0.27	0.44	0.20	0.40
法律学・政治学ダミー	0.00	1.00	0.22	0.41	0.13	0.33	0.20	0.40	0.21	0.41	0.18	0.39	0.21	0.41
経済学、商学・経営学ダミー	0.00	1.00	0.23	0.42	0.22	0.41	0.33	0.47	0.15	0.36	0.20	0.40	0.24	0.43
社会学ダミー	0.00	1.00	0.10	0.29	0.13	0.34	0.11	0.32	0.09	0.29	0.11	0.31	0.10	0.30
文学・言語学ダミー	0.00	1.00	0.13	0.33	0.12	0.32	0.08	0.27	0.09	0.29	0.12	0.32	0.11	0.31
哲学・倫理・宗教、心理学ダミー	0.00	1.00	0.17	0.37	0.11	0.31	0.16	0.37	0.15	0.36	0.17	0.38	0.13	0.33
教育学ダミー	0.00	1.00	0.04	0.19	0.21	0.41	0.05	0.22	0.19	0.39	0.09	0.29	0.13	0.34
双方向授業頻度	1.00	4.00	2.33	0.62	2.56	0.62	2.42	0.56	2.44	0.65	2.32	0.61	2.55	0.63
将来レリバンス授業頻度	1.00	4.00	2.24	0.77	2.67	0.80	2.42	0.74	2.48	0.81	2.27	0.77	2.57	0.81
活用方略	1.00	4.00	2.28	0.66	2.53	0.60	2.36	0.60	2.39	0.68	2.26	0.61	2.50	0.68
まじめ方略	1.00	4.00	2.69	0.71	2.98	0.63	2.78	0.65	2.89	0.66	2.76	0.67	2.87	0.71
受け身方略	1.00	4.00	2.37	0.70	2.26	0.68	2.35	0.66	2.22	0.68	2.30	0.67	2.34	0.71
初職正社員ダミー	0.00	1.00	0.74	0.44	0.80	0.40	0.94	0.24	0.76	0.43	0.76	0.43	0.79	0.40
転職有ダミー	0.00	1.00	0.59	0.49	0.55	0.50	0.53	0.50	0.69	0.46	0.61	0.49	0.58	0.49
現在正社員ダミー	0.00	1.00	0.64	0.48	0.69	0.46	0.80	0.40	0.64	0.48	0.62	0.49	0.73	0.45
正規従業員30-499人ダミー	0.00	1.00	0.37	0.48	0.39	0.49	0.32	0.47	0.41	0.49	0.40	0.49	0.35	0.48
正規従業員500人以上ダミー	0.00	1.00	0.36	0.48	0.33	0.47	0.51	0.50	0.30	0.46	0.34	0.47	0.37	0.48
官公庁・学校などダミー	0.00	1.00	0.07	0.26	0.09	0.28	0.05	0.22	0.04	0.20	0.06	0.25	0.07	0.26
教員・保育士ダミー	0.00	1.00	0.02	0.14	0.16	0.36	0.02	0.14	0.13	0.33	0.05	0.22	0.10	0.30
専門職（教員以外）、技術開発、マスコミダミー	0.00	1.00	0.08	0.28	0.11	0.31	0.14	0.35	0.15	0.36	0.09	0.29	0.14	0.34
営業・販売職ダミー	0.00	1.00	0.24	0.43	0.16	0.36	0.28	0.45	0.14	0.35	0.21	0.40	0.21	0.41
事務職ダミー	0.00	1.00	0.51	0.50	0.49	0.50	0.48	0.50	0.47	0.50	0.54	0.50	0.43	0.50
運輸保安、生産工程ダミー	0.00	1.00	0.07	0.25	0.03	0.16	0.02	0.14	0.03	0.17	0.04	0.20	0.05	0.22
大学在学中資格取得ダミー	0.00	1.00									0.20	0.40	0.25	0.43
大学卒業後資格取得ダミー	0.00	1.00									0.25	0.44	0.36	0.48

従属変数は二つある。第一の従属変数である資格取得の有無やその取得時期に与える要因の検討にあたっては，「未取得」を基準カテゴリーとし，「大学在学中取得」「大学卒業後取得（勤め先に指示されて）」「大学卒業後取得（自主的に）」のカテゴリーに関して，多項ロジスティック回帰分析を行った[9]。なお，以下の分析においても，具体的な職業資格の記入が一つのみの回答者を対象とする。

　独立変数は 11 個あり，大きく分けて個人属性（表 4-4 の①②），大学教育に関する変数（③ – ⑥），仕事に関する変数（⑦ – ⑪）である。

　まず，個人属性に関しては，年齢を投入する。学生時代の資格取得は卒業後の就職をにらんでの行動である。年齢を投入するのは，学生時代の就職状況の影響を検討するためである。社会人調査の対象者（調査時点において 25 歳から 34 歳）が大学生であったのは，（浪人留年などの有無によって個人差はあるであろうが）2000 年から 2013 年である。当時の就職状況をリクルートワークス研究所の「大卒求人倍率調査」から確認すると，一番年長の調査対象者が大学 1 年生であった 2000 年 3 月の求人倍率は 1 倍を切る低倍率であり，超就職氷河期とよばれた時期である。その後，求人倍率は上昇傾向を示し，2 年後の 2002 年 3 月の卒業生では 1.33 倍にまで回復，その後 2005 年 3 月の卒業生までその水準が続き，2006 年以降は上昇カーブが急激になり，2009 年と 2010 年には 2.14 倍とバブル景気の水準になった。しかし，リーマンショック後の 2010 年には急激に落ち込み 1.62 倍となる。不況になると資格取得者が増加するといわれているが（今野・下田 1995：6），調査対象者が学生生活を過ごしたのは就職状況が徐々に好転するや，一転，急落した時期である。不況期を過ごした年長者のほうが学生時代に資格を取っているのだろうか。また性別も投入するが，これは青島（1997）が女子学生の資格志向の強さを指摘しており[10]，それを検証するためである。

　次に，大学教育に関する変数について述べる。大学の選抜度が資格取得に影響を与えるかを検討するため，大学受験予備校の公表に基づく大学の入学難易度を投入する[11]。大学の専門分野に関しては，【大学の資格課程】ではない資格に関して，教

---

9) なお，大学入学前に資格を取得した者は欠損値として扱う。

10) 青島（1997：45）は，リクルートが発行する『ケイコとマナブ』1994 年 6 月号を引用し，就職活動のためにしようと思っている行動として，「資格をとる」を選んだ大学生は男子では 14％であるのに対して女子では 27％であること，また女子の占める比率が高い短大の場合はさらに高く「資格をとる」を選んだ短大生は 42％にのぼることを紹介している。

育学に次いで資格の取得率の低い歴史学を基準とする。大学時代の授業経験は，大学で受けた授業としておおよそどれくらい経験したか7項目について聞いている。因子分析（最尤法，プロマックス回転）によって抽出された2因子について，各因子を構成する項目を合算し平均値化し「双方向授業頻度」と「将来レリバンス授業頻度」と名づけた[12]。大学時代の学習姿勢に関しても10項目を因子分析（最尤法，プロマックス回転）にかけて抽出された3因子について，各因子を構成する項目を合算し平均値化し，「活用方略」「まじめ方略」「受け身方略」と名づけた[13]。

　最後に，仕事に関する変数については，安定的な雇用である正規雇用が資格取得のしやすさに影響するのか検討するため，初職と現在の仕事，両方について正規雇用であるか否かを投入する。また，資格は，転職時に使用されることも多いので，転職の有無を投入する。図4-2でみたように，資格の種類によっては勤め先の指示で取得する場合もあるが，組織規模が大きいほど人材育成に投資できる資金的・人員的余力もあると思われるため，現在の勤め先における正規従業員数を投入する。また，仕事の内容によっても資格取得の必要度が異なると思われるため，上西（1999a）で指摘された，資格が勤め先から求められる度合いの低いサービス職を基準とし，その他の職種についてもダミー変数を投入して，職種の影響を検証する。

　以上の11個の独立変数は，もう一つの従属変数である資格取得が職業キャリアに与える影響を検討する際にも用いる。なお，ここでの職業キャリアとは，過去半年間の自己啓発の有無，個人年収，現在の仕事の満足度を指す。これらに対する，大学在学中や大学卒業後の資格取得の影響をみる。

---

11) 正確を期すには回答者の入学年度に合致した偏差値データを用いるべきだが，回答者一人ひとりの学部学科レベルの偏差値データを，10年分検索をするのはかなり手間のかかる作業であるため，ちょうど真ん中の年度にあたる2005年度の偏差値表を使用した。2005年度以降に設置された学科に関しては2010年度の偏差値表を使用した。

12) 授業経験の変数は，第3章の「双方向型授業頻度」「レリバンス型授業頻度」と同一のものである。

13) 学習姿勢の変数に関して，第3章の「ラーニング・ブリッジング態度」と本章の「活用方略」，第3章の「まじめ態度」と本章の「まじめ方略」は同一の項目で構成されているが，分析の趣旨が異なるため名称が異なっている。第3章の「不適応態度」と本章の「受け身方略」に関しては，若干，構成する項目数が違っている（詳細は表4-4を参照）。

表 4-6　資格取得の有無についての多項ロジスティック回帰分析

		資格取得の有無　（基準：資格未取得 (n=789))					
		大学在学中に取得		大学卒業後に取得（勤め先に指示されて）		大学卒業後に取得（自主的に）	
		B	標準誤差	B	標準誤差	B	標準誤差
年　齢		-0.034	0.025	0.039	0.035	0.063	0.026*
女性ダミー（基準：男性）		0.492	0.170**	0.161	0.218	0.188	0.166
大学入学難易度（基準：国公立大学）	偏差値 60 以上私大ダミー	0.134	0.233	0.201	0.299	-0.490	0.244*
	偏差値 55-59 私大ダミー	0.011	0.224	0.158	0.293	0.082	0.218
	偏差値 50-54 私大ダミー	-0.045	0.207	-0.404	0.294	-0.431	0.213*
	偏差値 49 以下私大ダミー	-0.498	0.218*	-0.555	0.303†	-0.464	0.211*
専門分野（基準：歴史学）	法律学・政治学ダミー	-0.222	0.280	0.403	0.402	0.226	0.251
	経済学，商学・経営学ダミー	0.535	0.266*	0.987	0.391*	-0.144	0.264
	社会学ダミー	0.539	0.292†	0.594	0.444	-0.009	0.297
	文学・言語学ダミー	0.068	0.290	0.047	0.468	-0.438	0.291
	哲学・倫理・宗教，心理学ダミー	0.008	0.285	0.698	0.414†	-0.005	0.260
	教育学ダミー	1.290	0.334***	0.653	0.555	1.079	0.328**
大学時代の授業経験	双方向授業頻度	-0.073	0.144	0.004	0.198	-0.049	0.145
	将来レリバンス授業頻度	0.411	0.111***	0.238	0.153	0.216	0.112†
大学時代の学習姿勢	活用方略	0.111	0.140	-0.012	0.192	-0.078	0.142
	まじめ方略	0.397	0.123**	0.150	0.165	0.347	0.122**
	受け身方略	-0.166	0.102	-0.047	0.140	-0.255	0.104*
初職正社員ダミー（基準：それ以外）		0.212	0.203	1.460	0.397***	0.112	0.194
転職有ダミー（基準：転職経験なし）		-0.116	0.158	0.140	0.212	0.360	0.161*
現在正社員ダミー（基準：それ以外）		0.163	0.191	0.233	0.273	0.212	0.183
組織規模（基準：正規従業員29人以下）	正規従業員 30-499 人ダミー	-0.065	0.190	0.201	0.299	-0.121	0.181
	正規従業員 500 人以上ダミー	-0.062	0.200	0.651	0.295*	-0.148	0.195
	官公庁・学校などダミー	-0.195	0.305	-0.066	0.474	-1.012	0.350**
現在の職種（基準：サービス職）	教員・保育士ダミー	1.234	0.423**	0.270	0.793	1.158	0.425**
	専門職（教員以外），技術開発，マスコミダミー	0.327	0.333	0.729	0.469	0.500	0.309
	営業・販売職ダミー	-0.379	0.310	-0.038	0.438	-0.544	0.299†
	事務職ダミー	-0.004	0.280	-0.139	0.418	-0.162	0.265
	運輸保安，生産工程ダミー	-0.389	0.457	-0.950	0.731	-0.747	0.438†
切　片		-2.271	0.976*	-5.991	1.400***	-3.417	0.989**
n		373		152		348	

注 1)　$df=84$, $\chi^2=407.849$, -2 log-likelihood $=3697.834$, Cox & Snell $R^2=.218$, Nagelkerke $R^2=.239$, McFadden $R^2=.099$
注 2)　† : $p<.10$, * : $p<.05$, ** : $p<.01$, *** : $p<.001$

■ 4-2　資格取得の有無の規定要因

　表 4-6 は，資格取得の有無についての多項ロジスティック回帰分析の結果である。表の見方を簡単に説明すると，係数の値が正であると，それぞれのカテゴリーを

選択する確率が基準カテゴリーを選択する確率よりも高いことを示している。はじめにそれぞれのカテゴリーごとに結果を読み取る。

まず，「大学在学中に取得」のカテゴリーについて述べる。性別に関しては女性，大学の専門分野に関しては経済学・商学・経営学や社会学や教育学を専攻し，将来レリバンス授業の経験頻度が高く，まじめな学習姿勢で授業に取り組み，現在は教員・保育士として働く者が資格未取得でなく，大学在学中に資格取得をする確率が高い。逆に，未取得になりやすいのは，大学の偏差値が49以下の私大である。

次に，「大学卒業後に取得（勤め先に指示されて）」のカテゴリーである。大学の専門分野に関しては経済学・商学・経営学や哲学・倫理・宗教・心理学を専攻し，初職で正社員として雇用され，現在の職場が正社員500人以上の大企業で働く者が，大学卒業後に勤め先に指示されて資格を取得する確率が高い。逆に，未取得になりやすいのは，大学の偏差値が49以下の私大である。

最後に，「大学卒業後に取得（自主的に）」のカテゴリーである。年齢が高く，大学の専門分野に関しては教育学を専攻し，将来レリバンス授業の経験頻度が高く，まじめな学習姿勢で取り組み，転職経験があり，現在は教員・保育士として働く者が，大学卒業後に自主的に資格を取得する確率が高い。逆に，未取得になりやすいのは，大学の偏差値が49以下，50から54，60以上の私大で，大学時代には受け身な学習姿勢で授業に取り組み，官公庁・学校などで働いていたり，営業・販売や運輸保安・生産工程の仕事に現在就いていたりする者である。

■ 4-3　資格取得が職業キャリアに与える影響

次に，資格取得が職業キャリアに与える影響について述べる。自己啓発の有無，個人年収，現在の仕事の満足度，これらに対して，大学在学中の資格取得や大学卒業後の資格取得が影響を及ぼしているかを検討したところ，自己啓発の有無に対してのみ有意な影響が見出された。ゆえに自己啓発を行うか否かについての二項ロジスティック回帰分析の結果のみ示す（表4-7）。

「自己啓発の有無」に関しては，大学在学中および大学卒業後の資格取得が正の影響を及ぼしている他，大学の専門分野に関しては経済学・商学・経営学を専攻し，双方向授業や将来レリバンス授業の経験頻度が高く，授業内容を活用しようとする学習姿勢をもち，現在正社員として働き，大学在学中でも卒業後でも資格を取得した者が自己啓発を行う確率が高い。逆に，自己啓発を行わない確率を高めるのは，年齢が高いこと，女性であること，大学の偏差値が49以下の私大，現在の職場が正

04　誰が資格を取得するのか　*81*

表 4-7　自己啓発の有無についての二項ロジスティック回帰分析

		自己啓発の有無 (基準：していない)	
		B	標準誤差
年　齢		-0.037	0.020 †
女性ダミー　（基準：男性）		-0.404	0.129**
大学入学難易度 (基準：国公立大学)	偏差値 60 以上私大ダミー	0.276	0.183
	偏差値 55-59 私大ダミー	-0.215	0.174
	偏差値 50-54 私大ダミー	0.019	0.164
	偏差値 49 以下私大ダミー	-0.402	0.169*
専門分野 (基準：歴史学)	法律学・政治学ダミー	0.242	0.210
	経済学，商学・経営学ダミー	0.382	0.209 †
	社会学ダミー	0.041	0.239
	文学・言語学ダミー	0.200	0.233
	哲学・倫理・宗教，心理学ダミー	0.024	0.219
	教育学ダミー	0.024	0.260
大学時代の授業経験	双方向授業頻度	0.376	0.114**
	将来レリバンス授業頻度	0.182	0.088*
大学時代の学習姿勢	活用方略	0.323	0.110**
	まじめ方略	-0.094	0.096
	受け身方略	0.086	0.081
初職正社員ダミー　（基準：それ以外）		-0.215	0.161
転職有ダミー　（基準：転職経験なし）		0.144	0.124
現在正社員ダミー　（基準：それ以外）		0.613	0.152***
組織規模 (基準：正規従業員 29 人以下)	正規従業員 30-499 人ダミー	-0.278	0.148 †
	正規従業員 500 人以上ダミー	0.004	0.156
	官公庁・学校などダミー	-0.116	0.242
現在の職種 (基準：サービス職)	教員・保育士ダミー	0.403	0.309
	専門職（教員以外），技術開発，マスコミダミー	0.305	0.255
	営業・販売職ダミー	-0.116	0.237
	事務職ダミー	-0.251	0.218
	運輸保安，生産工程ダミー	0.425	0.324
資格取得 (基準：未取得)	大学在学中資格取得ダミー	0.361	0.143*
	大学卒業後資格取得ダミー	0.650	0.128***
定　数		-1.504	0.764*
n		1662	

注 1)　$df=30$, $\chi^2=207.075$, -2 log-likelihood $=2062.168$, Cox & Snell $R^2=.117$, Negelkerke $R^2=.157$
注 2)　† : $p<.10$, * : $p<.05$, ** : $p<.01$, *** : $p<.001$

規従業員 30-499 人の組織規模であることである。

■ 4-4　考　察

以上は従属変数のカテゴリーごとの読み取りだが，以下では独立変数ごとに読み

取った知見を9点述べる。

第一は，年齢に関してである。卒業年度が古いほど就職状況は厳しかったにもかかわらず，大学在学中の資格取得に関して年齢は有意でない。不況ほど資格志向は高まるといわれているが，本データに関しては，大学在学中の資格取得は景気に左右されていないといえる。大学卒業後の自主的な取得に関しては正に有意であるが，これは年齢の高まりとともに就業年数も長くなることで資格を取得する機会が増えると同時に，転職有ダミーが有意になっていることからわかるように，転職目的で自主的に資格を取得する者が増えているためと考えられる。一方，大学卒業後に勤め先に指示されての資格取得には年齢が有意でないことから，年齢が高くなるほど雇用先から資格を取得するよう要請されるわけではないことがわかる。

第二は，性別に関してである。具体的には，女性の大学在学時の資格志向の強さと，現在の自己啓発志向の弱さである。青島（1997）の指摘のように，女子学生の資格志向の強さは本データでも実証された。大学卒業後に関しては，資格取得は性別に左右されないが，資格ほど成果が見えにくい自己啓発に関しては，女性は男性に比べるとあまり取り組んでいないことがわかる。

第三は，大学の入学難易度に関してである。入学難易度の区分で最も低い区分である偏差値49以下の私大において，資格取得に関してはどの時点でも未取得になる確率が高く，自己啓発に関しても行わない確率が高い。資格を取得するか否かは本人の自主性や勤め先の要請によるものだが，低偏差値の大学においては，入学時の学力レベルの低さが資格取得や自己啓発のハードルになっていると考えられる。

第四は，大学の専門分野に関して，【大学の資格課程】と関連の強い教育学専攻は当然ながら，資格取得と決して関連の強くない経済学・商学・経営学専攻においても，正に有意になる傾向があることである。表4-3に示したように教育学専攻は教員免許の取得者が多い。その取得時期の内訳をみると，大学在学中に教員免許を取得するのは教育学専攻者のうち57.3%で，残りの4割強は卒業後に取得している（ちなみに勤め先とは無関係に自主的に取得する者は40.8%であり，勤め先に指示されて取得する者は1.9%しかいない）。以上から，大学在学中の資格取得や大学卒業後の自主的な資格取得に関して，教育学専攻が正に有意になるのは，教員免許取得者が多いためといえる。一方，経済学・商学・経営学専攻に関しては，教員免許を含む【大学の資格課程】の資格を取得する者は10人しかおらず，経済学・商学・経営学ダミーが有意になったのは教員免許以外の資格取得者の影響である。経済学・商学・経営学専攻は，自己啓発の有無でも正に有意である。第2章において，教育

の密度が低いとされた経済学専攻や，その近接領域である商学・経営学専攻であるが，これらの専攻は大学の授業への取り組みは熱心ではないかもしれないが，大学在学中の資格取得には熱心に取り組んでいるし，卒業後も仕事の必要に応じて自主努力する力は身につけているといえるかもしれない。

　第五は，大学時代の授業経験に関してである。次にみる学習姿勢に関してもそうだが，大学卒業後の勤め先に指示されての資格取得について，授業経験や学習姿勢のどの項目も有意でない。勤め先の指示で資格を取得するということは，本人の意思とは無関係に資格を取得しているのであり，大学時代の授業経験や学習姿勢は無関係であるのは当然の結果といえよう。一方，大学在学中の資格取得，大学卒業後の自主的な資格取得，自己啓発の有無に関しては，将来レリバンス授業を受けた頻度が高いほど，これらのカテゴリーが選択される確率が高くなる。将来レリバンス授業，資格取得，自己啓発，いずれも実利的な学びに関わる変数であるため，これらの関連が強いことは想像に難くない。また，自己啓発に関しては，双方向授業の頻度が高いほど，自己啓発を行っている確率が高い。自己啓発は，自発的な動機づけと自主的な学習行動を必要とするものである。双方向授業の頻度の高さが自己啓発に正の影響をもたらすということは何を意味しているのだろうか。大学時代のコメント記入やそれに対する教員のレスポンス，学生同士のディスカッションなど，自己だけの学びに完結しない授業経験を積むことによって，卒業後の自主学習の力が養われているという仮説が立てられるかもしれない。

　第六は，大学時代の学習姿勢に関してである。資格取得という実用的な行動であるにもかかわらず，学んだことを活用しようという学習姿勢（活用方略）は，資格取得に関してはどのカテゴリーでも有意ではなく，自己啓発に関してのみ正に有意である。資格取得という成果が明確で，かつ取得のプロセスが標準化された学びでは，活用方略は活かされないのかもしれない。なお，まじめ方略は，大学在学中の資格取得や大学卒業後の自主的な資格取得に関して正に有意なことから，大学教育を拡張的に活用しようとする意識は乏しいが，大学での学習にまじめに取り組んでいる層が資格取得をしているといえる。

　第七は，雇用のあり方に関してである。初職で正社員であることは，大学卒業後の勤め先に指示されての資格取得に関して正に有意であり，転職経験があることは，大学卒業後の自主的な資格に関して正に有意である。初職を正社員として始めた者は，知識や技能の積み上げを公的な職業資格に準拠して行っているのかもしれない。転職に関しては，本質問紙では転職の前に資格を取得したのか，転職の後に

資格を取得したのか，時系列が明確でないため明言はできないが，転職をしている
人は，大学卒業後に自主的に資格を取得している確率が高いことは確かである。

　第八は，現在の職種に関してである。職務に就く要件として資格が必須とされ
る教員や保育士で資格取得の確率が高いのは当然であろう。一方，同じ専門職でも，
教員以外の専門職・技術開発・マスコミでは，資格を取得するか否かは，基準であ
るサービス職と同程度の確率である。また，教員・保育士以外の職種で有意となる
職種がみられたのは，大学卒業後の自主的な資格取得に関してだが，このカテゴリ
ーにおいては，営業・販売職や運輸保安・生産工程で負に有意であり，これらの職
種の場合，未取得になる確率が高い。上西（1999a）が，卸売・小売・飲食店では，
資格取得を義務づけたり奨励したりする企業が少ないことを示したが，これらの職
種では，企業のみならず労働者個人も資格を取得する志向性が低いといえる。

　第九は，資格取得は実利的効用よりも自律的なキャリア開発と関連していること
である。矢野（2009）は，大学時代の学習が卒業時の知識能力を高め，そうした学習
が卒業後も継続することによって現在の知識能力が高まり，その結果，所得が向上
するという「学び習慣」仮説を唱えた。分析結果は割愛したが，本データでは，在
学時であっても卒業後であっても資格取得が個人年収を高めるという効果はみられ
なかった。また，現在の仕事の満足度に関しても，資格取得は有意な影響を及ぼし
ていなかった。このように，資格取得は収入や仕事の満足度を高めるといった実利
的効用をもたらすとは言い難い[14]。しかしながら，大学在学中の取得であれ卒業後
の取得であれ，資格取得が自己啓発と正に有意な関連をもっていることからわかる
ように，資格を取得している人は自発的な学習行動をとっている。資格取得には知
識・スキルを身につけるための学習行動が必要となるため，資格取得と自己啓発と
の関連は想像しやすい。むしろここで重要なのは，資格取得の有無においては有意
であったまじめ方略が有意ではなく，活用方略が有意となっていることであり，資
格取得の有無では有意でなかった双方向授業頻度が有意となっていることである。
自己啓発という自律的なキャリア開発を行うのは，学生時代にまじめに学習に取り
組んでいた人というよりも，学びの拡張性を意識したり，双方向的な学びをしてき
たりした人なのである。

14）本章で検証した資格は，業務独占や必置資格といった無資格者にとっては参入障壁と
　　なる職務の独占権をもつ国家資格から，業界団体などが認定する民間資格まで幅広い
　　ため，収入面に及ぼす影響は，阿形（1998）が行ったように，より資格を細分化して
　　検証する必要があろう。

5 おわりに

本章では，大学在学中および卒業後の資格取得や自己啓発について，大学入学時の学力，大学時代の授業経験，学習への取り組み姿勢といった教育関連の変数から捉えなおすことで，どのような人が資格取得や自己啓発へアプローチしにくいのかを検証した。

その結果，先行研究で示された中堅校以下の大学で，学位の差別化指標として職業資格が獲得されているという仮説は，本分析では検証できなかった。むしろ明らかになったのは，選抜度の極めて低い大学の卒業生に関しては，大学在学中であれ卒業後であれ，資格が取得されておらず，自己啓発にも取り組まれていないという状況である。1987年の臨時教育審議会の最終答申において，学歴社会による弊害の是正や生涯にわたる学習の成果を測る多元的な評価尺度の一つとして，公的職業資格への期待が示された。しかしながら，職業資格が一定の知識やスキルを身につけた証である以上，学力の高低によって取得のしやすさ／しにくさがあることは避けがたい。居神（2010：37）は，葛城（2007a, 2007b, 2007c）を引用しながら，「資格取得は「Fランク大学」の学生にとって，「自分の人間性に対する自信を回復する機会」であり，また「学習習慣や学習レディネス獲得のための教育機会」であるとするならば，それは単なるメリトクラティックな動機づけ以上の可能性があるかもしれない」と期待を示すが，本章脚注7に示したように，難易度低位校では，そもそも資格取得による自信の回復といった遠回りな方法をとっている余裕はなく，実際の雇用に結びつく公務員試験対策や教員採用試験対策といった形で就職対策に力を入れたいのかもしれない。しかし，資格取得によって得られる自信や達成感は，必ずしも合格によってのみ得られるわけではないだろう。資格取得という結果に結びつかなくとも，取得のための学習を通じて，その効用を感じているかもしれない。本データでは，結果として資格を取得できたかのみを問うているので，合否を問わない資格取得学習の効用については，別途，検証の機会をもちたい。

このように大学の選抜度の影響を減ずることはできなかったが，大学時代の授業経験の効果が軽視できないこともわかった。特に，卒業後の自己啓発に関して，大学時代の双方向授業の経験頻度が一定程度の影響を及ぼすという事実は，現在推進されており，また今後も推進されていくであろう，学生の主体的な授業参加を促す双方向授業が，卒業後の自主学習をも左右することを意味しており，大学教育の職業的レリバンスの証左といえよう。

【文　献】

青島祐子 1997,『ジェンダー・バランスへの挑戦―女性が資格を生かすには』学文社.

阿形健司 1998,「職業資格の効果分析の試み」『教育社会学研究』63: 177–197.

阿形健司 2010,「職業資格の効用をどう捉えるか」『日本労働研究雑誌』52(1): 20–27.

居神　浩 2010,「ノンエリート大学生に伝えるべきこと―「マージナル大学」の社会的意義」『日本労働研究雑誌』52(9): 27–38.

今野浩一郎・下田健人 1995,『資格の経済学―ホワイトカラー再生シナリオ』中央公論社.

上田信一郎・上田敏信・染野久美子 2004,『有資格者がホンネで教える これが資格で生きる道―「取っただけ」にしないための戦略的取得マニュアル』洋泉社.

上西充子 1999a,「企業による資格・検定の利用状況」日本労働研究機構編『職業能力評価および資格の役割に関する調査報告書』(調査研究報告書No.121), pp.130–150.

上西充子 1999b,「企業から見た資格・検定の分類と役割」日本労働研究機構編『職業能力評価および資格の役割に関する調査報告書』(調査研究報告書No.121), pp.152–188.

笠木恵司 2003,『価値ある資格 厳選200―2004年版』ダイヤモンド社.

河野志穂 2005,「大学における資格取得支援―経済・経営・商学系4年制私立大学の現状」(2004年度早稲田大学文学研究科教育学専攻提出修士論文).

葛城浩一 2007a,「第3章 大学生の資格意識の規定要因」山田浩之・葛城浩一編『現代大学生の学習行動』広島大学高等教育研究開発センター, pp.24–40.

葛城浩一 2007b,「第5章 Fランク大学の学生の学習意識」山田浩之・葛城浩一編『現代大学生の学習行動』広島大学高等教育研究開発センター, pp.57–68.

葛城浩一 2007c,「第6章 Fランク大学生の資格意識」山田浩之・葛城浩一編『現代大学生の学習行動』広島大学高等教育研究開発センター, pp.69–84.

自由国民社 2000,『国家試験資格試験全書2001』.

自由国民社 2004,『国家試験資格試験全書2005』.

筒井美紀 2006,「資格を取った方がいいですか―資格は「弱い」味方・序説」加茂直樹・小波秀雄・初瀬龍平編『現代社会―「当面する課題」』世界思想社, pp.4–23.

生田目康子 2000,「資格取得にみる学生の意識調査」『小松短期大学論集』12: 13–26.

樋口勝一・仁平征次 2014,「大学生の資格に対する意識についての考察」『追手門学院大学基盤教育論集』1: 1–14.

松本真作 2010,「職業に関する資格の現況と動向」労働政策研究・研修機構『我が国における職業に関する資格の分析―Web免許資格調査から 第1分冊』(労働政策研究報告書No.121), pp.49–78.

矢野眞和 2009,「教育と労働と社会―教育効果の視点から」『日本労働研究雑誌』51(7): 5–15.

山田浩之 2007,「第1章 学生の変貌」山田浩之・葛城浩一編『現代大学生の学習行動』広島大学高等教育研究開発センター, pp.1–10.

リクルート 2001,「就職白書2000」『就職ジャーナル』(2001年1月号): 26–43.

リクルートキャリア 2017,「就職白書2017」〈https://www.recruitcareer.co.jp/news/20150215_01.pdf（最終確認日：2018年7月6日）〉.

リクルートワークス研究所「大卒求人倍率調査」〈http://www.works-i.com/surveys/

graduate.html（最終確認日：2018 年 7 月 6 日）〉.

臨時教育審議会 1987,「教育改革に関する第 4 次答申（最終答申）」.

05 大学教育が現職で役立っていると感じるのは誰か

人文社会系の職業的レリバンスに関する潜在クラス分析

豊永耕平

　本章では，人文社会系出身者の主観的な職業的レリバンスの認知構造を潜在クラス分析によって推定し，専攻分野と大学での授業経験という大学教育の「中身」に着目してその規定要因を検証した。分析の結果，大学教育の「全てが役立っている」と感じている層は 20.6％にすぎない一方で，「全てが役立っていない」と感じている層は 42.2％にも達していた。ただし「部分的には役立っている」と感じている層も一定数存在しており，職業的レリバンスの認知構造にはグラデーションがあった。以上を踏まえて，主観的な職業的レリバンスの規定要因を探った結果，学校歴よりも専攻分野による違いが大きいことが確認され，強調すべき以下の 2 点も明らかになった。第一に，主観的な職業的レリバンスが高い傾向にあるのは女性・第 4 次産業従事者・学校教員だった。第二に，大学での授業経験もまた主観的な職業的レリバンスに大きな影響を与えていた。今後は「大学教育ができること」を議論することも必要といえる。

1 問題設定

　本章の目的は，「大学時代の教育経験が現職で役立っていると感じるか？」という主観的な職業的レリバンスの認知構造を潜在クラス分析によって推定し，その規定要因を明らかにすることである。特に，大学教育の「中身」として専攻分野と大学時代の授業経験に着目した分析を行い，職業的レリバンスについて考察を加える。

　戦後日本社会は，労働市場での訓練可能性は学校教育で身につけさせ，具体的な職業上の知識や技能は企業内の教育を通じて身につけさせるという，効率的分離が

成立しているとされてきた（矢野 1991）。しかしながら，こうした効率的分離に基づく学校から職業への移行は近年では変容をみせており，教育と職業の関連性（職業的レリバンス）を再検討する必要性が指摘されている（本田 2005）。第1章でも議論されたように近年では，人文社会系大学教育に「社会的要請」が求められるなど（文部科学省 2015），その職業的レリバンスの検証は重要な課題であるものの，そもそも人文社会系大学教育が本当に役立っていないのかは十分に実証されてこなかった。

　こうした要因の一つとしては，出身大学の学校歴（教育選抜）に大きな関心が集まってきたことが指摘できる。竹内（1995）は，能力が選抜システム自体によって社会的に構成されることを指摘し，教育システムの「中身」ではなく「かたち」が重要であることを議論している。こうした「かたち」としての学歴は職業と「密接」に関連するが，「なにを学んだか」は「無関係」といった教育と職業の関係性は「教育と労働の密接な無関係」とよばれ（濱口 2010），「かたち」としての学歴と客観的な職業の関連には大きな関心が払われてきた（平沢 2011）。その一方で学歴の「中身」に関する議論は日本の実証研究では見逃されてきたのである（豊永 2016）。

　大学教育の職業的レリバンスに関する実証研究が不足しているもう一つの要因としては，職業的レリバンス自体を測定することが難しいということも指摘できる。大学教育の職業的レリバンスには，選抜カップリング（学校歴と企業規模の関連）と専門カップリング（大学教育と職業内容の関連）の二つの軸があり，先述のような背景もあって後者の検討が不足していることが問題視されている（小方 1998）。とりわけ，前者については学校歴と企業規模という具体的で客観的な変数を用いて議論できる。しかしながら，後者については大学教育の「中身」とはそもそも何で，どのような状態が観察できれば職業との関連性があることになるかが曖昧で恣意的になってしまうという問題がある（平沢 2005）。このような測定上の問題もあるため，大学教育の「中身」に関する議論は行われにくかったと考えられる。

　そこで本章は，大学教育の「中身」として専攻分野と大学での授業経験に着目し，それが「大学教育が現職で役立っていると感じるか？」という主観的な職業的レリバンスにどのような影響を与えているのかを明らかにする。客観的なレリバンスを測定することは難しく，このような視角は「大学教育が職場で「役立っている」か「役立っていないか」という表層的な議論」（小方 1998：14）であるかもしれない。しかしながら，こうした「表層的な」分析も十分になされないままに「人文社会系は役立たないだろう」というイメージだけで政策的議論が進んでいることもまた事実

であり，高等教育政策に対する世論の重要性も議論されてきた（矢野他 2016）。したがって人文社会系の大学教育を経験した人びとが，①主観的な職業的レリバンスをどのように認知しており，②大学教育経験が役立っていると感じているのは誰で，③大学教育の「中身」とどのように関連するのかを検証することは，第 6 章で検討される「大学教育に対する世論形成」を議論するうえでも重要な検討課題である。

　本章の構成を説明する。第 2 節では，主観的な職業的レリバンスの認知構造を潜在クラス分析によって推定し，人文社会系大学教育の現職での役立ち感の認知構造と構成割合を明らかにする。第 3 節では，主観的な職業的レリバンスの規定要因を潜在クラス多項ロジスティック回帰分析から検討し，大学教育が現職で役立っていると感じているのは誰で，どのような授業経験が意味をもっているのかを検証する。以上を踏まえて第 4 節では，本章の分析から得られた知見をまとめて議論を行う。

　本章で分析に使用するデータは，「社会人調査」である。データの詳細は，第 1 章の説明を参照されたい。マクロミル社のインターネットモニターのうち，人文社会系の各分野から 150 人程度の回答が得られるようにサンプリングが行われ，合計 2,066 名から回答を得ている。本章の分析では主観的な職業的レリバンスの解釈を容易にするため，海外の大学出身者や，現職の従業上の地位が経営者・自営を除外している。そのため，国内 4 年制大学を卒業した被雇用者の大卒男女（1,730 名）が分析対象となる。分析に使用する独立変数の記述統計量を，表 5-1 に示した。

　本章の主眼となる独立変数は，専攻分野と大学での授業経験である。専攻分野は，法・政治学系専攻，経済・経営系専攻，社会学系専攻，人文系専攻，教育・心理系専攻の 5 カテゴリーから検討する。授業経験は，ディスカッション型（議論やグループワークなど学生が参加する機会がある授業）とレリバンス型（学んでいる内容と将来の関わりについて考えられる授業）の二つの特徴的な授業経験に着目し，「よくあった」「ある程度あった」場合を指すダミー変数として設定した。こうした授業経験は，これまでの大学教育で全体としてどれくらい経験したかという回顧的評価にすぎない点では限界があるものの [1]，大学教員が創意工夫できる大学教育の「中身」と主観的な職業的レリバンスの関連を探る一助となりうると考えられる。

　それ以外にも，性別，年齢，居住地（首都圏・関西圏・愛知・福岡を大都市圏），

---

[1] ここでの授業形式は，どの時点（学年）での授業経験なのかは不明であり，必修科目と選択科目も混同して調査されているため，特定の授業形式を熱心に履修している場合にはバイアスがある点に注意が必要である。しかしながら，シラバスに授業形式が明示されることは多くはないと考えられるため，そうしたバイアスは少ないものと仮定した。

表 5-1 分析に使用する変数の記述統計量

変　数		平均値	変　数		平均値
性　別	女　性	0.659	従業上の地位	正規雇用	0.703
年　齢	20代後半	0.475		非正規雇用	0.297
	30代前半	0.525	企業規模	999人以下	0.649
居住地	非大都市圏	0.334		1,000–4999人	0.122
	大都市圏	0.667		5,000人以上	0.154
両親の学歴	両親非大卒	0.446		官公庁	0.075
	一方大卒	0.350	学校歴	国公立大学	0.216
	両親大卒	0.204		私立大学A群	0.217
勤続年数		5.612		私立大学B群	0.216
離職回数	初職継続	0.701		私立大学C群	0.351
	離職回数1回	0.162	専攻分野	法・政治学系専攻	0.193
	離職回数2回以上	0.136		経済・経営系専攻	0.218
産　業	第1次・2次産業	0.142		人文系専攻	0.257
	第3次産業	0.422		社会学系専攻	0.111
	第4次産業	0.201		教育・心理系専攻	0.221
	その他の産業	0.236	授業経験	ディスカッション型	0.489
現　職	販売職	0.208		レリバンス型	0.374
	事務職	0.699			
	サービス職	0.061			
	専門職（教員）	0.071			
	専門職（教員以外）	0.073			
	その他	0.096			

注）$n = 1730$

両親学歴，離職回数，現職，企業規模，産業，学校歴などを使用した。第1次・2次産業とは，農林水産業・製造業・建設業を指す。第3次産業はエネルギー・卸売小売・金融・サービス・飲食宿泊・運輸・住宅不動産に関する業種を指し，第4次産業はマスコミ・情報・ソフトウェア・教育学習に関する業種を指す。学校歴は，私立大学A群からC群にかけて入試選抜度が低くなるように設定している。

2　大学教育の職業的レリバンスの認知構造

2-1　人文社会系大学教育は現職で役立っているのか

人文社会系の大学教育を経験した大卒者は本当に「大学時代の経験が現職で役立

05 大学教育が現職で役立っていると感じるのは誰か　93

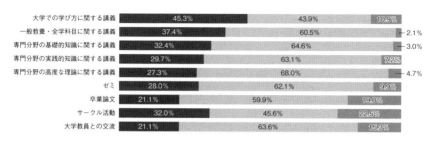

注）行%. $n=1730$.
役立っている：とても（やや）役立っている／役立っていない：まったく（あまり）役立っていない

図 5-1　大学教育の現職での役立ち感

っていない」と主観的にそのレリバンスを評価しているのだろうか。大学時代の教育経験に関する主観的な職業的レリバンスについての集計結果を図5-1に示した。

図5-1からは，大学時代の経験が「現職で役立っている」と感じている割合は全体的にかなり少なく，全ての項目で肯定率が半数を下回っていることがわかる。特に，専門分野の基礎的な知識，実践的な知識，理論的な知識に関する講義経験は「役立っていない」が6割を超えている。ゼミや卒業論文に関する役立ち感もまたかなり低く，むしろ学び方に関する講義の役立ち感が高いこともわかる（45.3%）。

こうした結果は，客観的には現職で役立っているのにもかかわらずネガティブな評価を行っている可能性や，職業的レリバンスを「誤認」したものによる可能性も否定できない。しかしながら，少なくとも主観的な意味では人文社会系大学教育の職業的レリバンスは低く，自らが4年間経験してきた大学教育の現職との関連をネガティブに評価する割合が圧倒的に高いことは確かである。専門分野の高度な理論に関する講義は27.3%が役立っていると感じているにすぎない一方で，大学での学び方に関する講義は45.3%が役立っていると感じており，大学教育内容の専門性が高まるほど主観的な職業的レリバンスは低くなっていることが読み取れる。

ただし本調査データは厳密には無作為抽出ではなく，各分野間でサンプルサイズが均等になるようにサンプリングが行われている点に注意が必要である。実際の文系大卒者では，社会科学系出身者が相対的に多数を占める一方で，人文系出身者や教育系出身者は相対的に少ない（文部科学省 2017）。専攻分野との関連は後述するものの，教育・心理系出身者と比較して社会科学系出身者ほど主観的な職業的レリ

バンスが低いことが推測されるため，実際には「役立っていない」はさらに多くなると考えられる。重要なことは，「役立っていない」が多いと考えられる社会科学系出身者の影響を過小評価し，「役立っている」が多いと考えられる教育・心理系出身者の影響を過大評価している本調査データの特性を考慮してもなお，人文社会系大学教育の主観的な職業的レリバンスは全体的にかなり低いということである。

■ 2-2　主観的な職業的レリバンスの認知構造

　以上を踏まえたうえで，主観的な職業的レリバンスの認知構造を潜在クラス分析によって推定する。潜在クラス分析は，名義尺度や順序尺度からなる変数群に対して「少ないパラメータでこれらの情報を集約・類型化し，加えてその類型への所属にどのような要因が影響しているのかを明らかにすることが可能である」（藤原他 2012：44）。そのため，人文社会系大学教育の主観的な職業的レリバンスの認知構造（認知パターン）とその規定要因を明らかにする本章の目的に適している。

　本章では，大学教育の「中身」として大学での授業経験にも着目する目的から，図5-1で確認した役立ち感のうち，大学での講義科目（大学での学び方〜専門分野の高度な理論）に限定し，主観的な職業的レリバンスの認知構造を検証する[2]。繰り返しになるが，本章が分析する「大学教育の職業的レリバンス」とは，①人文社会系大学教育の，②講義科目に関する，③主観的な職業的レリバンスである。ゼミや卒業論文に関する検討は，第2章と第7章の議論を参照されたい。

　潜在クラス分析の結果，AIC基準でもBIC基準でも4クラスモデルが採択された。その結果を，表5-2に示した。項目応答確率を確認すると，講義科目の主観的な職業的レリバンスの認知構造が比較的きれいな形で確認できる。Class 1は，基礎・専門科目の全てが現職で役立っていると感じており（全て肯定），全体の20.6%が該当する。Class 2は，全てが現職で役立っていないと感じており（全て否定），Class 1の倍の42.2%が該当する。Class 3は，基礎科目だけが役立っていると感じており（一般のみ），全体の27.8%が該当する。Class 4は，専門科目だけが役立っていると感じており（専門のみ），全体の9.4%しか該当しない。

---

2) 図5-1に示した通り，講義経験に関して「経験なし」と回答している層が存在する。しかしながら，必修とされることが多い講義科目が本当に「経験なし」であるとは想定しにくい。そのため，「経験なし」は「役立っていない」ものとみなして分析を行った。履修したことを覚えておらず「経験なし」と考えているものは「役立っていない」に等しいものと扱うこととした。

05 大学教育が現職で役立っていると感じるのは誰か　　*95*

表5-2　潜在クラスの推定結果（4クラスモデル）

		Class 1	Class 2	Class 3	Class 4
クラス構成割合		0.206	0.422	0.278	0.094
項目応答確率	大学での学び方に関する講義	0.898	0.130	0.631	0.397
	一般教養・全学科目に関する講義	0.917	0.004	0.559	0.299
	専門分野の基礎的知識に関する講義	0.958	0.005	0.156	0.859
	専門分野の実践的知識に関する講義	0.969	0.009	0.094	0.714
	専門分野の高度な理論に関する講義	0.932	0.012	0.047	0.662

注）4クラスモデルの結果を示した。モデル適合度は以下の通り。
　AIC（Class）：10991.24（1）8180.44（2）8018.35（3）7954.21（4）7957.18（5）
　BIC（Class）：11018.52（1）8240.46（2）8111.10（3）8079.69（4）8115.40（5）

　こうした潜在クラス分析の結果で重要なことは，職業的レリバンスの認知構造にはグラデーションがあるということである。図5-1の単純集計の結果からは大学教育の現職との関連をネガティブに評価する割合が圧倒的に高いことが読み取れた。もちろん表5-2からも，大学での講義科目の「全てが役立っていない」と評価している類型は42.2%にも達している一方で，「全てが役立っている」と評価している類型が20.6%にすぎないことは事実である。しかしながら，「一般科目だけは役立っている」「専門科目だけは役立っている」という類型も一定数は存在しており，専門より一般科目を肯定的に評価する類型の方が多いのである（9.4%＜27.8%）。

　こうした結果は，大学教育が「部分的には」役立っていると感じている層が全体の37.2%は存在しており（Class 3＋Class 4），Class 2以外の全体の57.8%は何らかの形で大学教育が役立っていると感じていることを意味している。重要なことは，先述のような「役立っていない」層の影響を過小評価するバイアスがあってもなお，「全てが」役立っていないと感じる類型が42.2%にも達していることは確かだが，「部分的には」役立っていると感じる類型もまた一定数は存在しているということである。人文社会系大学教育の職業的レリバンスの認知構造は「全体として役立っているか否か」という0か100かの単純な構造ではないことが明らかになった。

3　大学教育が現職で役立っていると感じるのは誰か

■ 3-1　学校歴・専攻分野は主観的レリバンスを左右するのか
　では結局のところ，大学教育が現職で役立っていると感じるのは誰なのだろうか。

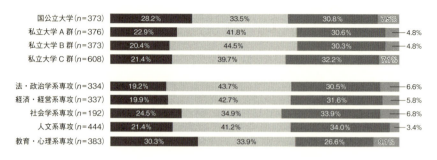

注）行%. $n=1730$.
学校歴：$\chi^2(d.f.)=16.811(9)$. $Pr=0.052$. ／専攻分野：$\chi^2(d.f.)=35.56(12)$. $Pr=0.000$.

図5-2　学校歴・専攻分野と潜在クラスの関連

　これら四つのクラスへの所属の規定要因を探るために，主観的な職業的レリバンスに関する潜在クラスと学校歴・専攻分野の関連を図5-2に示した。

　潜在クラスと学校歴の関連を確認すると，国公立大学出身者は他に比べ「全て肯定」がわずかに多いものの（28.2%），入試難易度の高い私立大学出身者もまた「全て肯定」になりやすいわけではなく（22.9%），それと比べて入試難易度の低い私立大学出身者（C群）が「全て肯定」になりにくいわけでもない（21.4%）。さらに，入試選抜度の低い私立大学出身者ほど「全て否定」になりやすいわけでもない（39.7%）。こうした結果は，主観的な職業的レリバンス（各クラスへの所属確率）が「どのような大学出身か（学校歴）」によって特定の傾向をもつわけではないことを意味している。

　その一方で専攻分野との関連を確認すると，学校歴の場合とは異なり，統計的に有意な関連が確認できる。このことは，主観的な職業的レリバンス（各クラスへの所属確率）は学校歴というよりも「どのような学部出身か（専攻分野）」という「専門カップリング」によって決まっていることを意味している。教育・心理系出身者が「全て肯定」になりやすいことと比較して（30.3%），法・政治学系や経済・経営系出身者は「全て肯定」になりにくい（v.s.19.2%／19.9%）。また，教育・心理系出身者が「全て否定」になりにくいことと比較しても（33.9%），法・政治学系や経済・経営系出身者は「全て否定」になりやすい（v.s.43.7%／42.7%）。人文系出身者も「全て肯定」にはなりにくい一方で（21.4%），「全て否定」になりやすい（41.2%）。その一方で社会学系出身者は，相対的に「全て肯定」になりやすいといえる（24.5%）。

■3-2 大学教育が現職で役立っていると感じるのは誰か

　基礎分析を踏まえて主観的な職業的レリバンスの認知構造を潜在クラス多項ロジットで推定した結果を示すと表5-3のようになり（Model 1），以下の3点が明らかになった。第一に，男性と比べて女性の方が大学教育の主観的なレリバンスが高い。こうした結果は，現職や従業上の地位などの交絡要因を統制したうえでも確認できる結果であることから，現職の状況とは独立して女性は大学での教育経験をポジティブに評価しやすいことが推測される。女性は男性と比べて4年制大学に進学しない者も多いため（文部科学省 2017），仮に女性が4年制大学に進学した場合には，それに応じて職業的なレリバンスがポジティブに評価されるようになると考えられる。

　第二に明らかになったことは，主観的なレリバンスには従事する産業の影響もあるということである。産業の効果を確認すると，卸売小売・金融・サービス業などの第3次産業に従事している場合よりも，情報通信・マスコミ・ソフトフェアなどの第4次産業に従事している場合には「全て肯定」「一般のみ」になりやすいことが読み取れる。このことは，近年の知識社会化のなかで重要性が増している知識集約型の産業（第4次産業）においては，人文社会系出身であったとしても大学教育の「中身」が意味をもっていることを意味している。産業間の客観的な職場状況の違いは観察できないが，少なくとも知識集約型の第4次産業に従事する人文社会系出身者の主観的な職業的レリバンスが高いことは確かである。

　第三に明らかになったことは，主観的な職業的レリバンスが高い職業は「専門職（教員）」だけということである。すなわち，「大学教育が現職で役立っている」と感じやすいのは，①女性，②第4次産業従事者，③学校教員のいずれかの場合なのである。職業に関する変数を統制すると基礎分析で確認できた専攻分野間の違いも確認できなくなることから[3]，専攻分野間での「専門カップリング」が主観的な職業的レリバンスを規定していると考えられる。教育系出身者が「全て肯定」になりやすかったのは学校教員になりやすいからであり，経済・経営系出身者が「全て否定」になりやすかったのは事務職になりやすいからと推測される。

---

3) 潜在クラス多項ロジスティック回帰分析では，潜在変数を顕在変数化するために個人を一つのクラスに割り当てるために生じた誤差によって，説明変数の効果が過小に評価される傾向にあることも指摘されている（Clark and Muthén 2009）。しかしながら本章の分析は，現職の職種，産業，企業規模など客観的な職場状況の変数を多く投入していることから，それらの影響を統制してもなお，専攻分野が独自の影響力をもつとは考えにくいと判断した。

表 5-3　主観的レリバンスの規定要因（潜在クラス多項ロジット：Model 1）

独立変数		基準：全て否定					
		全て肯定		一般のみ		専門のみ	
		Coef.	*S.E.*	*Coef.*	*S.E.*	*Coef.*	*S.E.*
切　片		-0.668*	0.335	-0.371	0.298	-3.547***	0.592
性　別 （基準：男性）	女　性	0.360*	0.156	0.657***	0.143	0.537*	0.260
年　齢 （基準：20代後半）	30代前半	-0.059	0.153	-0.137	0.138	-0.295	0.255
居住地 （基準：非大都市圏）	大都市圏	-0.275	0.147	-0.183	0.132	0.444	0.249
両親の学歴 （基準：第一世代）	一方大卒	-0.284	0.155	-0.018	0.132	-0.126	0.237
	両親大卒	0.141	0.172	-0.295	0.166	-0.359	0.309
勤続年数		-0.027	0.024	-0.028	0.021	0.054	0.036
離職回数 （基準：初職継続）	離職回数1回	-0.173	0.194	-0.092	0.172	-0.143	0.323
	離職回数 2回以上	-0.078	0.221	0.059	0.194	0.212	0.335
現　職 （基準：事務職）	販売職	-0.129	0.191	0.072	0.164	-0.105	0.320
	サービス職	-0.385	0.331	0.052	0.251	-0.536	0.563
	専門職（教員）	1.569***	0.336	-0.164	0.391	1.614**	0.483
	専門職（教員以外）	0.273	0.268	0.147	0.250	0.392	0.428
	その他	-0.170	0.242	-0.335	0.221	-0.036	0.381
従業上の地位 （基準：正規雇用）	非正規雇用	-0.301	0.163	-0.463**	0.145	-0.146	0.258
企業規模 （基準：999人以下）	1,000–4,999人	0.231	0.211	0.030	0.187	-0.169	0.372
	5,000人以上	0.185	0.194	0.001	0.171	-0.083	0.329
	官公庁	-0.031	0.274	0.019	0.256	-0.288	0.411
産　業 （基準：第3次産業）	第1次・2次産業	0.188	0.211	0.137	0.183	-0.606	0.437
	第4次産業	0.802***	0.216	0.638**	0.197	0.200	0.367
	その他の産業	0.368	0.196	0.312	0.171	0.486	0.296
学校歴 （基準：私立大学A群）	国公立大学	0.083	0.211	0.121	0.192	0.489	0.353
	私立大学B群	-0.043	0.204	0.015	0.181	0.034	0.363
	私立大学C群	-0.056	0.195	0.127	0.172	0.435	0.330
専攻分野 （基準：人文系）	法・政治学系専攻	-0.067	0.210	-0.024	0.181	0.799*	0.372
	経済・経営系専攻	0.046	0.201	0.057	0.174	0.689	0.366
	社会学系専攻	0.254	0.238	0.144	0.211	0.849*	0.413
	教育・心理系専攻	0.054	0.200	-0.176	0.181	0.708*	0.350
McFadden擬似決定係数		0.057					
-2Loglikelihood		4046.639					
n		1730					

注）* : $p<.05$,　** : $p<.01$,　*** : $p<.001$

ところで，専攻分野の効果を確認すると，人文系よりも法・政治学系や社会学系出身者ほど「専門のみ」になりやすいことが読み取れる。逆をいえば，人文系の出身者は「専門科目だけが現職で役立っている」とは感じにくいのである。ここでの効果は客観的な職場状況・職歴を統制したうえでの効果であるが，可能性としては，以下の二つが考えられる。一つは，人文系出身者ほど客観的な職場状況とは関係なく「人文系専門教育は役に立たない」とネガティブなイメージをもちやすい可能性である。もう一つは，今回の分析で統制できなかった何らかの客観的な職場状況によって，人文系専門教育の役立ち感が本当に感じられにくい可能性である。いずれの可能性にせよ，人文系出身者ほど専門科目の主観的な職業的レリバンスをネガティブに評価しやすいことは事実であり，「人文系は役に立たない」という社会的なイメージを内面化した「人文系バイアス」と，人文系専門教育の役立ち感を本当に感じにくい職場状況の両方が人文系出身者に影響していると考えられる。

■ 3-3　どのような授業経験が意味をもっているのか

では，どのような授業経験が主観的な職業的レリバンスの認知構造に影響を与えているのだろうか。大学教員が創意工夫可能な特徴的な授業形式である「ディスカッション型」「レリバンス型」の二つの授業経験に着目し，表5-3の分析に追加投入した結果を，表5-4に示した。紙幅の関係から交互作用項の検証で用いる変数以外の結果は省略し，「一般のみ」「専門のみ」に対する分析結果の掲載も省略している[4]。Model 2a と Model 3a がディスカッション型授業経験に関する分析であり，Model 2b と Model 3b がレリバンス型授業経験に関する分析である。

Model 2a に追加投入してるディスカッション型授業経験を確認すると，大学時代の授業経験も主観的な職業的レリバンスに無視しえない影響を与えており，議論やグループワークなど学生が参加する機会がある授業を多く経験していると，「全て否定」よりも「全て肯定」になりやすいことが読み取れる（1.376）。以上を踏まえてディスカッション型授業経験と専攻分野との交互作用項を検証した Model 3a を確認すると，いずれの交互作用項も統計的に有意ではなく，ディスカッション型授業経験は専攻分野によらずにポジティブな影響をもたらしているといえる。人文系

---

4) 分析結果の掲載は省略したが，「一般のみ」「専門のみ」などの「部分的には役立っている」という類型への所属確率にも大学時代の授業経験は無視しえない影響を与えていた。交互作用項も「全て肯定」とほとんど変わらなかった。

表 5-4　授業経験と専攻分野の交互作用項の検証（Model 2・Model 3）

独立変数		全て肯定（基準：全て否定）							
		Model 2a		Model 3a		Model 2b		Model 3b	
		Coef.	S.E.	Coef.	S.E.	Coef.	S.E.	Coef.	S.E.
専攻分野（基準：人文系）	法・政治学系専攻	0.054	0.216	-0.131	0.313	-0.359	0.228	-1.130**	0.355
	経済・経営系専攻	0.219	0.208	0.004	0.298	-0.372	0.219	-0.802*	0.339
	社会学系専攻	0.073	0.245	0.153	0.446	-0.198	0.258	-1.317*	0.560
	教育・心理系専攻	-0.050	0.207	-0.189	0.328	-0.361	0.218	-1.070*	0.359
授業経験（基準：経験少ない）	ディスカッション型	1.376***	0.145	1.154***	0.276				
	レリバンス型					2.220***	0.157	1.325***	0.285
交互作用項	法・政治学系専攻×授業経験			0.410	0.427			1.713**	0.487
	経済・経営系専攻×授業経験			0.430	0.412			0.922*	0.449
	社会学系専攻×授業経験			-0.141	0.534			1.596*	0.657
	教育・心理系専攻×授業経験			0.297	0.412			1.257**	0.461
McFadden 擬似決定係数		0.080		0.082		0.114		0.122	
-2Loglikelihood		3948.626		3939.037		3800.885		3768.430	
n		1730							

注 1）*：$p<.05$, **：$p<.01$, ***：$p<.001$
注 2）表5-3（Model 1）で検討した他の独立変数の結果は省略している。

出身者での効果を示したディスカッション型授業の主効果も統計的に有意であることから（1.154），大学時代の特徴的な授業経験もまた主観的な職業的レリバンスに対して無視しえない役割を果たしていることが明らかになった。学生同士で議論やグループワークをすると，将来との関連が明確になりやすいのかもしれない[5]。

　以上を踏まえて Model 2b に追加投入しているレリバンス型授業経験を確認すると，レリバンス型授業経験もまた主観的な職業的レリバンスに大きな影響を与えていることが確認できる（2.220）。こうした分析結果は，ある意味当然の結果であるが，本章の主眼は授業経験がもたらす専攻分野間での違いを明らかにすることにある。レリバンス型授業経験と専攻分野との交互作用項を検証した Model 3b を確認するといずれの交互作用項も統計的に有意な水準に達しており，人文系出身者に対してレリバンス授業経験の効果は，法・政治学系専攻（1.325＋1.713＝3.038），経済・経

5）こうした分析結果の解釈としては，以下の2通りが考えられる。学生同士で議論することそれ自体が意義をもっている可能性と，議論することで学問内容に対する理解が深まる可能性である。いずれにせよ，ディスカッション型授業が主観的な職業的レリバンスに大きな影響を与えていることは確かである。

営系専攻（1.325＋0.922＝2.247），社会学系専攻（1.325＋1.596＝2.921），教育・心理系専攻（1.325＋1.257＝2.582）で大きくなっている。現に，専攻分野の主効果は全ての専攻分野でマイナスになっており，そうした専攻分野では人文系専攻以上にレリバンス型授業経験が重要な役割を果たしていることが推測される。

4 結　　論

　本章では，人文社会系の主観的な職業的レリバンスの認知構造を潜在クラス分析によって推定し，各クラスへの所属確率に影響する要因を，特に専攻分野と大学での授業経験という大学教育の「中身」に着目して検証することを通じて，人文社会系大学教育が本当に役立っていないのかどうかを実証的に検討してきた。

　人文社会系の職業的レリバンスに関する潜在クラス分析からみえてきたことは，大学での講義経験の「全てが」役立っていると感じている類型は20.6%にすぎない一方で，「全てが」役立っていないと感じている類型が42.2%にも達しているということであった。ただし「部分的には」役立っていると感じている類型も一定数存在しており，人文社会系の職業的レリバンスの認知構造にはグラデーションがあり，「全体として役立っているか否か」の単純な構造ではないことが明らかになった。

　そして「大学教育が現職で役立っていると感じるのは誰か」を検討するために，各クラスへの所属確率に影響する要因を探った結果，主観的な職業的レリバンスは「どのような大学出身か（学校歴）」ではなくて「どのような学部出身か（専攻分野）」によって決まっていることが確認できた。すなわち，入試選抜度の高い大学出身者ほど役立っていると感じやすいわけでもなく，また入試選抜度の低い大学出身者ほどレリバンスを低く認知するわけでもないのである。特に，法・政治学系や経済・経営系出身者の主観的な職業的レリバンスは低いのに対して，教育・心理系出身者ほど主観的な職業的レリバンスが高い傾向にあることも明らかになった。以上を踏まえて多変量解析を行った結果，強調すべき以下の2点の結果が得られた。

　第一に，主観的な職業的レリバンスが高い傾向にあるのは，①女性，②第4次産業従事者，③学校教員であった。それ以外の職歴や勤続年数，企業規模などの現在の職業に関する要因はほとんど影響しておらず，交絡要因を統制すると専攻分野の違いも確認できなくなった。ただし，人文系出身者だけは客観的な職場状況を統制したうえでも「専門科目だけが現職で役立っている」とは感じにくく，「人文系専門科目は役に立たない」という社会的なイメージを内面化した「誤認」と本当に役立

っているとは感じにくい職場状況の両方が主観的なレリバンスにネガティブな影響を与えている可能性が示唆された。このことは，人文系出身者の主観的な職業的レリバンスには客観的な職場状況を離れた単なるイメージによる「人文系バイアス」がかかりやすいことも意味している。

　第二に，大学での授業経験もまた主観的な職業的レリバンスに無視しえない影響を与えていた。特徴的な授業経験であるディスカッション型（議論やグループワークなど学生が参加する機会がある授業）・レリバンス型（学んでいる内容と将来の関わりについて考えられる授業）のいずれに関しても，主観的な職業的レリバンスにポジティブな影響を与えていた。ディスカッション型授業経験によるポジティブな影響は専攻分野間で違いはない一方で，レリバンス型授業経験によるポジティブな影響は，人文系出身者にも無視しえない影響を与えていたものの，それ以上に法・政治学系や社会学系専攻などで大きな影響力をもっていた。こうした結果が示しているのは，主観的な職業的レリバンスの向上に大学での授業にできることも少なくはないということである。少なくとも，学生自ら議論する機会を与えたり，卒業後の社会生活との関わりについて考えさせるような特徴的な授業経験によっても，人文社会系出身者の主観的な職業的レリバンスは高くなることが示されたのである。

　以上の分析結果からみえてくることは，人文社会系の大学教育を経験した人びとの主観としては，人文社会系の大学教育が「完全に」役立っていないわけではないということである。もちろん，調査データの特性を考慮してもなお，人文社会系大学教育の「全てが」役立っていないと感じている層は大多数を占めており重要な課題である。しかしながら繰り返しにはなるが，何らかの形では役立っていると感じている層も一定数存在しており，近年の知識社会化のなかで重要性が増している知識集約型の産業（第4次産業）に従事する人文社会系出身者の主観的な職業的レリバンスが高いことも事実である。授業経験自体が主観的な職業的レリバンスに無視しえない影響を与えていることも踏まえれば，「人文社会系は役立たないだろう」という漠然とした大学教育のイメージから議論するのは適切ではなく，人文社会系の大学教育が役立っている（役立っていない）部分はどこなのかを検証し，大学教育ができることを議論していくこともまた今後の重要な課題となるだろう。

　最後に本章の限界と今後の課題を述べる。本章の限界は，あくまでも「主観的な」職業的レリバンスを検討したにすぎないということである。主観的な職業的レリバンスの検討は客観的な職業的レリバンスを検討する鍵となり，高等教育政策に対する世論形成の点でも重要であるというのが本章の基本的な立場である。しかし

ながら客観的な意味での職業的レリバンスを検討することが本来の重要な課題であり，人文社会系以外の理系の大卒者も含めて検討することもまた，今後は必要である。今後の研究には，「職業的レリバンス」の測定可能性などの方法論的課題も含めて教育システムの「中身」を議論することが求められるだろう。

　以上のような限界はあるものの，教育システムの「かたち」と職業の関連についての議論が多く蓄積されているなかで，「中身」について検討した本章の意義は決して小さくないはずである。近年の高等教育政策に適切に応答していくうえでもレリバンスの検討は重要な課題であり，本章の議論は大学教育の主観的な職業的レリバンスに関する今後の研究の礎石となるだろう。

【文　　献】

小方直幸 1998,『大卒者の就職と初期キャリアに関する実証的研究―大学教育の職業的レリバンス』広島大学大学教育研究センター.

竹内　洋 1995,『日本のメリトクラシー―構造と心性』東京大学出版会.

豊永耕平 2016,「大学での専攻分野を通じた不平等生成メカニズムに関する研究動向―社会階層と専攻分野の関連に着目して」『東京大学大学院教育学研究科紀要』56: 129–138.

濱口桂一郎 2010,「教育と労働の密接な無関係の行方」『労基旬報』1445.

平沢和司 2005,「大学から職業への移行に関する社会学的研究の今日的課題」『日本労働研究雑誌』47(9): 29–37.

平沢和司 2011,「大学の学校歴を加味した教育・職業達成分析」石田　浩・近藤博之・中尾啓子編『階層と移動の構造』東京大学出版会, pp.155–170.

藤原　翔・伊藤理史・谷岡　謙 2012,「潜在クラス分析を用いた計量社会学的アプローチ―地位の非一貫性，格差意識，兼主義的伝統主義を例に」『年報人間科学』33: 43–68.

本田由紀 2005,『若者と仕事―「学校経由の就職」を超えて』東京大学出版会.

文部科学省 2015,「国立大学改革について」〈http://www.mext.go.jp/a_menu/koutou/houjin/1341970.htm（最終確認日：2018 年 7 月 6 日）〉.

文部科学省 2017,「学校基本調査」〈http://www.mext.go.jp/b_menu/toukei/chousa01/kihon/1267995.htm（最終確認日：2018 年 7 月 6 日）〉.

矢野眞和 1991,『試験の時代の終焉―選抜社会から育成社会へ』有信堂高文社.

矢野眞和・濱中淳子・小川和孝編 2016,『教育劣位社会―教育費をめぐる世論の社会学』岩波書店.

Clark, S. L. and B. Muthén 2009, Relating latent class analysis results to variables not included in the analysis. 〈http://www.statmodel.com/download/relatinglca.pdf（最終確認日：2018 年 7 月 6 日）〉

06 大学教育への否定的評価再考

パーソナルな「無駄」観とソーシャルな
「不要」観に注目して

香川めい

大学教育は実際には有益なのになぜ人びとは否定的評価を下すのか。本章は，パーソナルな「無駄」観とソーシャルな「不要」観を軸に，大学に関する他の諸変数との布置関係，そして，職業的レリバンス認識との関連を検討することでこの問いに取り組む。そもそも「無駄」観と「不要」観には関連がなく，職業的レリバンス認識との関連も弱いことから，これら3変数が一般に想定される関係にないことが示唆される。そのうえで，大学生活や大学への意識の多重対応分析を行い，レリバンス認識との関連も検討した。大学教育に否定的評価が下され続けるのは，第一に，職業的レリバンス認識があくまでも個人的な経験として処理されていて否定的評価に対する強い違和感につながらないこと，第二に，大学教育が仕事に役立っている層のソーシャルな側面での不満が高く，大学一般の肯定的な評価につながりにくいこと，これら二つが補強し合うからであると考えられる。

1 大学が「役立たない」認識は否定的評価に結びつくのか

人びとの大学，特に学業面における大学の評価は決して高くないことがしばしば指摘されてきた。平たくいえば，「大学に行くのは大卒という学歴を得るためで，大学の授業はムダ，サークル活動やバイト経験などの社会経験を積む方が有益だ」というとらえ方である。大学教育への否定的な評価はそれにとどまらない。本書第1章で論じられたように，日本の人文社会科学系大学教育の評価は，現在危機的状況にある。

いわゆる文系学問への世間の目が冷たいのは，それが「役立たない」とみなされているからである。吉見俊哉は，2015年の「国立大学文系学部廃止」にまつわる騒動の背景にある最も根本的な理由に，「文系学部で学んだことは就職に有利ではないしお金にならないから役立たないのだという「常識」が形成され」「〔それを〕信じ込んでしまっている状況が，広く国民一般に成立してしまった」（吉見 2016：27，〔 〕内筆者）ことを挙げている。

このような議論にみられる大学教育が否定されるべき状況を成立させ，その評価を正当化するのは「(仕事に) 役立つ／役立たない」という軸である。単純化していえば，評価が高くなるのは「役立つ」からであり，低くなるのは「役立たない」からだ，という対応関係で議論は組み立てられる。本章で検討したいのは，人びとの認識のなかで，大学や大学教育に対する評価と「役立つ／役立たない」の軸との間に想定されている関連がみられるのかということである。言い換えれば，「役立つ／役立たない」ことが大学（教育）を評価する際の重要な判断基準となっているのか，そのものを問い直したい。

大学を否定的にとらえる意識には少なくとも二つの側面がある。大学教育を経験した人が自身の大学経験を振り返って「無駄」だったととらえるパーソナルな側面，そして，社会にとっての大学が「多すぎる」とか「不要だ」ととらえるソーシャルな側面である。本章の冒頭に挙げた「大学の授業は無駄」という言明はどちらかといえばパーソナルな側面を指し，「文系学部は不要だ」にみられる立場はソーシャルな側面に軸足を置いている。

両者の違いは大学教育の費用負担に関する議論で指摘されてきた。そこでは，大学に通うことによって得られる便益が個人に帰属するのであれば，その費用は個人によって担われるべきであるが，仮に大学に通うことによって得られる便益が個人に還元されるものを上回り，社会にとっても有益であるのであれば，その費用を社会が負担することが正当化される。問題は「便益」をどのようにして計測するかであるが，一つの有効な手法として収益率を算出する方法が用いられてきた（矢野 2015）。矢野眞和らは長年，日本のデータを用いてさまざまな場合の収益率を計算してきたが，そこでは繰り返し大学の収益率はプラスであるとの知見が得られてきた（矢野 2001, 2015 など）。矢野らの研究以外でも，関心の中心となる変数は異なるとはいえ，大学の収益率が高いという結果は安定して得られてきている[1]。矢野らはさらに，大学での学習熱心度が卒業時の知識・能力，現在の知識能力を経由して現在の所得に影響を及ぼすことも明らかにし，これを「学びの習慣仮説」とよん

でいる（矢野 2005, 2015；濱中 2013）。他にも溝上慎一らは大学在学時の正課，正課外の経験について学生をタイプ分けして検証を行い，「よく遊び，よく学ぶ」活動性の高いタイプの学生の知識や技能の修得度が高く（溝上 2009），主体的な学修態度や学生生活充実度が初期キャリアとしての組織社会化に影響する（保田・溝上 2014）と述べている。このようにミクロデータを使用した実証研究では多くの場合，大学教育や学習経験は有益であるという知見が得られてきた。それにもかかわらず，人びとの「大学教育は無駄」という認識に大きな変化はみられない。だとすれば，問うべきは「大学教育は実際には有益なのに，なぜかたくなに無駄だ，役立たずだと言い続けられているのか」ということではないだろうか。

　むろんこのような問題意識がこれまでまったくなかったわけではない。たとえば，濱中淳子（2013）は，実証分析を基に「学歴の効用，教育の効用は全般的に大きい」（濱中 2013：198）としたうえで，それを過少に見積もらせ，実態とのギャップを生み出す「社会の側の要因」として，効用低下の実体験，試金石の欠如とメディアの影響，速すぎた高学歴化の 3 点を仮説的に考察している。濱中の考察は，時代による社会の変化と人びとの認識とのずれから，「学歴不信」の要因を読み解こうとするものであるが，本章は，より個人の認識に焦点をあててこの問題を考えていきたい。

　この謎を解くうえでヒントを与えてくれるのは，小川和孝の論考である。小川は大学教育に対する公的支出への支持が得られにくいのは，そこから得られる利益が個人にのみ帰属すると人びとが認識しているからだということを示したうえで，所得税の増収という社会的利益の情報を提供された群では，教育への社会負担がより支持されるようになることを明らかにした（小川 2016）。人が大学教育の効果を適切に評価しないのは「知らない」からで，情報が与えられれば，その評価はくつがえる可能性があるということである。小川の例では，情報の欠如が認識の回路を遮断していたのであるが，このような人びとの認識の構造のあり方が，事実を見えなくさせてしまっているといえる。人びとの認識の回路を遮断するものは情報以外にもあるかもしれない。それを検討するためには，人びとの大学経験や大学への意識の諸変数がどのような布置関係にあるのかを，まず明らかにする必要がある。

　本章は，大学教育のパーソナルな側面での「無駄」観，ソーシャルな側面での「不要」観，そして仕事に役立つという「レリバンス」認識の三つの変数に注目し，そ

---

1) 大学教育の収益率に関する研究のレビューについては，妹尾・日下田（2011），島（2012）などを参照のこと。

れらの関連を大学に関する他の諸変数との布置関係のなかで検討することで，この問題に取り組んでいく。具体的には，次の3点，すなわち①パーソナルな「無駄」観とソーシャルな「不要」観にはつながりがあるのか，②パーソナルな「無駄」観とレリバンス認識は関連しているのか，③ソーシャルな「不要」観とレリバンス認識は関連しているのか，を明らかにする。以下では，分析手法や変数操作について説明した後，分析結果を示し，最後に得られた知見をまとめる。

2 分析手法と変数の設定

■ 2-1 変数間の関連を付置としてとらえる

本章では，多重対応分析を用いて，自身の大学経験や大学に関するその他の意識との関連で，パーソナルおよびソーシャルな否定的評価がどのように位置づくのかを検討していく。一般によく用いられる多変量解析では，独立変数と従属変数の間に1対1の関係を想定して変数間の関連を読み解こうとする。典型的には，本書の他の章（たとえば第2章，3章，5章）で行っているように，従属変数（たとえば，特定のスキルや現職の職業的レリバンスの認識構造）と独立変数（たとえば卒業論文への取り組み，授業経験）の間の関係を想定する。そして複数の従属変数から成るモデルの当てはまりのよさや，他の要因の影響を取り除いて，独立変数がどれだけ従属変数の変動を説明するのかを明らかにすることが中心的課題となる。この方法は，ある状態が生じる規定要因をクリアに取り出すことができるという利点があるが，従属変数が複数ある場合には，結果が煩雑になることが避けられない。また，あらかじめ独立変数と従属変数を想定する必要があり，両者の関連が否定された場合は，「（統計的に有意な）関連はなかった」以上のことを示すのは難しい。

他方，多重対応分析は，全体の情報をできるだけ少ない次元に集約して表現する探索的な技法である。個人や変数のカテゴリーは幾何学的空間のなかで一群の点として表現される。これらの点の布置をみることで，得られた次元の特徴や変数の各カテゴリー間の親和性や対立性といった関連の仕方や，個人の集合的なまとまりを読み取る記述的な方法である（Le Roux and Rouanet 2010；古田 2010；近藤 2011, 2012；Carlhed 2017）。この空間のなかでは似たような回答パターンをもつ個人同士の距離は近く，また，同じ個人によって選択されがちなカテゴリー間の距離は近くなる（Le Roux and Rouanet 2010）。自身の大学経験，そして大学への評価を含めた大学へのさまざまな意識に多重対応分析を行えば，これらの多様な情報がいか

なる次元として集約されるのか，そして，集約された空間のなかでそれぞれのカテゴリーはどのように位置づくのかを視覚的に把握して，どのような意識がどのような経験と近い位置にあるのかを探ることが可能となる。

■ 2-2　大学生活・意識空間の構築に用いた変数

　分析には 2016 年 9 月に実施した「社会人調査」のデータを使用する。この調査の対象はインターネット調査のモニターに登録していた人文社会科学系の 4 年制大学の卒業者で調査時点 25-34 歳の者である。分析で用いるレリバンス自己評価得点の基となった仕事への役立ち観の情報は有職の者からしか得られないため，無職ではないケース（1,857 人）を対象とした[2]。

　大学生活・意識空間の構築にあたっては，大学一般への意見や自身の大学生活に

表 6-1　多重対応分析に用いた変数

大学生活全般に関する実感（実感全般） （3 変数，それぞれ 3 カテゴリー）	大学生活は充実していた［**大学充実**］ 大学に行った 4 年間は無駄だった［**4 年間無駄**］ 別の大学に行けばよかった［**別の大学**］
大学生活の勉学面に関する実感 （実感勉学） （5 変数，それぞれ 3 カテゴリー）	大学で自分の専門分野についてもっと勉強しておけばよかった［**もっと専門勉強**］ 自分の専門分野以外のことについてもっと勉強しておけばよかった［**もっと専門外勉強**］ 別の専門分野を選べばよかった［**別の専門**］ 大学では議論やグループワークなど学生が参加する機会がある授業をもっとしてほしかった［**もっと参加型授業**］ 大学では仕事に役立つ実践的な知識やスキルが身につく授業をもっとしてほしかった［**もっと実践的授業**］
大学生活のその他の側面に関する実感 （実感その他） （3 変数，それぞれ 3 カテゴリー）	大学でもっと人間関係を広げておけばよかった［**もっと人間関係**］ 企業や地域でもっといろいろな経験をしておけばよかった［**もっと経験**］ 大学在学中にもっと就職活動をがんばればよかった［**もっと就活**］
授業（5 変数，それぞれ 3 カテゴリー）	興味がわかない授業でもきちんと出席していた［**出席**］ なるべく良い成績をとるようにしていた［**良い成績**］ 授業に関連して，わからないことや関心のあることが出てきたら自分で調べてみた［**自分で調べた**］ 自分の学んでいる専門分野に興味がわかなかった［**興味わかず**］ 内容が理解できない授業が多かった［**授業分からず**］
大学に対する意見 （5 変数，それぞれ 3 カテゴリー）	大学では仕事に役立つことを教えなくてもよい［**仕事教育不要**］ 大学は幅広い分野の知識や技能を教えたほうがよい［**幅広教育必要**］ 大学は特定の専門分野の知識や技能を教えたほうがよい［**専門分野必要**］ 今の大学は多すぎる［**大学多すぎ**］ 今の大学の学費は高すぎる［**学費高すぎ**］
サークル，バイトのレリバンス認識 （2 変数，それぞれ 5 カテゴリー）＊[注2]	現在の仕事への役立ち感：部・サークル・学生団体の活動［**レリ課外**］ 現在の仕事への役立ち感：アルバイト［**レリバイト**］

注 1）［　］の記載は図 6-1-6-3 のラベルを示す。
注 2）この 2 項目に関してだけ，とてもあてはまる（++），ややあてはまる（+），あまりあてはまらない（-），まったくあてはまらない（--），やっていなかった（0）の 5 カテゴリーを用いた。

対する意識や実感に関する 23 の変数を用いる（表 6-1）。後の図 6-1 などでは，変数ラベルに不等号（＋，＝，－）がついているが，それらは肯定的（あてはまる）カテゴリーなのか，中間的なカテゴリーなのか，それとも否定的（あてはまらない）カテゴリーなのかを示している。たとえば，「大学充実（＋）」のラベルは，「大学生活は充実していた」に「あてはまる」の選択肢の布置を示すものである。それぞれの設問について基本的に 3 カテゴリー（サークル・アルバイトのレリバンス認識のみ 5 カテゴリー）用いたので，カテゴリー数は合計 73 となった。

3 分析結果

■ 3-1 大学への否定的評価と職業的レリバンス認識の関連

　大学への否定的意識のパーソナルな側面とソーシャルな側面，そして職業的レリバンスの関連を最初に確認しておこう。パーソナルな側面をとらえるものとして「大学へ行った 4 年間は無駄だった」，ソーシャルな側面をとらえるものとして「今の大学は多すぎる」「今の大学の学費は高すぎる」という設問に対する回答を用いる（いずれも 4 件法）。職業的レリバンスの指標としては，大学時代の授業経験がどの程度現在の仕事に役立っているのかの自己評価の合計点を用いる[3]。このレリバンス自己評価得点は値が高いほど現在の仕事に「役立っている」授業の種類が多いことを意味し，0 点の場合，全ての種類の授業の経験がないことを意味している[4]。

---

2) 他の章でも指摘しているように「社会人調査」はモニターに対する調査であり，人文社会科学系の大卒者を忠実に代表したものとはいえない。そのため，本章の結果についての過度な一般化は慎まなければならない。一方で，大学での経験や意識がそもそもどのような付置関係にあり，それが，大学への評価にどう結びついているのかを検討した研究は少なく，サンプルの偏りがいかなる歪みを生じさせるのかを推測することも難しい。今後，より母集団を代表するようなサンプルを用いて，知見を積み重ねていくことが望まれる。

3) 「いま大学時代を振り返ってみて，以下の大学教育や経験はあなたの仕事にとって」という質問に対する以下の項目への回答。①大学での学び方に関する授業，②一般教養・全学科目の授業，③専門分野の基本的な知識や考え方を学ぶ入門・概論・原論などの授業，④専門分野の実践的な知識やスキルを身につけるための授業，⑤専門分野の高度な理論や知識を学ぶ授業，⑥ゼミ，⑦卒業論文，⑧大学教員との交流。選択肢の「経験していない」を 0 点，「全然役立たない」を 1 点，「あまり役立たない」を 2 点，「やや役立つ」を 3 点，「とても役立つ」を 4 点とした。これら 8 項目の合計得点の Cronbach's $\alpha = 0.902$ であった。相関係数を求める際には，得点によって五つのグループにカテゴリー化した。

06　大学教育への否定的評価再考　*111*

表6-2　大学への否定的評価とレリバンス自己評価の相関係数（ケンドールのτ）

	4年間無駄	大学多すぎ	学費高すぎ	レリバンス
大学に行った4年間は無駄だった	1.000			
今の大学は多すぎる	0.034	1.000		
今の大学の学費は高すぎる	-0.013	0.313***	1.000	
レリバンス自己評価	-0.124***	0.007	-0.021	1.000

注）* : $p<.05$, ** : $p<.01$, *** : $p<.001$

　大学への否定的意識のパーソナルな側面とソーシャルな側面でつながりがあり，それらの意識が「役立たない」という評価に裏打ちされたものであるならば，「4年間無駄」「大学多すぎ」「学費高すぎ」の3項目には正の相関が，これら3項目とレリバンス自己評価との間には負の相関があるはずである。しかし，表6-2に示されているのは，そのような関係とは程遠いものである。「4年間無駄」と「大学多すぎ」「学費高すぎ」との関連はほぼないといってよいほど弱いもので，しかも「学費高すぎ」との関連の方向性は負，すなわち「4年間は無駄だった」と思っている人ほど「学費が高すぎる」とはとらえていないという関係である。「レリバンス自己評価」との関連は予想通り有意に負であるが，強い関連があるとは言い難い。「大学多すぎ」と有意な関連があるのは「学費高すぎ」のみであり，弱くはない関連があるが，これらは両方ともソーシャルな側面をとらえるものとして設定しているので当然といえば当然である。「大学多すぎ」と「レリバンス自己評価」との相関は限りなくゼロに近く，ほぼないといってよいものである。「学費高すぎ」についてもレリバンス自己評価との相関係数は符号こそマイナスであるものの，強度の面ではこちらの関連もないに等しく，統計的に有意でもない。

　したがって，単純に二変数間の関連を確認しただけでも人びとの認識のなかで，大学への否定的評価の二つの側面，そして「役立つ／役立たない」というレリバンス自己評価は直線的な結びつきにあるとは到底いえないことが明らかになった。この一筋縄ではいかない関係を解きほぐすためには，3者関係だけをみるのではなく，これらの変数を含めた人びとの大学に対する意識や大学での経験に関する変数の布置関係そのものを確認する必要がある。

4）どのタイプの授業経験もないと回答したのは26人（1.4％）。

表 6-3　大区分の各軸への寄与と固有値，累積寄与率

	第1軸	第2軸	第3軸	第4軸
実感全体	7.35	18.83	24.48	
実感勉学	31.35	36.44	18.39	
実感その他	20.35	20.06	8.18	
授　業	12.59	15.90	24.82	
大学に対する意見	22.48	6.07	12.69	
サークル，バイトのレリバンス認識	5.89	2.70	11.45	
固有値	0.180	0.165	0.112	0.077
累積寄与率（Benzécri 修正割合）	0.447	0.802	0.915	0.942

注）網掛け部分は当該の軸への寄与度が相対的に高いことを示す。

■ 3-2　大学生活や大学に対する意識のマッピング

　さまざまな大学経験や大学への意識はどういう布置関係にあるのかを確認するため多重対応分析を用いて情報を集約し，大学生活・意識空間を構築した。表 6-3 には，多重対応分析の結果得られた軸とカテゴリー大区分の関連，それぞれの軸の固有値，累積寄与率を示している。寄与率から，全体の変数間の関連の分散（慣性，イナーシャ）の 44.7％が第 1 軸によって，35.5％が第 2 軸によって，11.3％が第 3 軸によって説明されることがわかる[5]。したがって 9 割を超えるばらつきを第 3 軸まででとらえることに成功しており，第 4 軸を追加しても新たに 2.7％の分散が説明されるにすぎなかったため，第 3 軸までを採用することとした。

　表 6-1 の大区分がそれぞれの軸にどの程度寄与しているのかも同じく表 6-3 に示している。どの軸をみても，どれか一つの寄与が著しく大きいわけではなく，それぞれの軸は，少なくとも二つ以上の大区分が寄与することで構成されている。第 1 軸と第 2 軸は，「実感勉学」と「実感その他」が相対的に大きく，第 3 軸は「実感全体」と「授業」の寄与が大きい。「サークル，バイトのレリバンス認識」は大学時代の正課外の活動の状況をとらえるために分析に投入したが，上位 3 軸の構成要素としての影響力は大きくなく，強いていえば第 3 軸に寄与している。図 6-1 から図 6-3 には，それぞれの軸への寄与が高いカテゴリーの布置を示している。これらをみながら，それぞれの軸がどのような次元をとらえているのかを詳しくみていこう[6]。

5）寄与率については，ベンゼクリ修正割合を示している。ベンゼクリの修正割合については，Le Roux and Rouanet（2010：39）に説明がある。

06 大学教育への否定的評価再考　113

　第1軸は，大学への関心や期待と満足の高低を示すものである（図6-1）。プラス方向への寄与が高いのは，「もっと経験（＋）」「もっと専門外勉強（＋）」「もっと専門勉強（＋）」など勉強や勉強以外の経験を大学時代に「もっとしておけばよかった」という項目である。これらのカテゴリーの点と「もっと実践的授業（＋）」の点は近くにあり，自身の行動のみならず授業のやり方にも部分的には不満があったことが示されている。実際，大学で提供される教授内容への不満を示す「仕事教育不要（－）」「幅広教育必要（＋）」「専門教育必要（＋）」の第1軸への寄与も高い。ただし，これらの点の位置はほぼ隣り合っているので，特定の内容のみ不足していたととらえているわけでなく，あらゆる内容が足りなかったと認識していることがわかる。したがって，第1軸のプラスの極は，自らの大学時代について「もっとしておけば」という不足感を抱くとともに，大学はもっといろいろなことを教えてほしかったとも感じている「欲張り」な願望をとらえていると考えられる。

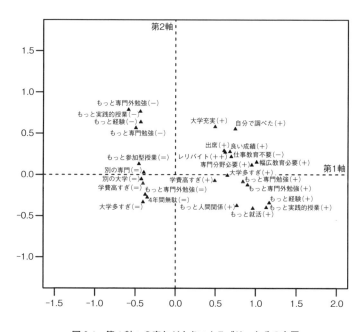

図6-1　第1軸への寄与が大きいカテゴリーとその布置

6）当該の軸への寄与が平均である1.37（＝100/73）より大きいカテゴリーのものを図には示している。

このように部分的には後悔の念があるものの，行動面では積極的であったことを示す点も同じ方向に位置している。授業には出席していたし（「出席（＋）」），授業外でもわからないことを自分で調べるなど（「自分で調べた（＋）」）前向きに取り組んでいた。大学外の積極的な取り組みを示す項目（「レリバイト（＋＋）」）も寄与している。大学生活は充実したものだったとも感じており（「大学充実（＋）」），別の大学がよかった，もしくは，別の専門がよかったとは思っていないので，進路選択にも不満は抱いていない。すでにみた「もっとしておけばよかった」という後悔は，実態として非活発であったことへの反省ではなく，さらにもっとできたのにという思いを示していると考えられる。

注目すべきは，ソーシャルな側面での大学のあり方への不満を示す「大学多すぎ（＋）」と「学費高すぎ（＋）」が第1軸のプラス方向に寄与していることである。両者のカテゴリーポイントは隣り合っており，これらの意識が近しいことも示されている。ここから，ソーシャルな側面での大学への不満は，「もっとやれた」という後悔，そして大学教育への期待や要求が高いことと親和的な関係にあるととらえられる。

他方，第1軸のマイナス方向には，ニュートラルもしくはマイナスの符号をもつカテゴリーの寄与が高い。学業面については，もっと勉強しておけばよかったとも（「もっと専門外勉強（-）」「もっと専門勉強（-）」「もっと専門外勉強（＝）」），実践的授業をしてほしかったとも考えておらず（「もっと実践的授業（-）」），また，参加型授業に対しても中立的な意識しかもっていない（「もっと参加型授業（＝）」）。別の専門分野や別の大学に進学すべきだったに対する意識もニュートラルなものである（「別の専門分野（＝）」「別の大学（＝）」）。これらより，マイナス側は，大学で提供されたカリキュラムや専門分野の内容に大きな不満は抱いておらず，かといって肯定的にもとらえていない，ある程度満足している極を意味していると考えられる。ソーシャルな側面での大学への評価はプラスでもマイナスでもない（「学費高すぎ（＝）」「大学多すぎ（＝）」）ことを考慮すると，むしろ大学での教育内容や大学一般に関心がないのだともいえるかもしれない。

以上より，第1軸は，プラス方向に期待や要求水準が高いがゆえに大学に不満や後悔を抱いている状態（期待が高くそこそこ頑張ったがもっとできた）を，マイナス方向は期待や要求水準が高くないゆえに，大学に対して積極的に肯定的に評価していなくても，ある程度は満足している（少なくとも不満は抱かない）状態をとらえた次元だと解釈される。

06　大学教育への否定的評価再考　　*115*

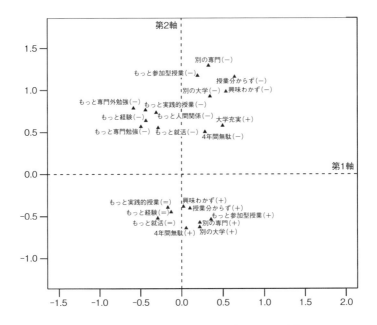

図6-2　第2軸への寄与が大きいカテゴリーとその布置

　第2軸は専門分野や大学での学習経験の評価を分ける軸である（図6-2）。プラス方向には肯定的なカテゴリーが集まっている。寄与が高いのは，「別の専門 (-)」「別の大学 (-)」という専門分野や大学に対する肯定的な評価を示すカテゴリー[7]である。その他，大学での授業や学習経験にも満足しており（「もっと参加型授業 (-)」「もっと実践的授業 (-)」「もっと専門外勉強 (-)」「もっと専門勉強 (-)」「興味わかず (-)」「授業分からず (-)」），総じて大学での学習経験は実り多いものだったと考えられる。さらに，大学での学習や授業以外の経験についても後悔していないカテゴリーが寄与している（「もっと人間関係 (-)」「もっと経験 (-)」「もっと就活 (-)」）。大学での学習経験や専門分野など学業のみならずそれ以外の経験についても満足のいくものであったことを示す極であるといえるだろう。
　第2軸のマイナス方向は反対に，自らの専門分野や大学選択への強い不満を示す

---

[7] (-) はその項目に否定的なカテゴリーを示すので，「別の専門分野を選べばよかったとは思わない」「別の大学に行けばよかったとは思わない」ことを意味する。

カテゴリーの寄与が高い（「別の専門（＋）」「別の大学（＋）」「4年間無駄（＋）」）。専門分野への興味関心もわからなかったし（「興味わかず（＋）」），授業内容もわからなかった（「授業分からず（＋）」）ため，大学での4年間は無駄だったととらえているのだろう。別の専門分野や大学を選択すべきだったとするカテゴリーポイントと大学4年間が無駄だったというカテゴリーポイントは近くに位置しているので，進路選択のミスマッチと4年間を浪費したという意識が互いに補強し合っていると考えられる。授業については，議論やグループワークを取り入れた授業をしてほしかった（「もっと参加型授業（＋）」）とは思っているものの，実践的な知識やスキルを修得できる授業（「もっと実践的授業（＝）」），就職活動（「もっと就活（＝）」）や企業や地域などでのさまざまな活動（「もっと経験（＝）」）など自発性が必要とされる項目へは中立的なカテゴリーしか寄与していないことを考慮すると，ミスマッチの解消のため自発的に動くことで状況を好転させればよかったとまでは感じていないといえる。

　最後の第3軸は，学業面や正課外の活動を含めた大学生活全般の活発度や充実度を分ける軸である（図6-3）。プラス方向には非充実，非活発を示すカテゴリーが配置されており，マイナス方向には，自発的，積極的な取り組みや大学生活の充実を示すカテゴリーが配置されている。先にみた第1軸のプラス方向でも大学生活充実の寄与が相対的に大きかったが，第3軸のマイナス側は第1軸とは異なり，大学教育に対する要求や期待を示すカテゴリーは示されていない。そして，自分の学生生活に対する後悔（もっとしておけばよかった）に関してもニュートラルなカテゴリーが多くなっている（「もっと専門外勉強（＝）」「もっと人間関係（＝）」「もっと専門勉強（＝）」「もっと経験（＝）」）。さらに，学業面での積極性や自発性を示すカテゴリー（「自分で調べた（＋）」「良い成績（＋）」）やアルバイトのレリバンス認識（「レリバイト（＋）」）の寄与が高い。したがって第3軸のマイナス方向は大学への期待や評価とは関係なく，大学時代に活発に活動し，充実し有意義な大学生活を送ったことをとらえていると考えられる。

　第3軸のプラス方向には反対に，大学時代の活動や行動が消極的であったことを示すカテゴリーの寄与が高い。大学時代に積極的に勉学に励んだとは言い難く（「良い成績（－）」「出席（－）」「自分で調べた（－）」），さらに，専門，専門外を問わず「もっと勉強しておけばよかった」とも考えていない（「もっと専門勉強（－）」「もっと専門外勉強（－）」）。さらに大学では，幅広い分野に知識やスキル（「幅広教育必要（－）」）も特定の専門分野の知識やスキル（「専門分野必要（－）」）も教え

06 大学教育への否定的評価再考　117

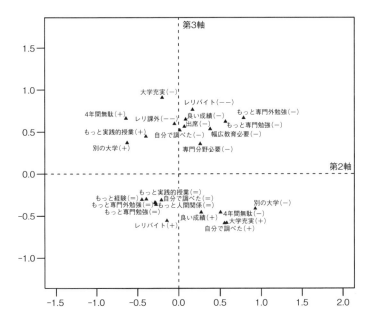

図6-3　第3軸への寄与が大きいカテゴリーとその布置

るべきだとも考えていない。例外は，実践的なスキルが身につく授業であり，これはしてほしかったととらえている（「もっと実践的授業（＋）」）。サークル活動やアルバイトのレリバンス認識が最低レベルであること（「レリ課外（－－）」「レリバイト（－－）」）を考慮すると，学業以外の側面で有意義な大学時代を過ごしたわけでもなく，「何かほかにレリバンス実感の高い活動があった」から，それに比べて大学教育や授業の評価が低くなっているわけでもない。おそらく大学生活の全ての側面を通じて，何も行動を起こしていなかったので，大学生活は充実せず（「大学充実（－）」）4年間は無駄だった（「4年間無駄（＋）」）ととらえることにつながっているのだろう。

　三つの軸の特徴を把握したところで，この大学生活・意識空間における大学への否定的評価を示すカテゴリーの位置に注目したい。「大学多すぎ」「学費高すぎ」というソーシャルな側面での否定的評価の寄与が認められたのは第1軸のプラス方向である。大学での教育内容への要求を示すカテゴリーポイントの近くにあり，「さまざまなことを教えて欲しいと思っている人が，大学が多すぎるとか学費が高すぎ

る」という不満をもちがちであることがわかる。一方，自身にとって大学の4年間は無駄だったというパーソナルな側面での低評価は，大学選択や専門分野選択に対する後悔（第2軸）と大学生活の充実度・活発度（第3軸）への寄与が認められる。ここから，人びとは自身の経験を踏まえて，パーソナルな側面では大学への否定的な評価を下すが，それを超えてソーシャルな側面に否定的な評価が波及することはないといえるだろう。自身のネガティブな経験からソーシャルな側面でも否定的になりそうなものだが，少なくとも「大学が多すぎる」とか「学費が高すぎる」という意識にはつながっていない。図6-1からは，ソーシャルな側面での大学の否定的意識は，大学への高い期待（とそれが満たされないことへの失望）によって生じている可能性が指摘できる。また，第1軸のマイナス方向には「大学多すぎ（＝）」「学費高すぎ（＝）」という中立を意味するカテゴリーが位置していることから，否定の対極には肯定ではなく無関心があると読み取れる。

　これら三つの次元と大学時代の専門分野にはどのような関連にあるのだろうか。図6-4は，大学時代の専門分野をマッピングしたものである。図6-4に示されている点は，それぞれの専門分野ごとのスコアの平均点を，楕円は集中楕円（それぞれのグループに含まれる86％の個人が含まれる領域を示す）である。分野ごとの平均点は全て原点近くに固まり，さらに，集中楕円も重なり合っている。分野ごとの明確な違いを見出すことは難しく，少なくとも本章で見出された大学経験や大学に対する意識によって構築される空間上では，専門分野間の違いはそれほど大きくないととらえられる。

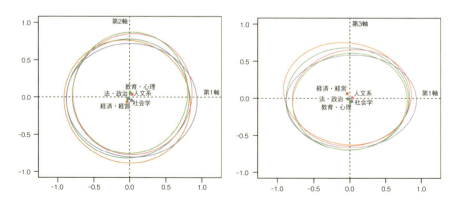

図6-4　専門分野の布置

■ 3-3 大学経験や大学への意見とレリバンス認識

　大学生活・意識空間として集約された三つの軸と主観的なレリバンス評価はどのような関係にあるのだろうか。レリバンス自己評価得点とそれぞれの軸の相関係数を計算したところ，第 1 軸で 0.108（$p<.001$），第 2 軸で -0.037（$p=.111$），第 3 軸で -0.485（$p<.001$）となり，1 軸との間にごく緩やかな正の関係，3 軸との間に負の関係があった。関係の強さの点では，第 3 軸との関連が最も強い。第 3 軸は大学生活の充実度や活発度を示す軸で，このスコアが高いほど，非充実，非活発な大学生活を送ったことを意味するものであった。第 3 軸と負の相関があるということは，非活発な大学生活を送り，充実していないほど，レリバンス評価も低いことになる。第 2 軸との関係はほぼないといっても過言ではなく，大学時代の専門分野や学習経験の満足度によって，主観的なレリバンス認識に違いは出ない。

　関連のみられた二つの軸についてより詳細に検討するため，横軸にレリバンス得点をとり，縦軸にそれぞれの軸のスコアの平均点を示したのが図 6-5，図 6-6 である。第 1 軸の平均値の分布（図 6-5）をみると，レリバンス得点が 25 点くらいまでは 1 軸スコアの平均点は 0 近辺を前後しており，これといって系統的な変化は見出せない。レリバンス得点が 25 点より小さいのは，均して「やや役立つ（3 点）」より下の回答をしているケースである（3 点× 8 タイプ＝ 24 点）。レリバンス自己評価が 0 点，つまりどのタイプの授業経験もないケースの 1 軸スコアの平均点もほぼゼロで

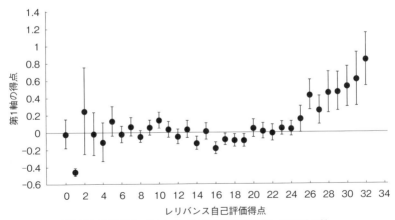

注）黒丸が平均得点，上下のバーは 95%信頼区間を示す。図 6-6 も同様。

図 6-5　レリバンス自己評価得点ごとの第 1 軸のスコアの平均値

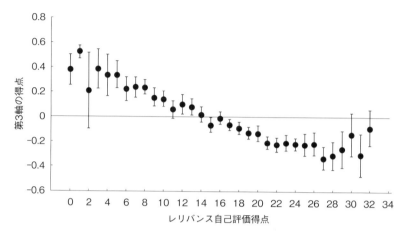

図6-6 レリバンス自己評価得点ごとの第3軸のスコアの平均値

あることを踏まえると,「やや役立つ」と認識している程度までは,1軸のスコアに違いは生じない。差は「とても役立つ（4点）」と回答している授業タイプの数に依存する。第1軸のプラス方向は大学教育への期待や要求の高さと裏腹に不満の高さを示す極であった。ということは,授業での内容が現在の仕事に「とても役立っている」と認識している層においては,同時に大学への期待や要求,そして不満も高いという傾向があることになる。

　第3軸については第1軸と異なり,レリバンス自己評価が25点くらいまではスコアの平均値が単調に減少し,それ以降でやや上昇傾向にある（図6-6）。ただし,レリバンス得点が高い人は人数が少ないため,29点以上では信頼区間が重なり,有意な上昇とはいえない。第3軸は大学生活の活発度や充実度を分ける軸であり,スコアが低いほど活発度,充実度が高い。レリバンス評価得点が高くなると,活発で充実した大学生活を送った傾向にあるが,それは平均「やや役立つ」レベルまでである。「とても役立つ」と回答した人びとでは,活発度,充実度には大きな違いはない,強いていえばレリバンス認識が高くなるほど充実度や活発度はやや低下傾向にあると読み取れる。授業内,授業外の学習時間のみならず大学生活の過ごし方が,知識や技能の獲得,大学での成長実感,そして初期キャリア時の組織的社会化にも影響をもたらすという溝上らの知見（溝上2009；保田・溝上2014）を踏まえれば,積極的に大学生活を過ごし,充実していた層が現在の仕事へのレリバンス実感をもっていること自体はそれほど意外な結果ではないかもしれない。しかし,ここで強

調しておきたいのは，「興味のわかない授業でも出席するようにしていた」「なるべくよい成績を取るようにしていた」「授業に関連して，わからないことや関心のあることが出てきたら自分で調べてみた」という学習行動が寄与している軸と職業的レリバンスの自己評価の間に最も強い関係がみられることである。意外性のある特別な活動をしなくても，普通にまじめに授業に出て努力していれば，授業の内容が仕事に役立つことにつながっているのである。さらにこのような関連は，レリバンス認識の自己評価が低いか中位の層でみられることも重要である。逆にいえば，「大学の授業は仕事にまったく役立っていない」と表明できることは，大学の授業に真摯に向き合わなかったこととほぼ同義であると読み取ることもできる。

4 まとめと考察

　本章は，大学教育は実際には有益なのになぜ人びとは否定的評価を下すのか，という問いを解明すべく，パーソナルな「無駄」観，ソーシャルな「不要」観，そして職業的レリバンス認識の三つの変数に注目し，それらの関連について大学に関する他の諸変数との布置関係から検討してきた。そもそもパーソナルな「無駄」観とソーシャルな「不要」観の間には関連がなく，自身の大学経験を「無駄」と感じていることが大学の社会的な存在を否定するわけでもないことを確認した。そして，大学経験，大学への意識に関する多重対応分析を行い，ソーシャルな「不要」観は大学教育への高い期待と近しい布置にあること，パーソナルな「無駄」観は個人の大学や専門選択の満足度，さらに大学生活の活発度，充実度に集約される次元に寄与していることを示した。多重対応分析から得られた三つの軸とレリバンス認識との関連を検討し，大学への期待や要求，不満が高い層でレリバンス認識がやや高い傾向があり，また大学生活の充実度が高く活発であるほどレリバンス認識も高くなるという関連があることを明らかにした。

　したがって，パーソナルな側面においては，大学生活の充実度や活動度の高低によって，「無駄」観が規定され，まじめに授業に取り組めば，レリバンス認識が高まる回路があるといえる[8]。表6-2でみた「無駄」観とレリバンス認識の緩やかな負の関係はこれで説明できる。ただし，このケースで大学教育が仕事に役立ってないのだとしたら，教育内容や授業内容・方法云々ではなく，個人の学修状況に課題があるからだと考えられる。そもそもレリバンス認識の低い層は学習の活発度が低い傾向があり，授業に出席しているかどうかさえあやしい。授業を通じて知識やスキ

ルを獲得していないのであれば，それが役立たないのも当然である。ただし，このような回路はパーソナルな側面で完結しており，それがソーシャルな側面に波及することはない。

　ソーシャルな側面における「不要」観は逆説的にも大学教育に対する高い期待や要求と表裏一体の関係にあることが示された（第1軸）。大学で教えられるべきことはもっとあるという期待や要求の高さが，現状の大学ではそれが教えられていないという不満となり，そんな大学であれば「不要」だという意識につながっていると考えられる。このような回路の対極にあるのは，大学や大学教育に対する関心のなさである。またレリバンス認識は，大学教育に対する期待や要求，不満の高い層で高い傾向があり，ここからは自分の仕事に大学教育は役立っているにもかかわらず（社会的な側面では）「大学は不要」と思っているというつながりが示唆される。

　このようにまとめたうえで，最初の問いに戻ると，人びとが大学教育への否定的な評価を下すのには二つの理由があると考えられる。一つには，仕事に「役立つ／役立たない」という認識があくまでも個人的な経験として処理されていて，世間一般で流布している言説を否定するような強い違和感につながっていないことが挙げられる。二つめに，大学教育が仕事に役立っている層のソーシャルな側面での不満が高く，大学一般の肯定的な評価につながりにくいことがある。この二つの理由が絡み合うことで，個人的な役立ち観はソーシャルな側面の不満によって打ち消されてしまい，素直にとらえれば大学教育は（社会的にも）「役立つ」としてもおかしくない層が否定的評価を表明することになっているのだと考えられる。大学教育が仕事にあまり役立っていない層は，大学の存立自体に無関心なので，否定的評価を肯定することも否定することもなく，結果，大学教育への否定的な評価のみが世の中に流通し続けることになる。

　最後に，「役立つ／役立たない」という軸と大学の否定的評価の関連について述

8）第3章では，このような大学でのまじめな学習態度と仕事活用度に関連がないことが示されている。本章と「まじめ」の評価が相違するのは，仕事の役立ち度と活用度では知識の運用の次元が異なるからだと考えられる。本章で扱っているレリバンス認識は仕事での「役立ち」度を基にしたものである。一方「活用」には多分に応用的な要素が含まれ，直接的にはつながらないかもしれないことを「結びつける」メタ認知を要する。仕事活用度の方が難易度が高く，遂行には訓練も必要なため「まじめさ」だけでは不十分なのであろう。言い換えれば，「まじめ」なだけでは「活用」することにはつながらない（第3章），とはいえ，ある程度まじめに学習していなければ「役立つ」ことすらない（第6章）といえる。

べておきたい。「役立つ／役立たない」ことを基準に大学教育への評価を判断するような言説が多いことは冒頭に述べた通りである。「役立たない」ことへの対抗言説として持ち出されるのは、「実は役立っている」、あるいは「（違う側面では）役立つこと」を主張したり、開き直って「役立たない」ことに価値を見出したりするなど、あくまでも「役立つ／役立たない」の範囲内の言明である。本章の知見を踏まえれば、このような戦略をとっても、とりわけソーシャルな側面での大学への否定的評価が反転するとは考えにくい。実際には大学で獲得した知識やスキルが仕事で役立っていると感じている人の方が大学に対する不満は高く、同時に不満の高い層は大学教育にはありとあらゆるものが足りていないと考えていることを踏まえれば、いかに「役立つように」教育内容を「改善」しようとも、それは新たな不満を生じさせるだけかもしれず、消耗戦になる可能性があるからである。ただし、開き直って「役立たない」という対抗言説を主張し続けていても、人びとの認識が改善するとは思われず、望み多い層の不満を高めるだけであろう。「役立つ／役立たない」を離れたロジックを構築しないことには、否定的評価をめぐる不毛な論争が終わることはないのかもしれない。

【文　　献】

小川和孝 2016,「「大学教育の社会的利益」に反応するのは誰か──情報提供による変化の内実」矢野眞和・濱中淳子・小川和孝『教育劣位社会──教育費をめぐる世論の社会学』岩波書店, pp.116–138.

近藤博之 2011,「社会空間の構造と相同性仮説──日本のデータによるブルデュー理論の検証」『理論と方法』26(1): 161–177.

近藤博之 2012,「社会空間と学力の階層差」『教育社会学研究』90: 101–121.

妹尾　渉・日下田岳史 2011,「「教育の収益率」が示す日本の高等教育の特徴と課題」『国立教育政策研究所紀要』140: 249–263.

島　一則 2013,「教育投資収益率研究の現状と課題──海外・国内の先行研究の比較から」『大学経営政策研究』3: 17–35.

濱中淳子 2012,『検証・学歴の効用』勁草書房.

古田和久 2010,「大学の教育環境と学習成果──学生調査から見た知識・技能の獲得」『クオリティ・エデュケーション』3: 59–75.

溝上慎一 2009,「「大学生活の過ごし方」から見た学生の学びと成長の検討──正課・正課外のバランスのとれた活動が高い成長を示す」『京都大学高等教育研究』15: 107–118.

保田江美・溝上慎一 2014,「初期キャリア以降の探究──「大学時代のキャリア見通し」と「企業におけるキャリアとパフォーマンス」を中心に」中原　淳・溝上慎一編『活躍する組

職人の探求—大学から企業へのトランジション』東京大学出版会, pp.139-173.

矢野眞和 2001,『教育社会の設計』東京大学出版会.

矢野眞和 2005,『大学改革の海図』玉川大学出版部.

矢野眞和 2015,『大学の条件—大衆化と市場化の経済分析』東京大学出版会.

吉見俊哉 2016,『「文系学部廃止」の衝撃』集英社.

Carlhed, C. 2017, The social space of educational strategies: Exploring patterns of enrollment, efficiency, and completion among Swedish students in undergraduate programmes with professional qualifications. *Scandinavian Journal of Educational Research*, 61(5): 503–525.

Le Roux, B. and Rouanet, H. 2010, *Multiple correspondence analysis*. Thousand Oaks, CA: SAGE.

07 学生時代の学習経験を顧みる
聞き取り調査の結果から

二宮　祐

　パネル調査の回答者のうち法学部または社会学部を卒業後，就職して1，2年が経過する若手職業人20名を対象として，学生時代の学習経験，現在の仕事などをテーマとする聞き取り調査を実施した。調査実施時点で担っている仕事を取り上げて，その仕事を進めるために役立っていると特定できる，ゼミナールや講義で身につけた知識や技術についての言及が多数あった。かつての学習が仕事に役立っているという認識の強さは想定した以上のものであった。職業的レリバンスに関する認識が大学卒業後に形成されているのである。若手社会人は仕事をするための「能力」として年長者からとりわけ「コミュニケーション能力」を要求されてきたものの，他方で若手社会人本人は日本語ライティングの技術や学習観の転換などが役に立つと認識しているのである。いわゆる文系不要論に対して，こうした認識は反論になりうるものである。

1 本章の目的：大学での学習経験への着目

　本章の目的は，大学卒業後1，2年目の職業人がもっている，現在就いている仕事と学生時代における学習経験との関係の認識について，聞き取り調査の結果を分析することによって明らかにすることである。

　2000年代以降，高等教育のユニバーサル化の到来と時期を合わせるようにして，学生の学習・生活経験とその後の職業生活の関係がどのようなものになるのかという問いを立てて，在学中の学生を対象とした質問紙調査を行う研究が盛んになっている。高等教育への進学率が現代よりも低かったマス段階の時代においては，学生

の学習の量や質がいかなるものであるかにかかわらず，卒業後の進路に関して問題はないと認識されていたためか，あるいは，大学という威信の高い教育機関で学んでいるということ，若者のなかでも相対的に希少な立場である学生だということだけで，周囲が望む意欲的な学生像に近づいていけるといった「チャーター効果」が利くという前提があったためか，教育内容やその方法，あるいは学生の学習・生活経験の内容が問われることはなかった。しかしながら，同世代の半数以上の若者が高等教育機関に進学するようになって，この前提を問い直す必要が生じてきたことからあまたの調査が行われるようになったのである。

　たとえば，学生が履修した授業だけではなく個人の資質や家庭背景をも分析の射程に入れる必要があるとする「カレッジ・インパクト」論に基づいて実施した質問紙調査の結果から，生活経験全体に満足している学生は文章表現能力，読解力，協調性，リーダーシップ，社交面での自信といった能力項目に関する自己評価が高いことが指摘されたり（山田 2012），同じく質問紙調査の結果から，生活の中心を学習に置いた学生は，友だち関係を重視した学生よりも学生生活，就職活動，就職後の最初の配属で満足する成果を得られないという状況が説明されたりすることもある（中原・溝上 2014）。また，経済学においても学生時代のさまざまな経験を独立変数とし，就職活動における内々定を得た時期，企業規模などを従属変数とする分析によって，ゼミナールや卒業論文の経験よりもサークル・部活動への参加が就職活動を有利に進められることが明らかにされたり（平尾他 2013），教育社会学においても，とりわけ工学部出身者に比べて経済学部出身者は，これまでのキャリアにとって学生時代の専門的な学習よりもサークル・部活動やアルバイト体験の方が役に立ったと認識していることが示されたりしている（濱中 2013）。

　なるほど確かに，学習はもちろんのこと，サークル・部活動，アルバイト体験といった課外活動，さらには，対人関係の豊かさといった項目を含めて分析する研究において，学生時代の学習以外の経験が職業生活にとって重要であると指摘されることは，経験的に納得されやすいのかもしれない。日々の仕事を円滑に進めるためには，それらの経験によって得られる「コミュニケーション能力」や経済産業省が提唱する「社会人基礎力」が必要であるという風説に沿うものであって，一定の理解が得られるのであろう。ただし同時に，学生時代の学習は将来のキャリアにとってあまり重要ではないという研究結果は，巷間主張される大学数・学生数過剰論，文系学生不要論に対して根拠を与えるものである。大学に対して公費が投入されていることについて，景気がよく，かつ，進学率が低い時代の感覚に基づいて，現代の

大学では「学力不足」を補うためのリメディアル教育が実施されること，学生が授業料や生活費を得るために長時間のアルバイトを行うことから十分な学習時間を確保できないこと，大学教員が学生の職業的な成長について関心が低いことなどを理由として，厳しいまなざしが向けられることがある。そのような状況において，将来のキャリアにとって学習が無効であるかのような主張は大学の存在を危機に晒すことになりえる。

　しかし，よく考えてみれば，先行研究が示しているのは多数の独立変数のなかにおいて学習の重要度が相対的に低いということにすぎない。つまり，必ずしも学習自体にまったく意味がないことを示しているわけではない。たとえば，ゼミナールに焦点を絞って質問紙調査を実施した結果，学生の学習意欲の高さや教員がゼミのメンバー間の関わりを活発にすることが，学生の人間関係や問題解決に関する力量についての成長実感の高さと関係していることが明らかにされている（伏木田他2011, 2014）。とはいえ，ゼミナール以外の場での学習経験についての研究は，いまだに十分であるとはいえない。そこで，本章では課題の焦点を講義やゼミナールの学習経験と仕事との関係に絞ったうえで聞き取り調査の結果を分析する。これまでの研究では，特に非専門職の文系に関してはそもそもその関連性は低いはずだという想定があったために，あまり問われることのなかった課題である。なお，第5章において質問紙調査である社会人調査の分析から性別や職業，大学生のときに経験した講義方法によって職業的レリバンスを認識する程度が異なること，第6章において同じく社会人調査の分析から大学に対する評価は個人の経験や意識と一定の布置関係が描けることが明らかにされている。そのうえで，より具体的に個人の経験と意識を明らかにするためには，質問紙調査に加えて聞き取り調査を実施して，その結果を分析することが有効であると考えられる。

　本章における分析の対象は，従来の研究では行われる機会の少なかった若手職業人を対象とした聞き取り調査データである。そのうち，学生時代に法学部または社会学部，それらに類する学部や学科に所属していた者に焦点を絞ることにする[1]。その理由は，一見すると仕事との関係がみえ難いものの，社会調査の実習や判例の

---

1) 調査全体では仕事との関係がより強い教育学や，その関係がわかり難いと想定される芸術学を専攻していた社会人と，法学，社会学，教育学，芸術学各分野の教員と在学中の学生を対象とした聞き取り調査を実施している。そのうち，本章の議論の対象である社会人について，調査担当者の都合から教育学と芸術学出身者の回答者を十分に集めることができなかったために分析の対象外としている。

分析のような教育を通じて，事実や現象を何らかの枠組みに沿って整理したり，その整理を踏まえたうえで根拠に基づいて説明したりすることなど，仕事で役立てることのできそうな知識や技術の習得が可能であると考えられるからである。

2 調査の概要

2-1 調査時期と内容

　聞き取りは 2015 年 8 月から 2016 年 6 月にかけて実施した。対象者はパネル調査の回答者のうち法学または社会学を専攻していて，かつ，聞き取り調査に応じてもよいとの意向を示した者のなかで，調査担当者が電話や電子メールで連絡をとることができた 20 名（法学 7 名，社会学 13 名）である。その詳細は表 7-1 に示す通りである。なお，うち 1 名は留年したため大学在学中であったものの，その他の者は全て 2015 年 3 月に大学を卒業している。また，調査時点で 4 名がすでに 1 度の転職を経験している。

　対象者の指定する地域の喫茶店やファストフード店で，1 人につき 90 分〜 120 分程度話をうかがった[2]。大学卒業までのこととして，初年次教育やキャリア教育の授業を受けた経験，専門科目の授業，印象に残った授業，ゼミナールや卒業論文の経験，サークル活動・部活動，アルバイトなどについて，就職活動のこととして，業種・職種の選択方法，応募企業の選択方法，大変だったことや悩んだこと，現在の勤務先から内定を得た理由などについて，現在の仕事に関することとして，雇用形態や 1 週間の勤務スケジュール，仕事の内容，大学で学んだことが役に立っていると感じる場合にはその内容，仕事への不満などを半構造化面接法で尋ねた。それらの質問項目のなかで対象者にとって意味のありそうなことがらについては深く尋ねている。特に，大学時代の学習の場面や現在の職場の光景を可能な限り具体的に再現，説明してもらうことに注力したという点で，一定の客観性を有するデータとして理解することが可能であると考えられる。

　とはいうものの分析に先立って，集められたデータには偏りがあることをお断りしておきたい。そもそも対象者は，面識のない調査担当者にわざわざ会って時間のかかる聞き取り調査に回答するほどなので，学習やキャリア意識といったテーマに関して興味・関心が強い様子がうかがえた。そのためであろうか，学習経験と仕事

2）遠方在住の対象者 1 名については，インターネット電話サービスを利用した。

07 学生時代の学習経験を顧みる *129*

表 7-1 調査対象者の概要

番　号	性　別	大学種別（注）	大学所在地	業　種	調査実施時期 （就職してからの年数）
法 01	女　性	私立大学 B 群	関　西	製造業	2016 年 7 月（2 年目）
法 02	女　性	私立大学 A 群	関　東	卸売業→金融業	2016 年 7 月（2 年目）
法 03	男　性	私立大学 B 群	中　京	運輸業	2016 年 7 月（2 年目）
法 04	男　性	私立大学 A 群	関　東	金融業	2016 年 7 月（2 年目）
法 05	男　性	私立大学 A 群	関　東	IT 業	2016 年 7 月（2 年目）
法 06	女　性	私立大学 A 群	関　東	金融業	2016 年 8 月（2 年目）
法 07	女　性	私立大学 A 群	関　東	運輸業	2016 年 8 月（2 年目）
社 01	女　性	私立大学 B 群	関　東	サービス業	2015 年 8 月（1 年目）
社 02	男　性	私立大学 B 群	関　東	サービス業	2015 年 9 月（1 年目）
社 03	男　性	私立大学 A 群	関　東	IT 業	2015 年 9 月（1 年目）
社 04	女　性	国公立大学	関　東	金融業	2015 年 10 月（1 年目）
社 05	男　性	私立大学 B 群	関　東	（在学中）	2015 年 10 月（未就職）
社 06	男　性	国公立大学	関　東	公　務	2015 年 10 月（1 年目）
社 07	女　性	私立大学 B 群	関　東	小売業	2015 年 11 月（1 年目）
社 08	女　性	私立大学 B 群	関　西	教育→ IT 業	2016 年 5 月（2 年目）
社 09	女　性	私立大学 B 群	関　西	金融業	2016 年 5 月（2 年目）
社 10	男　性	私立大学 B 群	関　西	金融業→小売業	2016 年 5 月（2 年目）
社 11	女　性	国公立大学	関　東	製造業	2016 年 6 月（2 年目）
社 12	女　性	私立大学 B 群	関　西	小売業	2016 年 6 月（2 年目）
社 13	女　性	私立大学 B 群	九　州	国際関係→国際関係	2016 年 6 月（2 年目）

注）私立大学 A 群とは一般入試の偏差値 60 以上，私立大学 B 群とは同 50 以上 60 未満を意味する（偏差値は河合塾の大学入試情報サイト kei-Net〈http://www.keinet.ne.jp/〉に掲載されているものである（2017 年 12 月 15 日時点））。

との関係について概ね積極的な回答をしていた。その偏りの特徴を明らかにするために，大学 4 年生のときに実施されたパネル調査第 2 波の回答傾向を確認してみよう。第 2 波調査回答者は「全体」で 675 名，そのうち聞き取り調査の「対象者」が 20 名である。大学で履修した授業について「優・A」が 7 割以上を占めていたのは「全体」27.8％，「対象者」35.0％であった。これを踏まえると，対象者が全体に比べて学業優秀であるとまではいえない。授業態度に関して，「なるべく良い成績をとるようにしている」という設問については「とてもあてはまる（以下，とても）」または「ややあてはまる（以下，やや）」と回答したのは「全体」74.7％，「対象者」

75.0%，授業に関連して，「わからないことや関心のあることが出てきたら自分で調べてみる」という設問に対して「とても」または「やや」と回答したのは「全体」66.8%，「対象者」70.0%である。このことから，対象者は全体に比べて学習に対して積極的であったともいえない。「学んだ専門分野を活かせる仕事につきたいかどうか」について，「とても」または「やや」としたのは「全体」48.9%，「対象者」30.0%，「将来に役立つ実践的な知識や技能が身につく授業が「よくあった（5割以上）」または「ある程度あった（3-4割くらい）」」としたのは「全体」57.9%，「対象者」50.0%で，対象者は全体に比べて仕事への関心が高いともいえない。他方で，次の設問については対象者に特徴的な傾向がみられた。「来年4月以降の予定進路にどれくらい満足しているか」という設問へ「とても」または「まあ」と回答したのは「全体」61.1%，「対象者」75.0%，「日本の大学生全般と比べて主体的に学習する力が「とてもある」または「かなりある」」としたのは「全体」34.8%，「対象者」55.0%であった。以上のことから，全体と比べて，聞き取り調査の対象者は学業や仕事への意識に関してはあまり違いのない様子であるものの，予定進路には満足していて，主体的に学習できるという自己認識が強い傾向があった。この章での結論はあくまでも，こうした傾向をもっていて，なおかつ，調査担当者に対して話をすることにあまり抵抗を感じることのない対象者に限られたデータから得られたものとなる。

■ 2-2　分析の方法：修正版グラウンデッド・セオリー・アプローチ

　分析の方法として，修正版グラウンデッド・セオリー・アプローチ（M-GTA: Modified Grounded Theory Approach）（木下 2003, 2007）を採用する。グラウンデッド・セオリー・アプローチ（GTA: Grounded Theory Approach）とは，1960年代に B. グレーサーと A. ストラウスによって提案されて，その後も開発が進められた質的研究法のことである。GTA では聞き取り調査などの記録データを客観的に細かく切片化したうえで，その切片化されたデータに名前をつけてまとめていくことによって分析を進める。他方，M-GTA ではデータの置かれた文脈を重視するために切片化を行わない。また，データを収集，分析，結果を応用するそれぞれの段階で，調査者の関心がその作業に対して影響を及ぼすことを前提としている。なぜなら，M-GTA が用いられることの多い医療・看護，福祉，教育の分野においては，データを読み解いて実践に活用することが重視されており，調査者の問題意識を組み込んだ分析が求められるためである。そこで，M-GTA による分析を行うことを

前提として聞き取り調査を行う場合，調査者と対象者の相互作用が生じる半構造化面接法を採用することが多い。本論もまた，教育の「現場」へ分析結果を戻すことを意図しつつ，発せられた回答の文脈を重視することから M-GTA による分析を行った。

　具体的な分析の手続きは次の通りである。まず，文字起こしされたデータを法学部出身者と社会学部出身者とで二分して，それぞれを分析対象のグループとする。学部ごとに大学は異なっていても学習に関して似た経験をしていると想定されるためである。そして，「概念」「定義」「具体例」「理論的メモ」を記載するワークシートを作成する。データのなかで学習と仕事に関連することがらとして着目した箇所を「具体例」に転記する。その「具体例」を解釈した文章を「定義」に記入したうえで，それを短い言葉で表現したものを「概念」とする。特に，その際恣意的な解釈に陥ることを防ぐために，対極的なデータを探すことに留意する。「理論的メモ」にはワークシート作成時に思いついたことを記入しておく。ワークシートは一つの概念につき一枚作成する。この作業を全ての対象者のデータについて行うものの，同じ「定義」に含まれる内容の場合には「具体例」を増やすにとどめて新たなワークシートの作成は行わない。そのうえで，複数枚作成したワークシートを比べて，類似のものを一つの「カテゴリー」としてまとめる。最後に，「カテゴリー」同士の関係を考察して，全体像を示す図を作成する。以下では「概念」名に下線を付し，「カテゴリー」をすみつきかっこ（たとえば，【不十分な初年次教育】）で表すものとする。なお，個人が特定されるおそれのあるデータについては伏せ字にしている。

3　分析の結果

■ 3-1　法学部における学習経験と現在の仕事

1) 大学での学習経験（法学）

　図7-1 は法学部出身が現在の仕事との関連を考えながら大学での学習をふりかえるプロセスをまとめたものである。破線矢印は対立する概念を示している。そして，細線矢印は経験のふりかえりのプロセスを，太線矢印は職業的レリバンスの有無を考えるプロセスである。まず，大学での学習経験に関して「カテゴリー」ごとに，回答から得られた「概念」を挙げていく。

　最初のカテゴリーは【不十分な初年次教育】である。初年次教育を思い出しても，

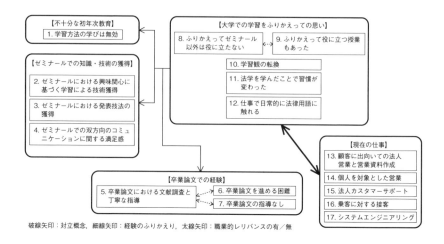

図 7-1 法学出身者が現在の仕事との関連を考えながら大学での学習をふりかえるプロセス

　その後の学習や現在の仕事で役立っているという印象はない。「どうかな。ちょっとあり役に立たなかったかな…（略）…実技的なレポートの書き方とかはしないので，なんか受け身でやるだけだったので，そんなに」（法 01），「（それがその後の大学での学習に役立ったかどうか，何か印象残っていることはありますか？）ってことはまったくないです。今抜けちゃっているぐらいなので」（法 03）（＝ 1. 学習方法の学びは無効）。

　一方で，【ゼミナールでの知識・技術の獲得】は肯定的に受け止められている。その一つは，知識や技術の獲得そのものについてであって，大学での学習にも役立ち，現在の仕事でも生かされているという。「興味を持ったことに関して調べる，その調べ方とか，そういうのはちょっとは身に付いたかな」（法 01）（＝ 2. ゼミナールにおける興味関心に基づく学習による技術獲得），「ゼミはほんとに結構濃かったので，パワーポイントとか使えるようになったので…（略）…初めてああいうプレゼンの資料を作ったりして，そのスキルは身に付きました」（法 01），「勉強した内容というよりは，その発表をするような訓練になったかな…（略）…まったく＊＊っていう学問を知らない人にもわかるように話すことを心がけましょうって言われましたね。どうしても自分たちが勉強していると，もうわかっている感じで話を進めちゃうんですけど，聞いている人によっては，みんながみんなわかるとも限らないので。少人数での授業っていうのがほんとうにゼミぐらいなんで，自分から話すっ

ていうの，すごく緊張するのであまり好きじゃないんですけど，やっぱり経験としてもっとやっておけばよかったなって思います」（法02），「（勉強内容でもいいですし，ゼミでの発表のスキルみたいなものでもいいし，）レポートをまとめるというのはすごく。判例を読んでまとめてというのを毎週やっていたので，それはすごく今も。たとえば，提案しにいくのも一種のプレゼンだと私は思っているので，話の整理の仕方とかそういったところでは役に立っているかな」（法06）（= 3. ゼミナールにおける発表技法の獲得）。

　もう一つは，ゼミナールでのコミュニケーションを肯定的に評価するものである。学習や仕事に直接つながるわけでないものの，印象深い経験のようである。「みんな結構毎回「おおっ」っていう発表だったんです…（略）…（先生はそれに対して，何かコメントとかはするんですか？）そうです。みんながそれに対して批判を言ったり，意見を出しあって，ちょっと討論形式に」（法01），「最初に班の人が発表して，質問があれば他のゼミ生がしたり，最後に准教授からいろいろ突っ込みがあったりって感じでした」（法02），「2週間で準備してディベートみたいなのを…（略）…＊＊先生は怖いので「それって本当にそうなの？」みたいな，ディベートの後とかに言われたりするので」（法07）（= 4. ゼミナールでの双方向のコミュニケーションに関する満足感）。

　また，【卒業論文での経験】についても一部では肯定的に受け入れられている。「いろんな文献を調べたり，あとはネットでいろいろ調べたりもしましたし，いろんな人にどう思うとかインタビューじゃないですけど，ちょっと話を聞いてみたりして時間的には結構かけたかな…（略）…内容に関してもそうなんですけど結構厳しくしてくれたので，＊＊先生は」（法04），「まずは自分の書きたい卒論に関係のありそうな文献を片っ端から調べる。最初はとりあえず16個，まず文献を調べてきてくださいみたいな感じで，それを全部コピーして＊＊先生に提出して…（略）…文章の書き方については厳しく，句読点の位置とかまで厳しくチェックされました」（法07）（= 5. 卒業論文における文献調査と丁寧な指導）。他方で，途中で諦めてしまった，教員からの指導が十分ではなかったという事例もある。「（途中までは書こうと思われていた？）はい。せっかくなんで，卒論ぐらい書きたかったんですけど。ちょっと…（略）…自分の意見を言葉にするのが難しくて，コピペとかになってしまって。それを自分の言葉で広げられないっていうところが大変で，やめてしまいました」（法01）（= 6. 卒業論文を進める困難）。「（それまである程度＊＊先生とかには見てもらったりしました？）そういうのはなかったです（なかった。本

当にぶっつけ本番で出すっていう感じで？）出すだけですね」（法06）（＝ 7. 卒業
論文の指導なし）。

2）　今からふりかえって大学での学習は自分にとって「役立つ」といえるか（法学）

　【大学での学習をふりかえっての思い】について，一つにはその有用性についての
言及があった。たとえば，ゼミナールの経験を特別なものであるとして評価する一
方で，その他の講義については意義を見出せないというものである。「社会に出て
つながる勉強はあまりなかったので，自分の考えをしゃべる機会とかゼミぐらいし
かないし，もうちょっと，プレゼン系とか自分で考えて表現する授業があれば，社
会に出てから役に立つのかな」（法01），「ゼミ以外の授業だと，基本的に一方的に
授業聞くだけなので，ゼミが唯一自分で考えて自分で話してっていう時間だったの
で，それはすごくよかったと思います」（法02），「私はたぶん，法学部に入った意
味はあまりなかったなって思います（卒論で取り組んだ内容こそが，大学全体で学
んだなかで結構役に立っているというか，すごく重要な位置づけだった？）はい」
（法07）（＝ 8. ふりかえってゼミナール以外は役に立たない）。

　他方で，ゼミナール以外の講義についても意義があるという主張もあった。「法
律的なのはそうですね，＊＊とかだったら＊＊法とかの書類の，それがでも役に立
ったかっていわれたら，ちょっとあれなんですけど。どういう部署で，その部署が
どういうことをしているのかなっていうのは，たとえば，その＊＊法についての帳
票を作っているときに，こういうものが作りたいんだっていう想像はつくっていう
か」（法01），「事務作業で，法律関係を使うことがあるので，そういったときに法律
的な知識をもっているぶん，やっぱり考え方とかが楽にはなりました」（法03），「宅
建で民法とか試験範囲の中に入ってくるので，そういう意味では今まで授業のなか
で培った法の考え方みたいなのは少しは残っていたので役には立ったかな」（法04），
「今，＊＊の担当なので結構買収問題が多くて，その内容が基礎知識としてわかって
いるので，社長（筆者注：顧客である社長）とかと話すときにちょっとは役に立っ
ている…（略）…資本金がいくらでとかってニュースが流れたときに，結構周りが
「意味分かんない」みたいな感じになって，こういうことなんだよって教えられたり，
お客さんに対してもそうですけど，そういう説明がちゃんと事前準備なしにできた
りすると，あ，私勉強していたんだなって感じることはあります」（法06），「これ
からいろんな上司とかお客さんと話すときには役立ってくるとは思っています。た
ぶん会話をしていくうえでそういう知識って普段は思う，考えることはなくても話

題に出てきたときにふっと出てきたり，そういうのできっと役に立つんじゃないか
なと思っています」（法 07）（＝ 9. ふりかえって役に立つ授業もあった）。

　そして，法学を学んだことによる成長について言及されることがある。職業生活
に対して間接的な影響を及ぼすであろう 2 種類のことがらである。一つは，学習観
の転換に関するものである。「法律には答えがないっていうか，100 人いれば 100 通
りの考えだったり」（法 01），「法律の考え方というのはロジカルにちゃんと組んで
いって，でもそのなかでもちゃんと人のことを考えているっていうか，そういった
考え方というのは自分のなかでは身に付いたかなって」（法 04），「法学部だからと
いうわけではないんですけれども，かなりいろいろ文章は読んだので，読み取る力
というか文章能力は比較的付いたかなと思っています」（法 05）（＝ 10. 学習観の転
換）。もう一つは，日常生活での習慣についてである。「知っていないと困る知識っ
ていわれたら，そんなことはないと思うけど，相続の問題とか。結局，でも，学ん
でも中途半端にしか覚えていないので，実践的に使えるかっていわれたらまったく
使えないレベルで。とくに今のところ，法律取ってこんなこと役立ったなみたいな
のはないんですけど。でも，取る前に比べたら，いろんな裁判とか馴染むっていう
か，身近に。ちょっとニュースとかが流れていても，聞き入るようにはなったかな」
（法 01），「世の中のことがわかるようになったと思います…（略）…政治のしくみ
がわかって，ニュースとかも見るのがちょっと楽しくなった」（法 02），「新聞とか
テレビを見ているときでも自分の編み目のなかに引っ掛かる，編み目が細かくなっ
たなっていうのは感じました…（略）…外からの情報で自分が気になるなというか
引っ掛かるなと思う情報が結構増えた」（法 04），「普段新聞とかを読んでいたりし
て政治のこととか，そういうことに今までわからなかったようなことが法学部とか
でいろいろ聞いていたので，とくにわからない部分というのもなくなったので，政
治とか法律の知識というのは全般的にちょっと薄くは付いたのかな」（法 05），「今
新聞とかを読んで旅行客があっちでけがをして帰ってきたとかだと，これはどうな
るのかなって考えたりするのはすごく楽しい」（法 06），「一番は国際的な問題に目
を向けられたことで，法律は関係ないけど国際問題に目を向けられたことはすごく
大きかったと思います」（法 07）（＝ 11. 法学を学んだことで習慣が変わった）。

　そして，より直接的に職業生活における法律を学んだことの利点について言及
されることもある。それは特に，法律を学習した経験のない同僚との比較におい
て強く認識される。「役所の入札とかいったときに，法律の文言が書かれていて，
契約書とかに。そういうので目にする機会はあって」（法 01），「やっぱり法律がど

うしても必要になるんで，何をするにしても。そこで，とくに抵抗がないっていうのがいいのかなと（他の学部，法学部ではない人っていうのは，法律の堅い言葉とかに引っかかるんですかね？）引っかかるみたいですね。そういうのがやっぱり。もう法律って聞くだけで駄目みたいな」（法 03），「法律に寄り添っていくような仕事が多いので，そういったなかでは条文を読んだり。それこそ宅建の仕事とかで民法の知識が役立つというのは結構あったりするかなというふうには思いますね…（略）…税の相談とかっていうのはやっぱり来る（筆者注：相談のために顧客が来訪する）ことが多いので，そういったときに法律のややこしいというか，というような内容は結構スッと頭に入って」（法 04），「今の仕事だとたまに＊＊法だったり，そういう何とか法という単語がちょこちょこ出てくるので取っつきやすいというか，4 年間法律は見てきているので，法学部出身以外の同期とかと比べると比較的取っつきやすくやっているのかな」（法 05），「丸暗記したものは忘れちゃうけど何となくの感覚みたいなのが残るから，そういうのは社会に出てから何となく役立っているなと思ったことは何回かあります」（法 07）（＝ 12. 仕事で日常的に法律用語に触れる）。

3）現在の仕事（法学）

【現在の仕事】について尋ねたところ，次のような回答を得た。まず，法人を対象とする営業の補助についてである。「（お仕事の内容は営業の事務ということですかね？）はい（具体的には，営業関係の書類作成とかそういった意味ですかね？）書類作成と，あとは，社内資料を作って，注文して，できあがって。受注生産なので，ものづくりをするので，校正を何回もして…（略）…提案に行くときは，一緒に付いていってみたいな，勉強してみたいな感じで（提案型営業みたいなのもあるわけですね？）もあります」（法 01），「（現在のお仕事の内容は，給与（筆者注：給与計算）とかの？）給与とかのほうです。もう一つ部署を掛け持ちでしてて，その部署は＊＊の営業ですね…（略）…どこかで営業先がないか，たとえば，工業団地に行っていいところはないかとか見に行ったりですね」（法 03）（＝ 13. 顧客に出向いての法人営業と営業資料作成）。次に，個人を対象とする営業である。「不動産の売買仲介と，単純に税務相談，一般的な税務の相談を受けたりとか。あとはご相続が起きたときに私どもの顧問の税理士がおりますので，その税理士さんとお客さんとの間に入って行う折衝ではないですけど，お客さんのご相続のお手伝いというのをやっています。あとは＊＊さんが何か建物を建てたい，自宅を建築したいとかア

パートを建てたい，収益物件を建てたいというときに建築のハウスメーカーの提案ですとか」（法 04），「法人市場部なので，部の内容としてはそれぞれ＊＊と取引がある会社に行って，その従業員に＊＊を売るっていう仕事で，まさにそれをやっています…（略）…他はそうですね，飛び込みとかもやりますけど」（法 06）（＝ 14. 個人を対象とした営業）。

　その他，それぞれ 1 名ずつであった回答が次のようなものである。「ヘルプデスクがあるんですけども，機械系のことで，そこにお客さんから問い合わせが入ったっていう情報を，まず私の部におりてきて，そこから私が他の，東京なら東京支店とか地方の支店に連携をする仕事がメインですね。あとは，その＊＊＊端末が壊れたっていう情報がきて，どういうふうに壊れたかを調査して，データベースに入力をしてます。あと，電話対応ですかね」（法 02）（＝ 15. 法人カスタマーサポート）。「月にだいたい半月ぐらいはお休みなんですけど，3 泊 4 日でだいたい回っていく感じになります…（略）…お食事をサーブしたりとか」（法 07）（＝ 16. 乗客に対する接客）。「＊＊会社のシステム子会社で，そこで＊＊の契約とかのシステムをやっています…（略）…親会社の人とは常にいつもやり取りをしてやっている」（法 05）（＝ 17. システムエンジニアリング）。

■ 3-2　社会学部における学習経験と現在の仕事

1）大学での学習経験（社会学）

　続いて，図 7-2 は社会学部出身者が現在の仕事との関連を考えながら大学での学習をふりかえるプロセスをまとめたものである。

　最初のカテゴリーは法学とは異なって，初年次教育に対して肯定的な回答もあることから【初年次教育に対する賛否】である。まずは，日本語ライティングへの好印象である。「よかったなって思っていて。理由は文を書く能力と，それを推敲する，推敲を繰り返すっていうのが，普通の授業ではないというところと，あと意外にできていないところだと思っていて。日本語の文を相手に伝わるように書く，ほんと単純なところで」（社 03），「レポートを最初に出して，添削を先生から 1 人ひとりいれてもらうということがあって。そこで，レポートの書き方は，授業を通してですけど教えてもらいました」（社 04），「毎週 A4 の紙に 1 枚，簡単なレポートを出す授業があって，それが練習みたいな感じにはなっていますね。学生のなかでは…（略）…大きいレポートの前に何回かあったので，うまく文章をまとめることとかの練習にはなったと思います」（社 07）（＝ 1. 学習方法の学び（文章）は有効）。

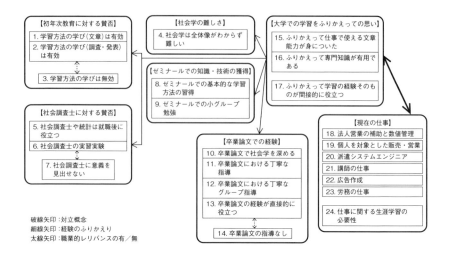

図7-2 社会学出身者が現在の仕事との関連を考えながら大学での学習をふりかえるプロセス

　次に，調査や発表の入門的な技術についてである。「アンケートをとって，その内容をまとめて論文を書くという感じでした。論文というか，レポートですね」（社08），「インタビューの仕方。何を聞くかとかを最初に決めておいて，それを先生に見てもらって決めたような気がします」（社09），「（発表というのは，パワーポイントを使うとかですか？）はい，そうですね（それは大学のその後の生活に役立ちました？）そうですね，いちおう，そういう経験があったので，それまで発表する経験とかあんまりなかったんですけど，授業の中でやって，こういう手順踏んだりとかっていうのを学んでいく」（社10）（＝2. 学習方法の学び（調査・発表）は有効）。他方で，否定的にとらえられていることもあった。「（大学1年生のときに，勉強の仕方とか履修の仕方とか，レポートの書き方なんかを学ぶ授業ってありました？）はい，あったとは思いますが，あまりよく覚えていません…（略）…大学の勉強は文章でレポートを書きなさいっていうことが多くて。それでその，自分で何かを書いて発信していくっていうのは，私には難しかったです」（社05）（＝3. 学習方法の学びは無効）。

　社会学の講義については，否定的な主張が目立つことから【社会学の難しさ】としてまとめられる。学問の全体像がわからないことへの不満，いわゆる「タコツボ」化の問題が指摘されている。「社会学の基礎の話をしたと思うんですけど，つ

まみ食いみたいな形で話が飛び飛びで理論について学ぶってかたちだったんです」
（社 02），「この学問っていうのが一体どういうものかなのかという全体像もわから
なかった」（社 06），「面白くないですね。ぜんぜん面白くないんですけど，先生見た
さに取ってたりとか。指名されたりすることはほぼないんですよ，一方的に先生が
ずっとその調子でしゃべってるみたいな授業なので，まあ楽といえば楽というか…
（略）…本当に「哲学」的な話が多くて」（社 11），「コアなことが多すぎたんですよ
ね，私にとって…（略）…あまり私は意味を見出せなかったですけど」（社 13）（＝
4. 社会学は全体像がわからず難しい）。

　社会学部では社会調査士の資格取得のための授業や，それに関連して統計に関
する授業を履修することがある。これらの授業については概ね高く評価されてい
る【社会調査士に対する賛否】。一つには，就職後にも役に立つという印象である。
「（今役立ってます？）直接的にはそんなに役立ってはいないんですけど，なにか考
え方は身に，物事の考え方は，身に付いたかなと…（略）…実際に調査をすること
もあったんですけど，アンケートを作ったりして，大きいものから小さいものを見
るとか，小さいものから大きいものを見るとか，そういう考え方がすごい勉強にな
ったなと思う」（社 07），「いろいろ考えて社会調査士を諦めた。やりたかったんで
すけどね…（略）…統計学は勉強，一般教養の授業で教養として統計の授業は中央
値とか…（略）…マーケティング部あるので，うちの会社（そうすると，そのあた
り統計とか調査とかって必要になるんですかね？）うちは外資系の日本市場版みた
いな感じなので，いちおうでももしかしたらある」（社 12）（＝ 5. 社会調査士や統計
は就職後に役立つ）。もう一つには，実習経験が印象深いというものである。「仮説
を立てて，質問を考えて，調査票を作る。調査票を作って封筒に詰めるとか，住所
を調べるとかいう作業あるじゃないですか…（略）…＊＊市役所まで行って，選挙
人名簿で調べました…（略）…（エクセルにやって，それで，SPSS？）SPSS です，
はい。…（略）…そうですね。プレゼンテーションもありました」（社 02），「インタ
ビューして，3 泊 4 日くらいで…（略）…高齢者の方に話を聞いてでした」（社 09），
「SPSS っていうやつとかで，実際にデータとかを入力して，なんだっけな。それで，
相関分析だとか，いろいろな分析方法があって，そういうのを使ってみんなで勉強
したり」（社 10）（＝ 6. 社会調査士の実習経験）。ただし，それに意義を見出せない
という主張もあった。「（その授業では，実際にインタビューをしたんですか？）い
え，しませんでした。（そうですか。じゃあ，インタビューとはこういうものだよ，
という？）他の学生はインタビューではないですけど，実際に社会調査してレポー

ト出しなさいというので出していたようなんですけど，私は出さなかったです。それでも，出席とかそういったのがよかったので，それで何とか単位のほうは取れたんです」(社 05)（＝ 7. 社会調査士に意義を見出せない）。

ゼミナールについては【ゼミナールでの知識・技術の獲得】でまとめられるように，法学と同じように高く評価されている。まず，文献を探す，多読する，ソフトウェアの扱いに習熟することについてである。「図書館に行って，文献の探し方，CiNii とかありますよね。ああいうのの使い方とか，新聞の，大学図書館の中で検索できるので，その検索の仕方とか習いましたね」(社 02)，「3 年生のゼミが文献を輪読してって感じで，それがメインになっていて，その頃から卒業論文のテーマとかは徐々に取り組みはじめて…（略）…（レジュメってどういうもの書きます？）その一つの文献の長い場合は章で分けたりとかもしてたんですけど。概要と，あとは読んでいて自分たちで疑問に思った点と，それについて自分たちなりに調べたこととか…（略）…すごくいっぱい読んだんですけど。（すごくいっぱい読みました？）そうですね。わりと短いスパンでどんどん読んでいったので」(社 07)，「(ゼミではどういうことを勉強なされました？）KHCoder っていうのを使って。（計量テキスト分析？）そうですね。ブログとか，本とか新聞とかの内容をテキストマイニングして」(社 08)（＝ 8. ゼミナールでの基本的な学習方法の習得）。そして，グループで学習することについてである。「グループに分けて，10 人を 3 人 3 人とかで分けて，あのときは，労働，福祉，教育っていう三つのテーマに分けて，それに自分たち自身でテーマを定めて発表する…（略）…（11 月の＊＊大学との合同ゼミは，どういうことなさっていたんでしたっけ？）はい，ディベートです」(社 04)，「(一人ひとりがテーマを決めて，自分で分析を進めていくっていう形ですか？）そうですね。そのときは個人でもいいしグループでもいいっていう感じです」(社 08)，「秋はグループで学部内のコンペみたいのが，論文のがあるので。それに向けてグループで研究テーマを決めてパワーポイントなりで発表していくっていう」(社 12)（＝9. ゼミナールでの小グループ勉強）。

【卒業論文での経験】については，法学と同様に賛否両論であった。肯定的な評価としては，卒業論文の準備を通じて社会学の学習が進んだというものがある。「私は技法としては雑誌を追跡する調査だったので…（略）…（国会図書館とか大宅壮一文庫っていうのは前から知ってました？）先生が教えてくれたので。私のゼミだと雑誌研究の人とかもいたので，大宅壮一文庫はすごくお勧めしていて」(社 07)，「調査したっていうか，いちおう社会調査士のことを学んでいたので，分析の

部分はちょっとやってみようってことで，SPSS 使って（データはどこからとってきたのですか？　政府の統計とかですかね？　あるいは大学の先生のデータですかね？）あ，あれです。＊＊っていうデータベースあるじゃないですか…（略）…仮説とかを 1 回立てて，それに沿ったものを選んで使ったって感じですかね」（社 10）(＝ 10. 卒業論文で社会学を深める)。そして，指導教員からの 1 対 1 での指導も印象深いものとして挙げられている。「アドバイスもらって，わからなかったらまた時間作ってもらって相談（ゼミの時間以外にも，たとえば先生の研究室とかでお話？）いついつ空けてます，相談来てくださいとか…（略）…怖いっていうかもう，（あんまり行きたくないなとか？）行きたくなかったですけど」（社 09），「発表はそんなにしなかった。どちらかというと先生とマンツーマンで。最初は複数で卒論を書く学年の人たちが集まって，こういう卒論なんです，みなさんどう思いますか，円（筆者注：円座の意味）になって発表して，それで話し合うみたいな場は結構最初の方はあったんですけど。徐々に本格化するにつれて，もうマンツーマンの授業というか指導になって」（社 11）(＝ 11. 卒業論文における丁寧な指導)。その指導はグループを一つの単位として行われることもある。「研究がここまで進んでますとか，たとえば参考文献これだけ調べましたとか，こういうところに行ってきましたみたいの各自が発表するみたいなかたちです（何回発表されたって書いてあったかな，ゼミで？）いっぱいです」（社 02），「ゼミで 4 年生が全体の中で自分の進捗状況を発表して，それに対して仲間からのコメントもあって，最後に先生がコメントしてくれる機会もすごくあったんですけど。それ以外の方が結構充実してて（それ以外とは具体的にどういうことです？）LINE のグループとかで先生が仕事のないときの予定を全部教えてくれて，この中で来られるときにみんな調整して来てねって感じで。研究室に呼んでくれて，個別にコメントすごくたくさんくれて」（社 07）(＝ 12. 卒業論文における丁寧なグループ指導)。そして，卒業論文の経験が特に現在の仕事に関連させて語られることもあった。「卒論なんですけど，今仕事をしていて思うんですけど，論理だった考え方だとか根拠であったりだとか」（社 03）(＝ 13. 卒業論文の経験が直接的に役立つ)。他方で，指導教員からの指導があまりないことへの言及もあった。「＊＊先生のゼミのテーマと被せて，どうやってまず国が成り立つのかっていうのを，空想の世界のガリバーの，ラピュタあるじゃないですか，あの国がなんでできて，滅びたのかっていうのが卒論のテーマでした（それは，結構，考えて，考えて？）だから，調査してということではははなくて，文献をもとにみたいな…（略）…合宿みたいなので進捗報告はするんですけど，別にそ

142

れについて先生がどう修正を加えるというのはとくになく，コピペしていないかみ
ているぐらい」（社01），「書き方，様式に関する指導もあまりなかったですし，あ
るいは，こういうふうに学習していけばいいという学習の仕方，レポート書いたり
の添削とかもぜんぜんなかったので，本当に一言で言うと放任だなって思いました
…（略）…（ご自身で，書き方を勉強されました？）そうですね。おすすめのテキ
ストみたいなのがあって，そこを見ながら。あとは社会学のなんでしたっけ，サイ
トがあったかと（社会学評論スタイルガイドですかね？）そうですね。そこを読み
ながらやっていました」（社06）（= 14. 卒業論文の指導なし）。

2) 今からふりかえって大学での学習は自分にとって「役立つ」といえるか（社会学）

　現在の仕事と関連させて【大学での学習をふりかえっての思い】を尋ねたところ，
3種類の肯定的な感想が得られた。第一に，仕事で使える文章力が身についたとい
うものである。「授業かあ，グループワークみたいなところとか，文章を作るとこ
ろっていうのは役に立ったかなあっていう…（略）…議事録書いたりとか，会社の。
…（略）…イベントをやったんですけど，予算がいくらかかって，お客様の反応は
どうだって，次回こうしたらいいみたいなのを作るんです。そういうのはちょっと
論文のようかな。実施する前に仮定を考えて，こういうことしたらいいんじゃない
かなって考えて実施して，その結果をここがダメだった，ここが良かったって書く
んですよね」（社02），「よりどれだけ相手が納得できるような，論理的な文章を書
くかっていう…（略）…数字でレポートを出しただけでは見た人がわからないので，
これはどういう意図でこういう数字を出していて，この数字からこういうことがわ
かります。なので，こういう仮説をもとにこういうテストをして結果，仮説とは違
った答えがでたけれども，こういう答えがわかりました，みたいな」（社03），（=
15. ふりかえって仕事で使える文章能力が身についた）。第二に，授業での知識そ
のものが役に立っているというものである。「社内で等級を挙げるための試験があ
るので，そういう勉強をするときに，どうしても法律の部分が若干入ってくるんで
すけれども，いわゆる三六協定とか，そういうところ…（略）…結構難しめの，い
わゆるマル秘の資料とか読むのは得意というか，やっぱり勉強したことが役に立っ
てるんだな」（社12），「＊＊語とか日本語教授法とかを少しやったこととか。あと
留学生の日本語の授業に参加させてもらって，話し相手になったこととか，もちろ
ん影響しています…（略）…＊＊は日本より，トランスジェンダーに寛容だと思う
んですけど，そういうのもあると思えるようになったとか」（社13）（= 16. ふりか

えって専門知識が有用である）。第三に，必ずしも直接的ではないものの，仕事との関係の存在を認めるものである。「結構なんでも突き詰めるタイプだと思っていて。日常の出来事や物事に，こう全部理由とか，それがこう全部根拠づけられるというのを」（社01），「報告するときや何かを説明するときに，感情論だけでは伝えきれない部分っていうのは，結局，卒論，自分の書いた部分と共通するのかなとか。根拠を示したり，誰が見てもそうだよねって納得できる伝え方，話し方をするっていうか」（社03），「大学の授業で講義ノートをとっていたんですけど，それで人がわかるようにまとめる」（社08），「考え方，そうですね，でも考え方を学ぶ，学んだのは結構大きかったんじゃないんのかなって思うんですけど」（社11）（＝ 17. ふりかえって学習の経験そのものが間接的に役立つ）。

3）現在の仕事（社会学）

【現在の仕事】について尋ねたところ，次のような回答を得ることができた。まず，最も多いのが営業事務についてである。「売上を送ってくるのを，あとメールとか，今日の売上何万円でしたみたいなのをパソコンに入力するとか，あとは警備員さんのなんかこう要望を聞いたりだとか，清掃員さんの要望を聞いたりだとか，警備員さんの人数を考えたりとか…（略）…（具体的なお仕事の内容はパソコンに向かってることが多いのか，人と接することが多いのか，＊＊さんの場合はどうですか？）半々くらいですかね」（社02），「＊＊に営業をかける営業さんがいらっしゃるんですけど，それのサポートですね。事務とはまた違って，特殊な知識の，たくさん知識のいる業種っていうか職種なので，そういったものを営業さんに足りない部分を補足したり，分析したりしてサポートしながら一緒にやってくというような」（社03），「集まってくる（筆者注：データとして集まってくる）職員の動きであったり，お金の動きっていうのをきちんと，矛盾とか，あるいは，なにか大きな間違いがないかとかをチェックして帳票を作成したりとか。あとは預金とかの動きですかね。これだけ貸し出したいとか，預けたいっていうのを手続きしたりとか」（社06），「たとえば，その社内的に売上を報告するとか，予算を立ててそれを社長に発表するとかそういった仕事もありますし，あとは営業さんの役に立つ情報をまとめたりとかもありますし，あと，会社関係のことも，たとえば，この会社が倒産しそうだヤバい，だからどうするみたいな話を営業さんにしたりとか。わりとなんでも。雑用みたいなこともやりますし，その海外出張の手配とか，お歳暮とか，そういうこともやりますし，まあでもわりとメインは数字に関する」（社11）（＝ 18. 法人営

業の補助と数値管理)。そして，同じ程度に多いのが個人を相手とするリテールの仕事である。「9月まではずっと窓口というか…（略）…＊＊をやりつつ，いろいろ事務もやりつつみたいな」（社04），「今は店舗なので，百貨店とかに入ってるので，小売りなんですかね…（略）…職場，同僚と一緒に店舗まわしてるとか，同僚とうまくやってく力，チーム力とか。そういう点では大学のときの知り合い，ずっと4年間知り合いと関わってきたことも結構勉強になったかなと思います…（略）…かわいいだけとか，なんか押し売りとかじゃなくて，しっかりフィッティングして売るっていう感じなので」（社07），「（先ほどから何回かお話に出てくる相手の気持ちがわかるみたいな話っていうのは，仕事の中で具体的にどう発揮されてるんですかね？）気持ちがわかるって，こう，表情とかで，今の聞いたから怒ってはるんやろうなとか，＊＊っていろいろ確認しないとダメなところがあって…（略）…自分のお金下ろせないのでなんでそんなとか，そういうのとかもあるんですけど，まあなんか，今の一言で絶対今の怒ったみたいのとか」（社09），「自分の生きてきたなかで＊＊＊（筆者注：ある商品のこと）が一番頑張ったなっていう，自信もって言えることなので。それは一応自信につながったっていう部分はありますね…（略）…基本的に接客して＊＊＊（筆者注：ある商品のこと）を販売するのが中心ですね」（社10），（どういったところが大変ですか？）やっぱり接客，メインは接客ですけど，もともと持っている自分の業務，業務もあるので…（略）…たとえば，私だとそのデベロッパーとうちのお店の，あの＊＊＊の管理とかもやってるので，その目標に対してどういうふうにやっていくのか，要するにデベロッパーに提出する書類とかも一部今作らせて頂いているので…（略）…予算達成のためにじゃあ自分は何をするべきかとか，それをやっぱり店長と話したりとか。やっぱりそうやって裏（筆者注：バックヤードのこと）でやらないと，それこそ，そこのパソコンで資料見たりとか，裏入っちゃうとやっぱり店舗誰も出ない，いないので（筆者注：つまり，バックヤードで資料を見たいのだけれども，そこに居続けることはできないという困難を抱えている）。自分一人しかいなくて，それで見たいものが見たかったら営業時間が終わってから見るか，自分のシフトが終わってから裏で見て，それ見終わって仕事が終わったってタイムカードきるって」（社12）（＝19. 個人を対象とした販売・営業）。

　その他，以下に挙げるような仕事に従事しているとのことであった。「今はITのソフトウェア…（略）…（親切に教えてもらえますか，派遣先で？）そうですね（具体的には，どういうソフトに携わってらっしゃるんですか？）最近やっているのが，

日報の管理システム。日報。新人研修に使うやつ」(社 08) (= 20. 派遣システムエンジニア)。「高等部って，教えるグループ学習くらいはあるんですけど，本当に前に教壇に立って教えるという感じではなくて，よくある映像授業だったんで，質問に答えるとか（筆者注：一斉授業を担当するのではなく個別に対応する）。あとは少人数のクラスくらいでしたね，教えたのは。研修のときはみんな集団授業を前提にした研修だったんで。（研修はためになりました？　研修の時点では，研修はよかったですか？）つらすぎて。研修が終わった瞬間に辞めた人もいました…（略）…私しゃべるのすごい苦手だったんで，ペーパーテストもできなかったら何もできないじゃないですか。だから，まだ拠り所があった（しゃべるの苦手というのは，前職では不利にならないんですかね？）不利になります」(社 08)，「（日本語の授業をお手伝いする感じですか？）もうお祭りみたいな感じで。向こうの英語の授業だったり，日本語の授業だったりに行って。私ともう 1 人いたんですけど，インターンシップが。その 2 人で行ったり，1 人ずつで行ったりとか…（略）…今って個人で契約して，一つのクラスを 1 人で見なきゃいけないので，すごい大変です…（略）…（もちろん，授業をするだけじゃなくて，教材を作るだとか，そういうこともあるんですかね？）そうですね。もう，何もかも初めてなので，すごく時間がかかります」(社 13) (= 21. 講師の仕事)。「広告を商材によって出し分ける…（略）…いろんなテストをやってみたりとか，こういう年代の人にこういう広告を出そうとか。あとはこういう画像をこう変えてみた方がいいとか…（略）…たとえば，背景の色を変えるだけでぜんぜん効果が違うんですよ。なので，そういうテストフレームを組み合わせて，仮説を実証して…（略）…なんで悪くなったのか，とか，で，何がよくなったのかっていうのを全部出してから，もう全部レポートとかでるので，全部エクセルで，こう全部ピボットテーブルで，っていう数字で」(社 01) (= 22. 広告作成)。「労務ですね。給与の計算とか。そういう部分で…（略）…パートさんのタイムシート作ったりだとか書類作成が中心でしたね（時間管理とかですかね？）あ，そうですね。勤怠とか（お話聞く感じだと，なんかあまり教えてもらってもあんまりやる気が起きないような。そうでもないんですか？）そうですね，でもちょっとやっぱり，職場の皆さんが仕事に追われてるって感じで，相談しづらい感じもあって，じゃあ仲はいいか悪いかで言ったらいいんですけど，やっぱりそういう雰囲気がいやでしたね」(社 10) (= 23. 労務の仕事)。

　最後に，社会学部出身者に特徴的であった回答として，大学卒業後も仕事をするための勉強をしているというものを挙げておく。「＊＊（筆者注：資格名称）って

いうのを持ってるんですけど，その3級を取りまして，で今，またすぐ2級の試験があるんですけど…（略）…ただこれに関しては参考書がないので，自分でITのことを調べたり，＊＊のニュースを読んだりしてっていうような感じです」（社03），「覚えなきゃいけないことっていうのが多くてまあ（そうだ，＊＊（筆者注：業種名）。先ほどの話，資格なんですけども，＊＊（筆者注：業種名）だから当然，たくさん資格を取らなきゃいけないんですよね？）はい。これからですね」（社04）<u>（=24. 仕事に関する生涯学習の必要性）</u>。

4 まとめと課題

■ 4-1 考 察

どちらの学部出身者に対しても，まず，大学での初年次教育やゼミナールなどの経験について尋ねた後で，現在の仕事との関連で大学での学習をふりかえっての思いについて回答していただいた。大学の在学中においては，それらの経験が役立つこともあれば，そうではないということもあった。そして，両学部ともに，とりわけゼミナールでの学習は大学卒業後における現在の仕事に役立っているとされていて，さらには，回答者によっては講義についても同様に役立っているという認識であった[3]。職業人を対象とした調査であるために当然のことではあるものの，日々の具体的な仕事を想定したうえで，その仕事を進めるために役立っていると特定できる，ゼミナールや講義で身につけた知識や技術について言及されている。こうし

---

[3] ゼミナールの指導教員が学生の学習に職業的レリバンスが存在することを明示することによって，学生がそれを強く意識するという事例があった。文系教員の一部が自らの学問を社会にとって役に立たないと卑下することによって，学生に対してもそう思わせてしまうような弊害とは対照的である。「たとえば，そういったものを足りてないといって先生に怒られたことは，今でも働いていて，何か報告をするときなんかに結局はこれができていないと社会では通用しない。よく卒論を書いてて泣いてたんですけど，怒られて（先生に怒られて嫌だなと思いました？）あ，はい。でも，そのときも先生に，これは結局，これをしっかり書けるっていうのは社会でも役立つからって言われて。けっこう話半分に聞いてたんですけど。（そのときは話半分に聞いてた。本当かなあって？）はい。今乗り切れればいいってやってたんすけど，でも，確かにそうだなっていうふうには思います，今は（なるほど。じゃあ今も気をつけます？　何かものを書くときとかに）そうですね。今は今で会社の先輩の教え方に従って気をつけるって部分もありますけど，でも，もちろん大学でそういう経験してなかったらもっと苦しんでいたんだろうな」（社03）。

た大学での学習が現在の仕事に役立っているという認識の強さは，この聞き取り調査を行う以前に想定していた以上のものであった。すなわち，職業的レリバンスに関する認識が大学を卒業した後で形成されているのである。とりわけ，法学部の専門科目については，それ単体ではあまり印象に残っていないものの，仕事の関連でふりかえりを行うと，現在の仕事をするうえでその意義を十分に認識するのである（＝12. 仕事で日常的に法律用語に触れる）。日本の企業や官公庁では特定の職種の専門家としてではなく，「訓練可能性」をもつ学卒者を採用したうえで，ジョブ・ローテーションによって複数の職種を経験させる慣行があることから，学生が在学中に，将来を予見して特定の学習がある職種に結びついていることを認識させられる機会は少ないし，そもそも，多様な職種についてのイメージもあまりもっていないだろう。しかしながら，就職後であれば，現在の仕事を思い浮かべながら役に立っている知識，技術を特定することは可能なのである。あくまでも調査対象者の主観であるとはいえ，この認識は文系の大学教育を支えるものであり，文系学生不要論に対して，仕事で役立つ知識や技術を大学で身につけることができているという反論になりうる。教員からすれば確かに講義やゼミナールで伝達する知識や技術が学生の将来の職業に結びついているとは思えないことがある一方で，卒業生はこうした職業的レリバンスの認識をもつように至ることもある。教員は働き始めた卒業生の声を聞いてみることで，さらに講義やゼミナールの意義についての根拠を補強できることになるであろう。

　それぞれの学部での固有の特徴は次の通りである。法学部では，法律を学んだことによって自らが変わったという趣旨の回答が多く得られた。学習に対する考え方が変わったり（＝10. 学習観の転換），日常生活においてニュースを見て社会問題について考えたり（＝11. 法学を学んだことで習慣が変わった）するようになったという。仕事を進めるうえで問題解決が求められるとき，その方法は必ずしも一つには限られないことや，新聞やニュースに触れて情報を入手しておくことは，間接的であれ役に立つことになっているといえるだろう。また，社会学部では，現在の仕事との関連で大学での学習をふりかえれば，社会学の専門的な知識に意義を見出すことがある一方で，仕事とは関係なく社会学の講義について回答してもらう際には，不満の回答が多かった（＝4. 社会学は全体像がわからず難しい）。その学問の全体像がわかれば容易に理解できるということにはならないし，そもそも全体像をわかる必要性があるかどうかについて留意が必要であるとはいえ，こうした学問に対する不満が「大学での学習は役に立たない」という主張に転化する可能性はある

のかもしれない。そして，就職後に仕事のために勉強をしているという回答も特徴的であった（＝24. 仕事に関する生涯学習の必要性）。聞き取りでは深く掘り下げられなかったものの，学習を継続して行うためには，それ以前に予備知識を身につけておくことが必要であろうから，その点でも大学在学中の学習は役立っていると主張できるはずである。

　そして，職業的レリバンスが事後的に見出されていくということを踏まえると，今後，企業内のジョブ・ローテーションで仕事が変わること，昇進・昇格に伴って責任が重くなること，さらには，転職によって，その認識はさらに変わっていく可能性がある。就職後1，2年目の現在では，同じ部署の先輩を補助したり，勤務先から与えられる目の前の仕事をこなしたりする水準の仕事が主であった。（＝13. 顧客に出向いての法人営業と営業資料作成，18. 法人営業の補助と数値管理）。しかし，今後，職業的な成長を遂げるにつれて，仕事の裁量が大きくなり，意思決定を任され，後輩を指導する立場になるなどの変化が訪れることが予想される。その際，論理的な思考力や統計的な思考法など，大学で身につけたことがらがますます役に立つようになるかもしれない。

　以上の考察は学習以外の多様な経験を含めたこれまでの調査からは見出し難いものである。大学での学習と将来の仕事とを結びつける語彙として「コミュニケーション能力」が重視される一方で，本章で明らかにしたような日本語ライティングの技術や学習観の転換が将来的に役に立つという語彙が必ずしも積極的には探索されてこなかったためであるともいえる。現在，大学のシラバスにおいて教員によって伝達される知識や技術と併せて，それによって学生ができるようになることがらを明記することが多くなりつつあるものの，そうした語彙の不足のために学生，教員の双方ともに職業的レリバンスを見出すことがいまだに難しい状況が続いている。たとえば，冒頭に挙げた「社会人基礎力」が示す能力項目や，多くの大学で採用されている能力測定検査「PROG」（河合塾）で示されるコンピテンシー項目が，大学での経験と将来の仕事とを結ぶ訴求力を一定程度もっていることとは対照的である。しかし，そこで示されている項目は，課外活動やアルバイト体験を過大視したり，個人の成育環境に影響されやすい資質を重視したりするものであって，大学での専門的な学習を相対的に軽んじており，その知識観や技術観は将来の仕事との接点を依然として見失ったままである。そこで，欠けている語彙を逞しくしていく必要があると筆者は考えるのである。

07 学生時代の学習経験を顧みる　*149*

■ 4-2　残された課題

　以上を踏まえて，残された課題が４点ある。第一に，冒頭で述べたように，聞き取り調査対象者のバイアスゆえの限界である。大学での学習に積極的であって，現在の仕事とそれとの関連を肯定的に捉えているからこそ，調査を引き受けた可能性がある。この限界を乗り越えるためには，他の量的調査の結果をみたうえで本章が批判的に検討される必要がある。第二に，継続して聞き取り調査を実施することである。職業的な成長を遂げていくなかでの，職業的レリバンスの認識についての変容を調べなければならない。第三に，他の分野と比較を行ったうえで，法学部，社会学部が特殊だからこのような結果を得たのか，あるいは，一般的に同じような傾向があるのかについて検討する必要がある。とりわけ，文系学生不要論が提起されるときに例示される，文学，史学，哲学といった人文科学分野における職業的レリバンスのあり方を調べなければならないだろう。

　そして，第四に，「客観的」に職業的レリバンスを「測る」方法の模索である。実は，そのための方法の一つとして職務分析（job analysis）が参考になる。これは日本に比べて職務（job）が明確であり，雇用契約の際にどの職務を行うべきかが細かく規定される米国で重視される方法である。その方法には，既存の職務分析のデータベースを用いる「演繹的職務分析法」と情報を一から収集する「帰納的職務分析法」とがあるものの，前者を有さず，かつ，企業によって人的管理の方法や慣行が異なる日本では後者が推奨されるという（林 2008）。これによって，たとえば，ある職務の遂行に必要な「KASO（Knowledge, Skills, Ability and other Characteristics）」説明文が作成されて，それと大学での学習の関係を検討することが可能となる。しかしながら，職務分析を行うためには多額の費用がかかるのに加えて，「職務」が曖昧な日本においてどこまで可能であるのか見極めることが難しい。そこで，すでに職務分析を実施したことのある日本企業との共同研究を検討するという課題が残されているのである。

【追　　記】
　聞き取り調査に応じてくださった 20 名の皆さまに感謝申し上げます。

【文　　献】
木下康仁 2003,『グラウンデッド・セオリー・アプローチの実践―質的研究への誘い』弘文

堂.

木下康仁 2007,『ライブ講義M-GTA—実践的質的研究法—修正版グラウンデッド・セオリー・アプローチのすべて』弘文堂.

中原　淳・溝上慎一編 2014,『活躍する組織人の探究—大学から企業へのトランジション』東京大学出版会.

濱中淳子 2013,『検証・学歴の効用』勁草書房.

林洋一郎 2008,「職務分析に関する一考察—人的資源管理施策への適用に向けて」『NUCB journal of economics and information science』52(2): 131–140.

平尾智隆・梅崎　修・松繁寿和編 2013,『教育効果の実証—キャリア形成における有効性』日本評論社.

伏木田稚子・北村　智・山内祐平 2011,「学部3, 4年生を対象としたゼミナールにおける学習者要因・学習環境・学習成果の関係」『日本教育工学会論文誌』35(3): 157–168.

伏木田稚子・北村　智・山内祐平 2014,「学部ゼミナールの授業構成が学生の汎用的技能の成長実感に与える影響」『日本教育工学会論文誌』37(4): 419–433.

溝上慎一・松下佳代編 2014,『高校・大学から仕事へのトランジション—変容する能力・アイデンティティと教育』ナカニシヤ出版.

山田礼子 2012,『学士課程教育の質保証へむけて—学生調査と初年次教育からみえてきたもの』東信堂.

08 奨学金利用と学生時代の学び

西舘洋介

本章では，奨学金利用者と非利用者との間で大学時代の学習熱心度に違いがあったか，奨学金の利用の有無とそれに基づく大学の学習熱心度の違いが，ローン返済のうえで重要となる安定した職業の獲得や収入の上昇につながっているかの2点を検討した。その結果，まず奨学金の利用者は非利用者よりも，専門科目の授業に対して熱心に取り組んでいたことが示された。一方で，奨学金利用者の大学時代の学習熱心度は，初職における正規雇用の獲得割合を高めておらず，利用者の一定数がローンを抱えながら初職において非正規雇用に就いている実態がみられた。また，奨学金利用者の大学時代の学習熱心度は現在の知識能力を媒介して現在の所得に正の効果をもたらすことが示されたが，その効果は大きくなかった。上記の結果から，奨学金利用は専門科目の学習を促進する可能性があるにもかかわらず，その成果が新卒時の就職に反映されにくいため，利用後の返済を困難にしているという奨学金制度の問題点を指摘した。

1 問題設定

本章では，奨学金利用の有無が学生時代の学びにどのような影響を与えるかを検討する。そのうえで，奨学金を返済していくために重要となる，卒業後の職業の獲得や収入などに奨学金利用がいかなる影響をもたらすかを明らかにする。

■ 1-1 大学費用負担の現状と大学での学習関連

大学に進学するには膨大な資金が必要である。こうした認識は広く日本社会に浸

透しているのではないだろうか。大学の授業料は高騰を続けており，たとえば国立大学についても1975年には年間36,000円だった授業料が，今日では年間535,800円と実に15倍にまで膨れ上がっている[1]。そうした高騰に加えて，日本では大学進学に関わる費用のうち，進学者本人あるいはその家庭が負担する私費負担の割合が国際比較でみてもきわめて高く，大学費用の公的負担が手薄である（小林2008など）。その結果，大学に進学できるかどうかは進学者本人やその出身家庭の経済力に依存する面が大きくなり，社会階層による進学格差が生じていても不思議はない。

しかし，1990年代以降，日本の大学進学率は安定的に増大し，所得階層間の大学進学格差は縮小傾向にある（小林2009；近藤・古田2009など）。大学進学はもはや一部の富裕層だけのものではなく，中間層，低階層出身者も含む幅広い層に需要が存在する状況にあるといえる。大学進学に高い費用が必要とされるにもかかわらず，進学格差が縮小する形で大学進学が普及してきたのはなぜだろうか。

それについては，これまで大きく二つの点が指摘されており，いずれも本章の主題と密接に関わる事柄である。まず一つは，大学費用に関して多大な負担を引き受ける家庭の存在である（銭1989；小林2009など）。そしてその背景には，日本において「大学費用は各家庭の負担によるべき」であるという認識が根強いことが指摘されている（末冨2010；中澤2014など）。

しかし，大学生の収入源に占める家庭からの給付額が2000年代に入り減少傾向にあること（古田2006）が示すように，多大な大学費用を負担してきた家庭の限界が指摘されている。家庭負担の限界をもたらしている要因は，雇用状況の悪化やいわゆる不況，学費の高騰などである。それに加えて，潮木（2006）は，親が老後に受けることとなる介護ケアの市場経済化が進んだ結果，子どもの将来を第一に考え，子どもの大学進学に投資してきた「健気な親」の基盤が崩壊しつつあることに言及している。こうした家庭による負担の限界が訪れるなか，大学進学率の安定的な上昇を支えた二つ目の要因が奨学金制度の拡充である。日本では奨学金利用者の約85%[2]が日本学生支援機構奨学金（JASSO）を利用している。このJASSOが1998年に有利子奨学金を導入して以降，奨学金利用者は大きく拡大し，その拡大が大学進学率の上昇と進学格差の縮小を促した（古田2006；大内2015など）。つまり，

---

1) 文部科学省「私立大学等の平成28年度入学者に係る学生納付金等調査結果について（参考資料）国公私立大学の授業料等の推移」〈www.mext.go.jp/a_menu/koutou/shinkou/07021403/__icsFiles/afieldfile/2017/12/26/1399613_03.pdf（最終確認日：2018年7月6日）〉

1990 年代以降の日本の進学格差の縮小は，各家庭による費用負担を基本としつつ，特に 2000 年代以降は奨学金利用へと比重を移すことで可能となってきたのである。

　ところで，日本の奨学金制度は給付型が乏しく，そのほとんどがローンによる貸与型の奨学金である。奨学金の利用者は大学費用が軽減されるのではなく，将来的な返済の負担を背負うことによって進学を可能にしているといえる。したがって奨学金利用者の拡大は，大学費用を自ら負担する学生の割合が大きく増えたことを意味する。すなわち，同じように大学に進学する者のなかにも，奨学金を利用し自らが費用を負担することで大学に進学する者と，奨学金を利用する必要なく家庭からの支援を受けることで大学に進学する者とが併存するようになっているのである。

　こうした費用負担の違いは，大学時代の学びに対して何らかの影響をもたらしているのではないか。この問いに対して，Callender and Jackson（2008）は，奨学金の利用者が自ら大学費用を負担することを通じて大学進学の将来的な投資としての側面を強く意識し，大学生活を通じた便益の回収に努める実態があることを指摘している。

　大卒という学歴が広く普及した社会においては，ただ大学を卒業するだけでなく大学生活を通じて何を学ぶかがいっそう重要化している可能性がある。その場合，奨学金の利用者は，大学生活を通じて将来のローンを返済できるだけの人的資本，すなわち労働市場で価値をもつスキルを，大学を通じて身につけようとするのではないか。つまり，奨学金の利用者は非利用者と比べて，大学生活を通じたスキルや知識の獲得をいっそう意識するようになると想定される。そこで本章では，奨学金の利用・非利用という大学の費用負担の違いに注目し，その違いが大学時代の学びへの意識にどのような影響を与えているかを検討することが分析課題の一つである。

■ 1-2　貸与型奨学金の返済問題と返済能力の獲得

　前項で，日本の奨学金制度はそのほとんどが貸与型であるということに触れたが，学費の免除や生活費の一部を支給する給付型の奨学金とは違い，社会に出た後に返済義務を課す貸与型の奨学金制度には大きく 2 点の問題がある。

　その一つは，ローンという負債を背負うことを負担に思い，進学をしないという

---

2)　独立行政法人日本学生支援機構「平成 26 年度学生生活調査 調査結果」〈https://www.jasso.go.jp/about/statistics/gakusei_chosa/__icsFiles/afieldfile/2017/06/16/data14_all.pdf（最終確認日：2018 年 7 月 6 日）〉

選択をする学生が生じうることである。ローンの受容傾向は階層によって異なることが確認されており（小林 2007），ローンを強く回避する低階層出身者が大学への進学を回避することで社会階層間の大学進学機会格差が生じている（Callender and Jackson 2005）。

　もう一つは，ローンを利用する場合，就職先をはじめとした将来的な見通しが立たない高校生・大学生の間に利用を決定しなければならず，それゆえ彼らの将来的な返済可能性がわからないという問題である。すでに日本において，ローンを背負い大学に進学した場合，学生時代に抱えたローンを返済することが可能な安定した仕事に就くことができず，厳しい生活を迫られる層が一定数存在すること，そのなかには返済不能な状況に至る者も存在することが指摘されている（大内 2015）。また，中央労働福祉協会が 2015 年に実施した調査によると，返済が不可能とはいわないまでも，結婚などの将来に関する重要な選択に，奨学金の負担感が影響を与えていることも指摘されている（中央労働福祉協会 2016）。こうした奨学金利用後の返済に関する問題が，特に近年，社会的にも注目を集めている。

　奨学金の利用者がローンの返済を可能にするためには，安定した収入や働き方が保障される職業を獲得することが重要である。本書の第 3 章や第 5 章では，大学時代の学習熱心度が職業に役立つスキルの獲得に有利であることを指摘しているが，このことを考慮すると，大学時代の学習熱心度は返済を可能とする職業や収入を獲得するうえで重要な意味をもつと考えられる。前項で，奨学金利用者が便益回収を意図して大学での学びに積極的に取り組んでいる可能性を仮説的に提示したが，もしそうした実態がある場合，大学時代の学びに対する熱心度が媒介して収入の上昇や安定した雇用の獲得につながっているかもしれない。実際に，濱中（2013）や矢野（2015）は，大学での熱心度が卒業時や現在の知識能力を媒介して現在の所得に影響をもたらすという「学び習慣」仮説を提示している。このことを考慮しても，奨学金の利用者は学習に熱心に取り組むことを通じ，安定した職業や高い収入を獲得していると想定することは可能である。ただし，仮にそうした効果があるとしてもそれがいつの時点で現れるかが次なる検討課題となる。

　最初の職業の獲得，すなわち新卒就職時点においては必ずしも大学での学びが有利に作用しなくとも，実際の仕事を行っていくうえでは大学での学びが少なからず役立ち，それが収入などの便益にもつながっているという可能性も考えられる。そこで本章後半では，職業の獲得という点で初職の雇用形態と現在の職業の状態としての現職賃金の 2 点から検討を加え，奨学金の利用者が学習熱心度を媒介として，

十分にローンを返済できるような職業や収入を獲得できているか否かを検討することとしたい。

■ 1-3　分析の手順

以下，本章では次の手順で分析を進める。まず第2節において，第1節で検討した「奨学金を利用すると学習熱心度は高まるのか」「大学での学習熱心度が収入の上昇や安定した職業の獲得を有利にするか」の2点について，改めて仮説を示したうえで，その検証に用いるデータと使用変数を提示する。第3節では前者に関する仮説について，計量的な分析によって検討する。続く第4節では後者に関する仮説について，同じく計量的に検証する。最後に第5節において，第3節，第4節の結果に考察を加えたうえで，総括的な議論を行う。

2　データと変数の設定

■ 2-1　分析の枠組みと仮説

本項では第1節を踏まえて，改めて本章で検討する仮説を提示する。

「大学時代の学び」は，専門科目に関わるものと一般科目に関わるものとの二つに大別される。本章第3節においては，この2種類の授業のそれぞれに関し，奨学金を利用しているか否かによって学習熱心度が異なるかを検討する。具体的には以下の仮説について検証を加える。

> 仮説1：「大学費用を（一部）自己負担する奨学金利用者は，非利用者と比べ，大学での一般科目に関する授業に熱心に取り組んでいた」
> 仮説2：「大学費用を（一部）自己負担する奨学金利用者は，非利用者と比べ，大学での専門科目に関する授業に熱心に取り組んでいた」

第4節では，大学卒業後の就業の状況として，初職における雇用形態と現在の所得の2点に注目し，大学時代の学習熱心度の媒介を含めた奨学金利用との関連を検討する。初職の特性として雇用形態を用いるのは，日本の労働市場では正規・非正規間の処遇格差が他国と比較しても顕著であること，90年代以降に新規大卒者の非正規雇用率が趨勢的に増大してきたこと，そうした初職の雇用形態は以後の職業キャリアにも長期的な影響を及ぼしていることが多数指摘されていることによる。ま

た，職業生活を送るなかで，実際に大学で手にしたスキルを活かして企業内で有利な地位を獲得し，現在奨学金の返済能力の向上につながっているかを検討するために，現職の所得に注目する。特に現職の所得については，濱中（2013）や矢野（2015）が指摘した「学び習慣」仮説に依拠した分析を行う。具体的に検討する仮説は以下である。

> 仮説3：「奨学金の利用者は，大学時代の授業への学習熱心度が媒介して非利用者よりも初職で正規雇用を獲得する傾向にある」
> 仮説4：「奨学金の利用者は，大学時代の授業への学習熱心度が媒介して現職において非利用者よりも高い所得を獲得する傾向にある」

■ 2-2　データと変数の設定

本章では社会人調査データを分析に使用する。

分析に用いる変数を表8-1に示した。第3節では使用する変数の無回答者・非該当者を欠損値として扱った結果，最終的なサンプルサイズは1,744人となった。さらに第4節では変数を新たに加えて分析を行い，それらの変数の無回答者・非該当者も欠損値として扱ったため，分析サンプルは1,331人となった。

3　奨学金の利用は大学での学びに影響をもたらすのか

■ 3-1　奨学金利用の実態

本節では，奨学金利用と大学時代の学習熱心度との関連をみるが，その前にまず本データにおける奨学金利用者の割合について概観する。貸与型奨学金に対する回避傾向によって選択する専攻が異なるというCallender and Jackson（2008）の指摘に基づけば，専攻分野によって将来の経済的便益および奨学金の返済についての見通しは異なると考えられる。また日本においては，日本学生支援機構奨学金の前身である日本育英会時代には，大学教員ないしは研究機関に職を得ることで奨学金の返済が免除される制度があったため，それが廃止されてからもこの制度へのイメージはいまだに根強く，教育学部出身者が他の専攻より奨学金を利用していたということも想定される。そこで図8-1に専攻分野別の奨学金利用割合を示した。

本データにおける全体での奨学金利用割合は33.7％であり，およそ3人に1人が奨学金を利用していた。日本学生支援機構の調査結果では，本調査が実施された

08 奨学金利用と学生時代の学び　*157*

表 8-1　使用する変数の説明と記述統計量

変数名		変数の説明	記述統計		
			平　均	標準偏差	有効度数
専門科目の学習熱心度 [注1]		専門分野の「基本的な知識・考え方」「実践的な知識・スキル」「深い知識や考え方」を学ぶ授業の学習熱心度熱心度の三つの和による合成変数を作成。	7.895	2.260	1744
一般科目の学習熱心度		一般教養・全科目の授業の熱心度（4件法）を使用。	2.639	0.804	1744
女性ダミー		女性＝1，男性＝0	0.685	0.465	1744
高校時の暮らし向き		「ゆとりがあった」＝4～「苦しかった」＝1	2.878	0.784	1744
高3成績		「上の方」＝5～「下の方」＝1	3.578	1.184	1744
高校ランク		「国公立大学や難関私立大学への進学者が多い」＝4，「中堅レベルの大学への進学者が多い」＝3，「短大や専修・専門学校への進学者が多い」＝2，「就職や就職希望者が多い」＝1とし，連続尺度として用いた。	3.122	0.846	1744
父教育年数		父親の最終学歴を教育年数に変換。	14.116	2.874	1744
母教育年数		母親の最終学歴を教育年数に変換。	13.838	1.922	1744
大学進学時 地域移動ダミー		大学進学時に居住地が他都道府県に移動＝1 大学進学時に居住地が同じ都道府県＝0	0.353		1744
大学 ランク	私立大学C群	出身大学がその他の私立大学＝1，それ以外＝0	0.364		1744
	私立大学B群	出身大学が入試難易度中堅の私立大学＝1，それ以外＝0	0.207		1744
	私立大学A群	出身大学が入試難易度上位の私立大学＝1，それ以外＝0	0.216		1744
	国公立大学	出身大学が国公立＝1，それ以外＝0	0.213		1744
サークルダミー		大学時にサークルに所属したことがある＝1 大学時にサークルに所属したことがない＝0	0.606		1744
大学での 専攻分野	法・政治	出身学部が法学・政治学系＝1，それ以外＝0	0.181		1744
	経済・経営	出身学部が経済学・経営学系＝1，それ以外＝0	0.215		1744
	社　会	出身学部が社会学系＝1，それ以外＝0	0.118		1744
	人　文	出身学部が文学・言語学・哲学・倫理宗教学・歴史学＝1，それ以外＝0	0.255		1744
	教　育	出身学部が教育学系＝1，それ以外＝0	0.121		1744
	心　理	出身学部が心理学系＝1，それ以外＝0	0.111		1744
奨学金利用ダミー		奨学金を利用していた＝1，それ以外＝0	0.337		1744
研究熱心度 [注2]		「ゼミ」「卒業論文」のそれぞれ（4件法）について和をとって得点化。	5.483	1.660	1311
現在の知識能力 [注3]		大学時代の専門にかんする「知識」「実践的スキル」「基本的なものの考え方」「レポートなど文章の書き方」「将来の仕事に役立つスキル」の五つの変数の和とり合成変数を作成。	14.314	3.831	1311
初職正規雇用ダミー		非正規雇用＝0，それ以外＝1とした。	0.799	0.401	1311
現職年間収入（対数変換）		1か月の収入について，それぞれのカテゴリーの中央値をとって，12倍したものを対数変換した。	5.402	0.569	1311

注1）具体的な設問項目は以下の通り。Q44「あなたがこれまで大学で受けた授業の中で，次のような授業や論文執筆にどれほど熱心に取り組んでいましたか」について，S3「あなたの専門分野の基本的な知識や考え方を学ぶ入門・概論・言論などの授業」，S4「ゼミ以外で，あなたの専門分野の実践的な知識やスキルを身につけるための授業（例：社会調査・判例分析・模擬授業などを実際に行う授業）」，S5「あなたの専門分野の深い知識や考え方を学ぶ授業」の三つについて，「とても熱心に取り組んだ」＝4，「やや熱心に取り組んだ」＝3，「あまり熱心に取り組んでいない」＝2，「全然熱心に取り組んでいない」＝1とした。また「経験していない」は欠損値として扱った。3項目の合計得点のCronbach's αは0.855であった。

注2）専門熱心度と同様Q44の質問項目の内，「ゼミ（特定の指導教員の下で行われる少人数授業）」「卒業論文」の二つを使用。2項目の合計得点のCronbach's αは0.834であった。

注3）具体的な設問項目は以下の通り。Q57「あなたは現地点で，同世代の大卒者全般と比べて，次の能力がどの程度あると思いますか」について，S1「大学時代の専門にかんする知識（Q57S1）」，S2「大学時代の専門にかんする実践的スキル」，S3「大学時代の専門にかんする基本的なものの考え方」，S5「レポートなど文章の書き方（Q57S5）」，S12「将来の仕事に役立つスキル Q57S12」のそれぞれ（4件法）の和をとって得点化した。5項目の合計得点のCronbach's αは0.877であった。

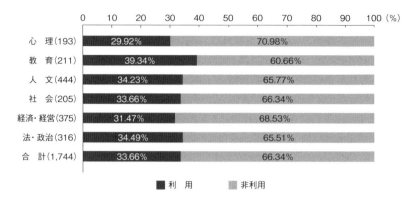

図 8-1 専攻分野別奨学金利用割合

2016年時点で25-34歳だった学生の奨学金利用率は，本データの結果より高い値となっている。その要因として，本調査の回答者に占める女性割合が高いことが考えられる。なぜなら，女性の方が男性より自宅から通える大学を選ぶ傾向にあり（日下田 2006），自宅学生は一人暮らし学生よりも奨学金の利用率が高いためである。専攻分野間で大きなばらつきはみられないが，教育学部出身者は他の専攻出身者より5％ほど利用割合が高い。実際，教育学部出身者とそれ以外でクロス表によるx二乗検定を行った結果10％水準ではあるが有意な結果が得られ（$p=0.068$），教育学部出身者の奨学金の利用割合が他の専攻出身者より高いことが確認された。

■ **3-2 奨学金利用者の大学での授業への学習熱心度**

それでは本節の主題である奨学金利用の大学時代の学習熱心度への影響についての分析に進もう。本項では大学時代の一般科目の学習熱心度と専門科目の学習熱心度の二つを検討するが，特に専門科目の授業の内容は専攻分野によって異なり，また前項でみたように専攻によって若干奨学金の利用割合が異なることも考慮し，まず専攻ごとに奨学金利用者・非利用者別の学習熱心度の平均値を比較する。結果は表8-2に示した通りである。

専攻分野ごとの熱心度をみると，一般授業，専門授業のいずれにおいても全体の平均を下回るのは法・政治系，経済・経営系であり，逆に社会系，人文系，教育系は平均を上回っている。特に教育系と心理系の出身者が専門科目に高い学習熱心度を示している要因としては，法・政治学系や経済・経営系は大教室での講義が多い

08　奨学金利用と学生時代の学び　*159*

表8-2　専攻分野別　奨学金利用×一般科目および専門科目の授業への学習熱心度（平均値の比較）

専攻分野 (n：非利用／利用)	一般授業		専門授業	
	非利用	利　用	非利用	利　用
法・政治 (207/109)	2.49	2.74*	2.46	2.64*
経済・経 (257/118)	2.51	2.53	2.36	2.47 †
社　会 (136/69)	2.71	2.68	2.66	2.84 †
人　文 (292/152)	2.69	2.70	2.65	2.78*
教　育 (128/83)	2.70	2.80	2.84	2.90
心　理 (137/56)	2.62	2.79 †	2.79	2.76
Total (1,157/587)	2.61	2.70*	2.59	2.71***

注1) 併せて平均値の差の検定（t 検定）を行っている。比較のため，専門授業については三つの和の平均
　　　を表示。
注2) † : $p<.10$, * : $p<.05$, ** : $p<.01$, *** : $p<.001$

のに対し，教育系や心理系では授業が将来の職業に関連しやすいこと，授業規模が比較的小さいことなどが考えられる。表8-2 の結果からは専攻分野によって学生時代の学習熱心度には差があることが確認され，大学での授業の学習熱心度を検討するうえで専攻分野に着眼する必要があることがうかがわれる。

　専攻分野ごとに奨学金利用者と非利用者の学生時代の熱心度について比較すると，心理系の専門科目，社会系の一般科目を除いて，総じて奨学金利用者の方が大学時代の学びに熱心であったことがみてとれる。有意な差がみられるのは，一般科目では法・政治系，心理系，専門科目では法・政治系，経済・経営系，社会系，人文系である。一般科目では有意差がみられた専攻分野が少ない理由としては，専門科目と比べ将来的な便益への関連がわかりにくいため，専門科目ほど学習熱心度に差が表れにくいことが考えられる。一方で，専門科目は将来的な便益との関連がより明確に認識されやすいことが，奨学金利用者と非利用者の間で熱心度に差が生じる要因となっていると考えられる。有意差がみられていない教育系，心理系のうち，教育系については図表の結果からみられるようにそもそも学習熱心度の水準が高いため，奨学金利用による差がみられにくいと考えられる。こうした解釈に基づけば，第2節で提示した仮説のうち，少なくとも仮説2は正しいことを表8-2 は示唆している。

　次に，他の要因の影響を統制した奨学金利用の影響を検討した結果が表8-3 である。多変量解析においては，一般授業については4件法であるため順序ロジットを，専門授業については通常の線形回帰分析を行っている。統制変数としては，女性ダミー，高校時の暮らし向き，高校ランク，高3成績，父母教育年数，大学ランク，大

160

表8-3　一般科目を従属変数とした順序ロジットと専門科目を従属変数とした線形回帰分析

独立変数	一般科目（順序ロジット）		独立変数	専門科目（通常回帰）	
	Coef	S.E		Coef	S.E
女性ダミー	0.321**	0.103	女性ダミー	0.130	0.119
高校時の暮らし向き	0.108†	0.065	高校時の暮らし向き	0.143†	0.074
高3成績	0.226***	0.041	高3成績	0.276***	0.046
高校ランク	0.171**	0.059	高校ランク	0.067	0.068
父教育年数	-0.006	0.018	父教育年数	0.030	0.021
母教育年数	-0.029	0.027	母教育年数	-0.026	0.031
大学進学地域移動ダミー	-0.068	0.097	大学進学地域移動ダミー	0.162	0.113
大学ランク（基準：私立C）					
私立B	-0.097	0.128	私立B	-0.102	0.149
私立A	-0.107	0.135	私立A	-0.115	0.156
国公立	-0.095	0.135	国公立	-0.087	0.158
サークルダミー	-0.057	0.095	サークルダミー	0.095	0.110
出身専攻（基準：法・政治）					
経済・経営	-0.080	0.145	経済・経営	-0.303†	0.168
社　会	0.234	0.173	社　会	0.626**	0.199
人　文	0.208	0.145	人　文	0.497**	0.165
教　育	0.230	0.177	教　育	0.945***	0.206
心　理	0.186	0.181	心　理	0.827***	0.210
奨学金利用ダミー	0.201†	0.104	奨学金利用ダミー	0.387**	0.121
切片1	-1.043	0.439			
切片2	1.062	0.436	切　片	5.615***	0.508
切片3	3.438	0.444			
LR χ2乗	74.31***		F値	8.43***	
n	1744		n	1744	
Pseudo R^2	0.018		調整済み R^2	0.068	

注）†：$p<.10$，*：$p<.05$，**：$p<.01$，***：$p<.001$

学時地域移動，出身大学での専攻分野を投入した。

　結果をみると，まず一般科目の学習熱心度については，性別や高校時の暮らし向き，高3成績，高校ランクなどが有意になっている。注目変数である奨学金利用ダミーの効果をみると，10％水準で有意な関連を示している。したがって，奨学金利用者は大学時代に非利用者より熱心に一般科目に取り組んでいたことが示唆されているが，10％水準の有意差であるため断定はできない。

　次に専門科目についてみると，高校時の暮らし向きや高3成績は一般科目と同様に有意な関連を示しているものの，性別や高校ランクは有意な影響を及ぼしていない。また，専攻分野変数をみると，経済・経営系は10％水準で有意な負の関連を，

他の分野は1%水準以下の正の関連を示している。つまり，一般科目の学習熱心度は専攻分野間で差がみられなかったことと対照的に，専門科目の熱心度には専攻分野間で差がある。大学授業に対する熱心度は，学生の性質によるものだけではなく，所属する専攻分野とそれに伴う授業内容によって異なることを表8-3は示している。

専門科目の熱心度において奨学金利用ダミーの効果をみると，1%水準で有意な正の関連が示されている。つまり，奨学金利用者の方が非利用者よりも専門科目に関する授業に熱心に取り組んでいたということがここからわかる。したがって第2節で示した仮説のうち，一般科目に関する仮説1はp値も十分には小さくなく，関連があることが示唆されたにすぎないが，専門科目に関する仮説2は明確に検証されたといえる。

奨学金の大半が貸与型である日本において，授業料を家庭が負担することで大学へと進学する学生に対し，奨学金の利用者は大学費用を自己負担することで大学に進学をしているという違いがあること，そしてその後のローンの返済を可能とするために，非利用者よりも熱心に大学での学業生活に臨んでいるという仮説について分析を行ってきた。特に将来の職業との関連が強いと考えられる専門科目について信頼性の高い奨学金の効果が検出されたことから，奨学金の利用者は便益の回収や将来的な返済を意識して，大学時代の授業に熱心に取り組んでいた実態があることが明らかになった[3]。

4 大学での学びは安定した職業の獲得につながるのか

4-1 大学での学びは初職の獲得に役立つのか

残る仮説二つのうち，本項では仮説3を検討する。奨学金の利用者は大学卒業後に多額のローンを返済しなければならないことを考えると，少なくとも正規雇用に就けることが望ましい。そこで，奨学金利用別・非利用の初職の正規雇用割合について，表8-4に示す。併せてχ^2検定による検定を行ったが，有意な差はなく，全体

---

3) 奨学金の利用者は，大学での学業成績が一定の水準を下回ると，奨学金の利用を打ち切られることがあり，奨学金利用の差し止めに対する恐怖感が，専門科目の授業に対して高い熱心度を示す要因となっていることも考えられる。しかし奨学金利用者の専門科目の授業の熱心度の分布を確認したところ，熱心度について「とても熱心に取り組んだ」と回答する割合も一定程度高くなっており，奨学金の差し止めという消極的な理由にのみ基づいて高い熱心度を示しているとは考えにくい。

表 8-4　奨学金利用有無×初職雇用形態 (クロス表)

奨学金	初職雇用形態		合　計	(n)
	非正規	正　規		
非利用	19.30%	80.70%	100.00%	865
利　用	21.80%	78.20%	100.00%	446
合計（%）	20.10%	79.90%	0.00%	1311

注）$\chi^2 = 1.09$, $p = 0.296$

の 20%，すなわち 5 人に 1 人が非正規雇用に就いていることがここからわかる。総じて正規雇用に比べて賃金水準が低く雇用も不安定である。

　非正規雇用の場合，奨学金の返済はいっそう厳しいものとなると考えられる。奨学金利用者のなかでも大学卒業直後に非正規雇用に就いている者が 20% にも及ぶことは，事態の深刻さを示しているといえよう。表 8-4 の段階で仮説 3 は棄却される。

　前節で奨学金利用者の方が大学の授業に熱心に取り組んでいたことを示したが，表 8-4 を踏まえると，そもそも大学での学習熱心度は初職の正規雇用の獲得に有利に働かないことが示唆されている。そこで確認的に，表 8-5 に初職正規雇用ダミーを従属変数とし，奨学金利用ダミー，一般科目の学習熱心度，専門科目の学習熱心度を独立変数に投入した二項ロジットの分析結果を示す[4]。

　注目変数以外の結果をみると，有意な関連を示しているのは「高校ランク」「私立A」「専攻分野」「サークルダミー」「職種」の五つである。特に専攻分野の回帰係数は大きく，いわゆる文系の内部で正規雇用に就ける確率が専攻分野によって異なっていることがわかる。

　続いて，注目変数である奨学金利用ダミーや専門科目の学習熱心度，一般科目の学習熱心度の効果をみると，奨学金利用ダミーだけでなく，専門科目の学習熱心度や一般科目の学習熱心度のいずれも有意な関連を示していない。したがって，大学時代の授業の熱心度は初職における正規雇用の獲得に効果をもっていない。この結果から仮説 3 は完全に棄却される。

　大学で熱心に学んだか否かが新卒時の就職先の雇用形態に影響を与えていないと

---

4) 出身の専攻によって初職の職業選択に偏りがあり，職業によって正規雇用へのなりやすさが異なることが考えられるため，表 8-5 では初職の職種も変数として加えた。

08 奨学金利用と学生時代の学び　*163*

表8-5　初職正規雇用ダミーを従属変数とした二項ロジスティック回帰分析

独立変数	Coef	S.E	独立変数	Coef	S.E
女性ダミー	-0.5**	0.18	初職の職業（基準：その他）		
高校時の生活の豊かさ	0.08	0.1	販売職	0.55*	0.24
高3成績	-0.03	0.07	事務職	0.46*	0.23
高校ランク	0.11	0.09	サービス職	-0.2	0.3
父教育年数	-0.03	0.03	専門職（教員）	-0.21	0.34
母教育年数	-0.04	0.04	専門職（教員以外）	-0.29	0.37
大学進学地域移動ダミー	0.06	0.16	定　数	1.86*	0.8
大学ランク（基準：私立C）			LRχ2乗	117.17***	
私立B	0.06	0.21	n	1311	
私立A	0.43†	0.23	Pseudo R^2	0.089	
国公立	0.21	0.21			
サークルダミー	0.4**	0.15			
出身専攻（基準：法・政治）					
経済・経営	-0.2	0.34			
社　会	-0.75*	0.34			
人　文	-1.26***	0.3			
教　育	-0.48	0.38			
心　理	-1.03**	0.34			
大学成績	0.12**	0.03			
奨学金利用ダミー	-0.17	0.17			
専門熱心度	-0.02	0.04			
一般熱心度	0.02	0.12			

注）†：$p<.10$, *：$p<.05$, **：$p<.01$, ***：$p<.001$

いう本分析結果の背景として考えられるのは，本書の第5章や第6章でも指摘されているように，「大学教育は役立たない」という認識が日本では根強いということである。たとえば本田（2005）は，これまで用いられてきた学歴や学力などの客観的な選抜基準から，コミュニケーション能力や非認知スキルなどの曖昧で抽象的な基準へと重心が移行しつつあることを指摘している。奨学金の利用者が大学での授業に熱心に取り組んだとしても，このような社会状況のもとでは安定した初職の獲得には必ずしもつながらないという実態があることが，分析結果からは読み取れる。

■ 4-2　大学での学習熱心度は現在所得につながるか：
　　「学び習慣」仮説に依拠して

前項で，奨学金の利用者が大学で熱心に学んだとしても，それが社会の入り口としての初職において安定した雇用の獲得につながっていないことを示した。一方，第1節で触れたように，濱中（2013）や矢野（2015）の「学び習慣」仮説を考慮すると，

社会に出た後の継続的な知識やスキルの習得などに媒介される形で，奨学金利用者の大学での授業の学習熱心度が現在の所得の上昇につながっている可能性はいまだ残っている。そこで本項以下では，「学び習慣」仮説に依拠して分析を進めていく[5]。

まず，奨学金利用者と非利用者の平均年収に差があるのかを t 検定によって検討した。結果の図表は紙幅の制約上割愛するが，奨学金利用者と非利用者との間に，現在の平均収入に関して有意な差はみられなかった[6]。一方で「学び習慣」仮説で提示されているように，大学時代の授業への熱心度が現在の知識能力などを媒介して所得に影響をもたらすことを考慮すると，奨学金利用者の大学時代の授業への熱心度は，現在の知識能力に媒介されて現在の所得につながっている可能性がある。濱中（2013）や矢野（2015）の分析はサンプルが工学系と経済学系に限定されているが，本調査データを用いて人文・社会学系学生における「学び習慣」仮説を検証することには意義がある。

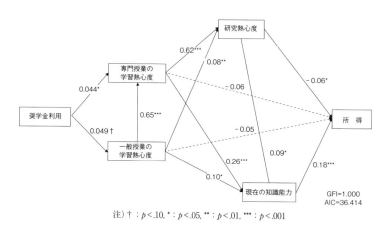

注）† : $p<.10$，* : $p<.05$，** : $p<.01$，*** : $p<.001$

図 8-2　「学び習慣」仮説に依拠した奨学金利用の所得への効果（パス解析）

---

5) 矢野（2015）などは「一般教育熱心度」「専門講義熱心度」「研究室教育熱心度」「卒業時の知識能力」「現在の知識能力」「所得」の六つの変数から分析しており，本調査でそれに準ずる変数を用いて分析を行っている。また，調査票に「卒業時の知識能力」を代替する変数が含まれていなかったため，本分析では検討することができなかった。このように，本分析と矢野（2015）の分析との間には多少の乖離があることを容赦願いたい。
6) 矢野（2015）でも多変量による統制をしたうえで学習熱心度と現職の所得との間に有意な関連はみられていない。

そこで図8-2に,「学び習慣」仮説に奨学金利用ダミーを加えたパス解析の結果を示した。変数は,第3節で用いた奨学金利用ダミー,専門授業の学習熱心度,一般授業の学習熱心度に加え,研究熱心度,現在の知識能力を独立変数に投入し,所得（対数変換）を従属変数として使用している。ここでは有意なパスを実線で,非有意なパスを点線で記している。また,パス係数は標準化係数を示している。なお,ゼミや卒業論文を反映した研究熱心度については,人文・社会科学系出身者のなかにゼミや卒業論文を経験していない者が一定数存在し,欠損が多かったために第3節では分析に加えなかったが,矢野（2015）の分析モデルを踏襲するため本分析においては変数として加えた。

結果をみると,確かに専門科目の学習熱心度や一般科目の学習熱心度から所得に直接つながるパスは有意ではなく,また研究熱心度に関しては有意な負のパス係数を示している。こうした直接効果の結果だけをみれば,前項の結果と同様に大学での授業の学習熱心度は現職の所得にもつながらないこととなる。

しかし,それぞれの学習熱心度から現在の知識能力を媒介した所得へのパスは有意な正の効果を示している。つまり,大学時代の授業に対する熱心度は現在の知識を向上させ,それが所得の向上に結びついていることが図8-2からはみてとれる。また,第3節でみた奨学金利用から専門科目の学習熱心度,一般科目の学習熱心度へのパスの同時推定の結果も,係数は小さいものの有意なパスが確認されている。したがって図8-2からは,奨学金利用者は一般科目や専門科目に熱心に取り組み,そうした熱心度や研究熱心度が現在の知識を向上させた結果,所得の向上につながっているといえる。今回使用した「現在の知識能力」変数は,大学時の専門科目などに関する知識を反映した指標となっているため,大学時に獲得された知識が現在に至るまで維持されていることによるものか,大学時代の授業への学習熱心度が学び習慣を醸成し,現在の知識の獲得に至っているかは判別できない。しかしいずれにせよ,奨学金利用者の授業への熱心度は現在の知識を経由して所得の向上につながっていることを今回の分析結果は示している。仮説4は現在の知識という媒介変数を介した形で検証されたといえる。

本分析では総効果としてのパス係数は非常に小さなものであるが,「学び習慣」仮説を提示した濱中（2013）は,工学系,経済系のいずれにおいても,現在知識などの所得への総効果は,45歳未満より45歳以上において大きいことを指摘している。本分析で使用したデータは25歳から34歳という社会人のなかでは若年の層をサンプルとしているためか,必ずしも大きな効果がみられたとはいえないが,今

後彼らがキャリアを積むにつれ，学び習慣の効果はいっそう大きくなり，奨学金ローンの返済能力を高めていくことが予想される。

5 結　論

■ 5-1　本章の結果から明らかになったこと

　本章で明らかになったのは以下の2点である。第一に，奨学金利用者は非利用者よりも大学時代に熱心に授業に取り組んでいたということである。本章では大学費用を誰が負担するかという違いから，奨学金の利用の有無に注目して学生時代の授業への学習熱心度について検討したが，奨学金利用者は非利用者と比べ，特に専門科目に対して高い熱心度を示していたことが明らかになった。奨学金の利用は大学生活4年間にわたり続くものであり，その総額は決して軽視できるものではない。また，先述したように大学を卒業することが安定した職業に就くことを保障しない今日においては，奨学金の返済に対する負担感はいっそう大きいものであろう。このような背景から奨学金の利用者は，学費負担の当事者という意識のもと，返済できるだけの知識やスキルを養うため，熱心に授業に向かっている実態が本節の分析から明らかになった。Callender and Jackson（2008）は，奨学金利用者がローン返済のためによい職業に就くことを第一義目的に据えているというイギリスの実態を指摘したが，第3節の分析からはこれに類似した実態が日本にも存在することが分析からはうかがえる。

　第二に，奨学金の利用の有無とそれに基づく授業への熱心度の違いは初職の正規雇用の獲得には有意な影響をもたらさないものの，職業を獲得したのちに現在の知識能力を媒介して所得の向上につながるという点である。奨学金の返済は貸与終了の7か月後に始まるため[7]，初職の獲得は奨学金を返済するうえで非常に重要であるといえる。しかし，奨学金の利用の有無を問わず5人に1人が非正規雇用に就いている現状を考えると，奨学金の返済が一部の層には相当な負担となっていることが考えられる。また，彼らが熱心に大学の授業に取り組んだことが最初の職業の獲得に直結しないことも事態の深刻さをいっそう物語っている。

　一方で，奨学金の利用者が大学の授業に熱心に取り組んだ結果，現在の知識を介

7）日本学生支援機構HP参照〈www.jasso.go.jp/shogakukin/seido/henkan/kappu.html（最終閲覧日：2018年2月26日）〉

して所得につながっていることを考えると，大学の授業に熱心に取り組むことは社会の入り口としての初職の獲得には結びつかなくても，「学び習慣」を醸成し，それが現在の知識を高めることで所得の向上へと結びついていると思われる。しかもこうした「学び習慣」に基づく所得への効果が年齢を重ねることで上昇することを考慮すると，奨学金の利用者が返済能力の向上のために大学の授業に励むことは，長期的にみるとローン返済能力の向上につながっているといえよう。

■ 5-2　日本の奨学金制度の問題点

　以上が本章から得られた知見であるが，最後にこうした結果からみられる日本の奨学金制度の問題点に改めて触れておきたい。大学に進学する理由は千差万別であるかもしれないが，将来につながる知識やスキルを学ぶこと，そして自分に適したより良い職業に就くことという二つは，誰もが少なからず考える大学進学の目的ではないだろうか。奨学金の利用者は，家庭からの経済的支援だけで大学に進学することが困難であっても大学への進学を志し，自らローンを抱え大学に進学する。そこにはおそらく先に述べたような動機があるだろうし，本章第3節で明らかにした奨学金の利用者の授業への熱心度の高さは，そうした動機を少なからず反映した結果であろう。

　しかし，そうした負担を抱えながら大学での勉学に励んだとしても，その努力が必ずしも最初の職業に直結しないことが第4節の分析からは示された。若年人口が減り，新卒労働市場が「売り手市場化」している状況は指摘されているものの，今後も経済の低迷が予想されていることや，雇用者に占める非正規雇用者の割合が依然として高いことを考えると，安定した職業の獲得は今日でも容易ではない。こうした状況においては，どのような知識やスキルを獲得すれば返済に十分な収入を保障する職業を手に入れられるかの見通しが立ちにくくなり，奨学金利用者は返済できないかもしれないリスクにいっそうさらされる危険性がある。返済できないかもしれないというリスクによって，大学に進学しない層が増加し，進学格差が拡大することや，社会に出た後も返済に追われ階層格差につながる危険性を今日の日本社会ははらんでいるといえる。本章4-2で示された「学び習慣」仮説に基づく知見は，大学での授業への学習熱心度が返済能力の向上につながることを示しているが，この知見は昇進などを経た長い視点での結果であり，特に若年期の奨学金の返済が厳しいことを考えると，一つの希望ではあるものの厳しい実態を楽観視させてくれる結果とは言い難いのも事実である。

こういった状況を解決するための最優先課題は，貸与型奨学金と併用可能な給付型奨学金を充実させるなど，将来的な返済能力がわからないまま負債を背負わなければならない貸与型奨学金の割合を縮小させ，利用者の将来的負担を減らすことであろう。しかし，実際に給付型奨学金拡充の動きが少しずつみられてはいるものの，今日の日本の国家財政を考慮すれば，奨学金制度の早急な拡充は難しいかもしれない。本章では，奨学金利用者の大学の授業に対する学習熱心度と初職の獲得のねじれを明らかにしたが，このことを考慮したときに，課題の解決のためには奨学金制度の拡充を期待しつつも，大学側が学ぶ意思のある学生に対して将来的に職業の獲得につながるようなレリバントな授業を提供することや，大学での授業への学習熱心度が反映される就職市場での評価基準の組み換えが求められるのではなかろうか。

【文　献】

大内裕和 2015,「日本の奨学金問題」『教育社会学研究』96: 69-86.
小方直幸 2002,「職業的レリバンス研究における大学教育―質問紙調査の能力項目分析」
　　『広島大学大学院教育学研究科紀要』51: 407-413.
小林雅之 2007,「高等教育機会の格差と是正政策」『教育社会学研究』80: 101-125.
小林雅之 2008,『進学格差―深刻化する教育費負担』筑摩書房.
小林雅之 2009,『大学進学の機会―均等化政策の検証』東京大学出版会.
近藤博之・古田和久 2009,「教育達成の社会経済的格差―趨勢とメカニズムの分析」『社会学評論』59(4): 682-698.
潮木守一 2006,『大学再生への具体像―大学とは何か』東信堂.
末冨　芳 2010,『教育費の政治経済学』勁草書房.
銭　小英 1989,「教育機会均等化の実態と奨学金政策」『教育社会学研究』44: 101-118.
中央労働福祉協会 2016,「奨学金に関するアンケート調査結果」〈http://blog.rofuku.net/shogakukin/wp-content/uploads/sites/29/2016/02/c96b14f865daae7e492fe529b3e82176.pdf（最終確認日：2018年7月6日）〉
中澤　渉 2014,『なぜ日本の公教育費は少ないのか―教育の公的役割を問いなおす』勁草書房.
濱中淳子 2013,『検証・学歴の効用』勁草書房.
日下田岳史 2006,「大学への自宅進学率の経済モデル」『教育社会学研究』79: 67-84.
藤村正司 2009,「大学進学における所得格差と高等教育政策の可能性」『教育社会学研究』85: 27-48.
古田和久 2006,「奨学金政策と大学教育機会の動向」『教育学研究』73(3): 207-217.
本田由紀 2005,『多元化する「能力」と日本社会―ハイパー・メリトクラシー化のなかで』NTT出版.
矢野眞和 2015,『大学の条件―大衆化と市場化の経済分析』東京大学出版会.

Callender, C. and Jackson, J. 2005. Does the fear of debt deter students from higher education? *Journal of Social Policy*, 34(4): 509-540.

Callender, C. and Jackson, J. 2008, Does the fear of debt constrain choice of university and subject of study? *Studies in Higher Education*, 33(4): 405-429.

Christie, H. and Munro, M. 2003, The logic of lans: Students' perceptions of the costs and benefits of the student loan. *British Journal of Sociology of Education*, 24(5): 621-636.

Perna, L. W. 2008, Understanding high school students' willingness to borrow to pay college prices. *Research in Higher Education*, 49(7): 589-606.

09 人文社会系大卒者の空間的 ライフコースとその規定要因

河原秀行

本章の目的は，人文社会系大卒者の空間的ライフコース——個人の地域移動の履歴——を，特にその出身地の差異に注目して描き出すことである。地域移動を扱う研究は多いが，それらの多くは「地域」の視点から地域移動を扱うものであり，「個人」の視点から捉えるものは多くなかった。そうした背景を踏まえて本章は，どのように，どこへ，誰が移動しているのかを「個人」の視点から明らかにするものである。

本章の結論は五つある。①出身地によって「どのように移動しているのか」が異なること，②「どこへ移動しているのか」も，出身地の影響を大きく受けること，③出身地によって，移動（経路）の規定要因や，それの効く段階も異なること，④中3成績と進学移動の有無の2変数は，出身地域にかかわらず現住地に対して影響をもっていること，そして⑤外縁地方における教育学部は，外縁地方出身者に出身県で就職する機会を提供していることである。

1 問題設定

本章の目的は，人文社会系大卒者の「空間的ライフコース」とその規程要因を，特にその出身地の差異に注目して描き出すことである。ここでいう「空間的ライフコース」とは，個人の地域移動の履歴であり，換言すれば，個人がたどる居住地の軌跡である。

日本において，個人の地域移動を扱った研究が少ないことはたびたび指摘されている（粒来 1998；中澤 2008；渡邊 2012）。これは，地域という変数が他の変数に代

替可能だと考えられてきたこと（原 2006）や，人口移動を考える際には「地域」が主語になってきたこと（粒来 1998），そして後述するように多くの人口移動研究が扱ってきた政府統計がマクロデータであること（山口・松山 2015）などに起因するだろう。

しかし，地域移動あるいは居住地というものは，個人にとっても決定的に重要である（中澤 2008；渡邊 2012）。居住地が異なることはさまざまな資源や機会へのアクセシビリティが異なることを意味するし，主観的な認識や感情といった観点——場所性——からも切実な問題である。また，どこに移動するか／どこに住むかだけでなく，移動経験やその経路によって生活や意識，必要な支援などが異なる（吉川 2001；中島 2007；石川 2009；轡田 2017）ことを鑑みれば，移動の経路や居住地の履歴もまた重要である。「地域」を主語にした分析だけでなく，「個人」を主語にした分析も，同様に必要であるのだ。本章の意図は，まさにこの，地域移動を「個人」を主語にして捉えることに他ならない。

そしてさらにいえば，こうした一連の関心は，大学教育に関わる政策的課題ともつながりうる。たとえば 2017 年，東京 23 区の大学の学部・学科の新増設を抑制し，大学の地方移転を促進する構想を打ち出した「まち・ひと・しごと創生基本方針 2017」が閣議決定され（まち・ひと・しごと創生本部 2017），それに基づいた告示も文部科学省から出された（文部科学省 2017）。これらは大学（定員）の地域的偏在を見直すことによって，地方の人口流出を緩和させることを意図するものである。しかしここでは，大学に進学する人びとそのものが後景に退いている。地域人口の量的な規模が問題になることによって，質的な内実が問われなくなっているのだ。誰が，どこの大学へ進学し，どこへ就職しているのか——こうした基礎的検討を欠いた政策設計は画餅に帰すだけだろう。またこの流れの一方では，これまでの章でもたびたび言及されてきた通り，文部科学省（2015a）をはじめ，人文社会系学部の意義と役割を見直す動きもある。人文社会系大卒者の地域移動について扱うことは，地域移動に関わる議論だけでなく，人文社会系の学部に関わる議論の礎ともなりえよう。「人文社会系大卒者の空間的ライフコース」は，上記のような政策的関心のもとにもある。

2 先行研究の検討と分析の視点

分析に移る前に，高校卒業時の地域移動について扱った研究と，大学卒業時の地

域移動について扱った研究について概観する。なお，高校卒業時の移動には就業移動と進学移動とがあるが，本章が対象としているのは大卒者であるため，進学移動についてのみ整理する。

■ 2-1　高校卒業時：大学進学に伴う移動（進学移動）

　進学移動について扱う研究は，その根底にある関心の違いによって概ね二つに大別される。一つは「大学進学機会の地域格差」研究，もう一つは「人口移動」研究である[1]。

　「大学進学機会の地域格差」研究の多くは，進学移動を，進学に際して追加的に生じる有形無形のコストとして扱ってきた（経済的コストは中澤（2011）など，心理的コストは石戸谷（2004）など）。進学に際して移動しなければならないという状況を，進学に対する条件不利性であるとし，その状況に直面しやすいか否かという地域間での差異が，「大学進学機会の地域格差」を生じさせる一要素であるとされてきたのである。ゆえにそうした研究のなかでは，つねに大学（あるいはその定員）の地域的偏在が問題視されてきた。

　また，大学（定員）の地域的偏在の影響の受けやすさは，進路選択主体の属性や状態によって異なることも指摘されている。社会的階層が高いほど移動しやすく，そうでないほど移動しにくいということはたびたび確認されている（林 1998；雨森 2008；藤村 2009 など）し，想像にも難くないだろう。その他にもたとえば学業成績が高いほど移動しやすいこと（雨森 2008；藤村 2009），女性の方が移動しにくく，資源的制約の影響を受けやすいこと（日下田 2006；雨森 2008）などが指摘されている。なかでも進路選択主体の性別は，親の意識に対しても差をもたらすことが明らかになっている（石川他 2011）。

　こうした研究の一方で，人的資本論の枠組みから「大学進学機会の地域格差」を捉えたのが朴澤（2016）である。朴澤は，進学にかかる費用だけでなく，進学から得られる便益の見込みをも視野に入れた分析を行い，学歴間賃金格差の程度の地域間での差異が，県外進学率・県全体の進学率に関わっていることを指摘した。ここ

1）これらの他にも進学移動を扱う研究はあり，その例として進路選択研究（冨江 1997；苅谷他 2007 など）が挙げられるが，こうした研究は進路選択主体の主観的な認識や意味づけなどの「意識」に関心があり，本章とはやや関心を異にする。よってレビューから除外した。就業移動についても同様に，「意識」を主題化するなど主要な関心の異なる研究（大谷・井川 2011；高見 2016 など）はレビューからは除いている。

で進学移動は，進学に伴う無駄なコストとしてではなく，便益をもたらす投資の一環として描かれていること，また実際に知見としても「地方部は進学（移動）にかかるコストが高いから進学率が低くなるのだ」という素朴な認識を斥けていることは強調してもよいだろう。

さて，これまでみてきたように，「大学進学機会の地域格差」研究が進学移動を扱う場合には，関心が「進学」にあるため「移動の有無」に焦点をあてる場合が多かった。これに対して「人口移動」研究の場合には，大学（定員）の地域的偏在が人口移動を生じさせる主因として描かれることは変わらない（磯田 2009 など）ものの，関心が人口移動にあるため「移動先」をも含めての分析が行われることがほとんどであることが特徴の一つだろう。そこでは，大都市圏への移動が量的に多いこともももちろんだが，その他に出身県の近隣の県への移動が大きいことが指摘されてきた（秋永・島 1995；山口・松山 2001 など）。他にも，地域移動に占める進学移動の割合の大きいことなどが示されている（石黒他 2012；堀他 2015）。

■ 2-2　大学卒業時：就業に伴う移動（就業移動）

大卒者の就業移動についての研究も，社会学や地理学などの領域で行われている。そこで重要な論点だったのは，大学が「地方」で活躍する人材育成の機能を果たしているのか，ということである。

首都圏に所在する特定大学の事例から，当該大学卒業者に占める出身地へのUターン者の割合が出身地や学部によって異なっていることを示した岡崎（1976）は，そうした研究の嚆矢といえよう。彼の問題意識の根底にあったのは，まさにこの「地方に対する大学の役割」であった。彼は結論で「大都市大学」からのUターン者の少なさを強調し，「「中央」の高等教育人材の養成機能は果たしても，「地方」の「地域社会」に対してその機能を果たしていない点」（岡崎 1976：139）を強く問題視している。学歴を得るために移動した者が帰ってこないのでは，地方の人材流出が進んでしまうとの批判である。

岡崎の（相対的に）悲観的な姿勢に対して，「大卒者の地元志向」の高まりを指摘し，（相対的に）楽観的な姿勢をとる者もいる。たとえば，「大卒者のUターン」は戦後増加してきた（粒来 1998；山口 2002）し，近年もしている／今後もするだろう（堀他 2015）とする研究がそれである。地方の若者の地域移動を扱った社会学的研究の代表である吉川（2001）も，県内エリート層が一定程度は流出しつつも一定程度は帰還・還流する様子を，「ノン・メリトクラティック」な進路分化としている

点において，この立場に近いだろう。

しかし，就業に伴う居住地の分化とメリトクラシー的要素との相関を強調する研究も多い。高学歴者ほど都市へ移動しやすいこと，そしてそれが格差拡大につながりうることも指摘されている（川田 1992；中川 2005, 2007）し，学歴にとどまらず，学校歴の影響も指摘されている。たとえば山形県庄内地域出身者を対象とした山口ら（2010）は，県外進学かつ高位学力層のUターン比率が低下傾向にあることを示した。東北地方を扱った石黒ら（2012）も，都市部への移動によって経済的便益を受けられるのは大卒者のなかでも学校歴が高い者だけである可能性を示唆し，このことから各人が経済合理性に基づく行動をとれば，学校歴の高い者ほど都市へ移動し，そうでない者は地方にとどまる，という構造になりうることを批判した。こうした立場の違いは，時系列的変化に重きを置く（大卒の地元居住者はかつてに比べ増えている）か，属性的差異に重きを置く（大卒の地元居住者は非大卒者に比べ少ない）か，という違いに起因する部分もあろうが，いずれにせよ地域と高等教育の関係を考えるにあたっての重要な差異であることは疑いえない。とくに学歴を統制したうえでの（≒学校歴の）影響については，山口ら（2010）も石黒ら（2012）も慎重な言及の仕方をしているため，学歴を統制したデータを扱う本章での改めての検証が必要だろう。

その他の重要な知見としては，出身地もしくは大学所在地周辺で就業する者が多いこと（渡邊 2012；山口・松山 2015；朴澤 2016），また男性に比べて女性は移動しにくいこと（山口他 2010；渡邊 2012）などが挙げられる。

■ 2-3　先行研究の課題と分析の視点

さて，ここで先行研究の課題を指摘しておこう。

第一に挙げられるのは，「どのように移動しているのか」が，換言すれば移動の経路が，あまり問題化されていない点である。これは前節でも指摘した通り，移動に関する研究の多くが，「地域」の視点から，単一時点での移動を扱っていることに由来するだろう。しかし，「個人」の視点から，すなわち空間的ライフコースの視点から移動をみるならば，移動の規模や移動先だけではなく，その時点や経路も問題となる。高校卒業時の進学移動と大学卒業時の就業移動とを包括的にみる視点が必要になるのである。

第二に，「誰が移動しているのか」について検証が不十分な点である。山口・松山（2015）が述べるように，多くの研究が用いている国勢調査や住民基本台帳人口移

動報告，学校基本調査などの政府統計はマクロデータなので，移動者の出身地や出身階層などはわからず，それゆえに「誰が移動しているのか」については検討がしにくかったことがその原因の一つにあるだろう[2]。よって，ミクロデータを扱う本章においてこそ，検討が必要な課題であるといえる。加えて，個人に関わる変数のなかでも，専攻の重要性について強調しておきたい。岡崎（1976）や中澤（2008）が指摘しているように，大学での専攻分野と就く職業種に相関があるならば，職業種の地域的偏在を経由して，専攻分野と地域移動との間には相関が認められるはずである。にもかかわらず，それについて扱った研究は多くないし，少数ある研究も，対象が限定的である，影響の程度について曖昧であるなど，さまざまな限界がある。人文社会系の種々の専攻を考慮に入れた本章の主要な意義の一つは，この点に認められよう。

　そして最後に，移動やその規定要因の地域ごとの差について，十分に検討がなされていないことである。「ローカル・トラック」の全国的な様相が明らかになっていないといってもよい。先述の通り，既存の各種統計はマクロデータであるので，ミクロデータを用いて分析をしようとした場合には，独自の調査データを用いることになる。しかしそうすると，今度は労力や費用などの現実的な制約から，地域限定的なデータしか得られなくなる。こうして，大卒者の就業移動についてミクロデータから分析する研究のほとんどは，地域限定的な知見を提示するにとどまってしまう（岡崎 1976；川田 1993；吉川 2001；中澤他 2005；中澤 2008；山口他 2010；渡邊 2012；石黒他 2012）。これに対し，本章が扱うデータは全国データであるために全国的な傾向と地域間での差異をともに論じることができる。この点も本章の有する大きな意義の一つである。

　以上を踏まえたうえで，本章では「どのように，どこへ，誰が移動しているのか」を，特に人びとの出身地に注目して検討する。用いるデータは社会人調査データで，このデータの特徴は人文社会系の大卒者に限定されていることである。これはある種の限界ともなるが，先に述べた政策的課題との関わりや，専攻による差異，学歴を統制したうえでの「学力」の効果などへの関心を考えれば，有益な側面もある。

　なお本章では，個人の移動経路を類型化する際には都道府県を単位にし，その後

---

[2] 国勢調査をはじめとするいくつかの政府統計は，申請することによって匿名データが得られる（総務省統計局 2017）。分類区分が粗くなるなどの制限はあるが，それらを用いた研究の蓄積にも期待したい。

09　人文社会系大卒者の空間的ライフコースとその規定要因　*177*

表 9-1　**地域分類** （朴澤 （2016：33） を参考に筆者作成）

地域分類	大都市	非大都市	
		中間地方	外縁地方
居住者数 （高校 3 年時）	1,182	476	399
居住者数 （大学在学中）	1,483	280	287
居住者数 （現在）	1,386	355	316
都道府県	埼　玉　　茨　城	島　根	北海道　　宮　崎
	千　葉　　栃　木	岡　山	青　森　　鹿児島
	東　京　　群　馬	広　島	岩　手　　沖　縄
	神奈川　　新　潟	山　口	宮　城
	愛　知　　富　山	徳　島	秋　田
	三　重　　石　川	香　川	山　形
	滋　賀　　福　井	愛　媛	福　島
	京　都　　山　梨	高　知	福　岡
	大　阪　　長　野		佐　賀
	兵　庫　　岐　阜		長　崎
	奈　良　　静　岡		熊　本
	和歌山　　鳥　取		大　分

の分析では，朴澤 （2016） にならって大都市／非大都市に分け，さらに「非大都市」
を「中間地方」「外縁地方」の二つに分ける。朴澤はこの区分によって移動の傾向や
就職機会に差異があることを見出しており，本章が用いる地域枠組みとしても妥当
性が認められよう[3]。

---

3) 「地域」を扱う際には，「地域」をいかに区分するかということ自体が決定的に重要な問
　題である （貞広 2003；殿岡 2004；河原 2017） ため，この地域枠組みの妥当性について，
　本来ならばより詳細な検討がなされてもよいし，なされるべきだろう。また，都道府県
　という行政区分を基礎的な単位としていること自体，批判されて然るべきである。しか
　し本章では，データや紙幅の制約もあり，地域の区分に関して詳細な議論を展開するこ
　とは避けた。もっとも，分析結果から遡及して考えるならば，ある程度妥当な枠組みで
　あったように思われる。

3 個人の移動経路と移動先：出身地と空間的ライフコース

3-1 「どのように移動しているのか」：移動経路の類型と出身地別の分布

まず，個人の移動経路を類型化する。

社会人調査では，高校3年時（18歳時点）・大学在学中・現在という3時点の居住地について都道府県単位で尋ねている[4]。ここから，個人の移動経路を，「①一貫」「②就業移動」「③進学移動」「④進学移動後Uターン」「⑤周流」の5パターンに分けることができる。

「①一貫」は，3時点での居住地が同一であるパターンである。「②就業移動」は，高校3年時と大学在学中の居住地は同じだが，現在は別の都道府県に居住しているパターンである。「③進学移動」は，高校3年時から大学在学中にかけて居住地の変化があるが，大学在学中と現在では居住地が同一のものであり，「④進学移動後Uターン」は高校3年時から大学在学中にかけて居住地の変化があった後，現在は高

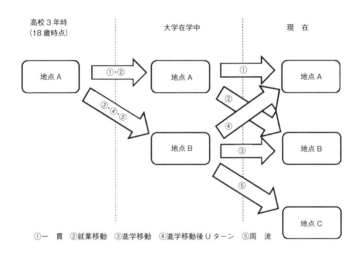

図9-1　移動経路模式図

---

4) 3時点について聞いているとはいえ，3時点についてしか聞いていないことは本章の大きな限界の一つである。高校3年以前の転居や，大学卒業後の転居の有無がわからないからである。なお，大学卒業後の地域移動については，22歳の就業時点がピークであり（山口・松山 2015；高見 2016），それ以外の時点でも若年時が多い（江崎 2006；渡邊 2012；山口・松山 2015）。

校3年時と同じ都道府県に居住しているものである。そして，3時点全ての居住地が異なるパターンが「⑤周流」である。このパターンを図式化したものを図9-1に示す。

これを踏まえたうえで，それぞれの移動経路を示す個人が，どの程度存在しているのかをみてみたい。なお，サンプリングの方法上，以後の分析は日本の人文社会系大卒者全体の動向を正確に反映したものではないことには留意が必要である[5]。

全体でみると，3時点で居住地の変更がない①一貫型の者が最も多く，全体の半数を超えることがわかる。その他の4類型に関しては，どれも1割強で大差はない。

しかし，出身地別にみてみると様相が大きく異なる。大都市出身者についてみてみれば，①一貫が6割以上であり，2番目に多い②就業移動とあわせて8割を超える。これは，大都市は大学（定員）が多いために，進学時に移動を伴う必要に迫られにくいことを示しているだろう。それに対し非大都市では，①一貫型や②就業移動が相対的に少ない一方で，大都市出身者では各1割にも満たなかった③進学移動・

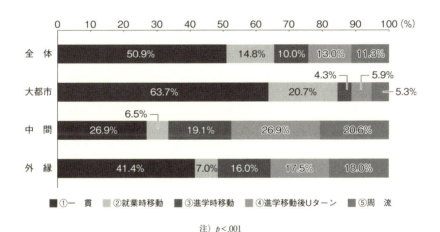

注）$p<.001$

図9-2　移動類型の割合（出身地別）

---

5) より具体的には，社会系学部の傾向を過少に，人文系学部の傾向を過大に評価している可能性があるものの，社会人調査データでは移動類型などの分布の出身学部間での差異は明白にはみられず，サンプルのバイアスがもたらす分析の歪みについてこれ以上詳細に論じることは難しい。

④進学移動後Uターン・⑤周流型の者が，それぞれ2割前後存在している。

また，非大都市の内部で差異があることもわかる。中間地方では外縁地方に比べ，①一貫型の者が少なくなっており，③進学移動・④進学移動後Uターン・⑤周流という，大学進学時点での移動を伴う類型の者が多くなっている。これらは中間地方では外縁地方に比べて県外進学が多いことを指摘した朴澤（2016）と整合的な結果であるが，一方で改めて確認しておきたいのは，中間地方においても外縁地方においても，⑤周流が一定程度おり，部分的には③進学移動や④進学移動後Uターンよりも多くなっていることである。

さて，ここまでの分析で，出身地によって，各移動経路を辿る個人の割合が異なるということがわかった。空間的ライフコースは，出身地の影響を大きく受けるのである。

■ 3-2 「どこへ移動しているのか」：移動者の移動先と出身地別の分布

では，移動者はどこへ移動しているのだろうか。まず進学時点についてみてみよう（図9-3）。

全体でみると，進学移動者は全体のうち4割にも満たないが，その移動の多くは大都市への移動であることがわかる。進学移動者だけでみると，移動者全体の69.1%が大都市への移動者である。

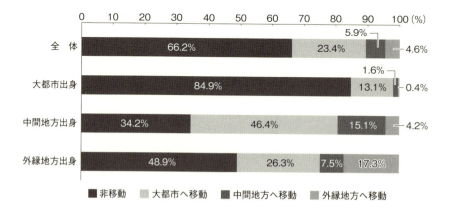

注）$p < .001$

図9-3　進学移動先の割合（出身地別）

さらに出身地を分けてみると，出身地ごとに移動先に大きな偏りがあることがわかる。大都市出身者は，非移動の者が多いのみならず，移動があったとしてもその9割弱が大都市への移動となっている。大都市出身者は1,182人いるにもかかわらず，そのうち中間地方へ進学移動した者は19人しかおらず，外縁地方へ進学移動した者はなんと5人しかいない。大都市出身者はほぼ大都市にしか進学しないものといえる。

中間地方出身者では，非移動の者よりも大都市へ進学する者の方が多く，これが最も特徴的な点であろう。また，大都市への移動が圧倒的に多いことに加え，中間地方への移動も全体の2割弱存在する。一方で，外縁地方への移動者は少ない。

外縁地方出身者では，非移動の者が最も多く，全体の半数近くを占める。次に大都市への進学移動者が多く，全体の3割弱を占めるが，外縁地方へ移動する者も2割弱存在することがわかる。対して，中間地方への進学者は1割にも満たない。

以上のことから，進学に際しての移動先は，出身地の影響を多分に受けているといえる。基本的には，「大都市か出身地周辺」への移動が行われているという先行研究の指摘通りの結果である。

では，就業移動も視野に入れるとどうだろうか。続いて，現在居住地を基準とした移動先をみてみよう（図9-4）。以下の分析では，高校3年時居住地と現在居住地が一致している場合（移動類型でいえば，①一貫か④進学移動後Uターンの場合）

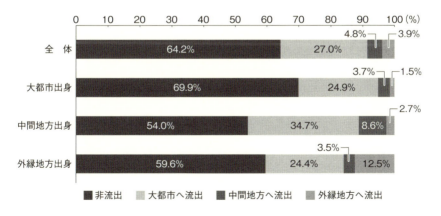

注）$p<.001$

図9-4　流出先の割合（出身地別）

が「非流出」で，それ以外を「流出」としている。

　全体では，非流出（①一貫もしくは④Uターン）の者が最大多数だが，流出者のほとんどが大都市への流出となっている。進学時と同様，大都市への流出傾向が顕著であることがみてとれる。

　次に，出身地を分けてみる。

　非流出者は大都市で相対的に多いということは進学時と共通しているが，それでも進学時と比べれば，大都市では流出者が増え，非大都市では非流出者が増えている。これは図9-2で指摘した，大都市での就業移動者の多さと，非大都市でのUターン者の多さに支えられているだろう。流出先に関していえば，やはり大都市への流出が最大多数であることは変わらないが，出身が非大都市の場合には，進学時よりも「大都市か出身地周辺」に分化する傾向が顕著になる。裏を返せば，「大都市でも出身地周辺でもないところ」へは流出しないということである。前項では空間的ライフコースの分化の仕方が出身地によって異なることをみたが，その到達地点についても，出身地依存的なものとなっているといえよう。なお，これは地方の側からみれば，外縁地方現住者の多く（90.2％）は外縁地方出身者であり，中間地方現住者の多く（83.7％）は中間地方出身者であるという，現住者の出身地の多様性の低さを示していることになる。そして大都市現住者についてもこれは変わらず，大都市現住者の多く（81.0％）は大都市出身者である。

4 「誰が移動しているのか」：出身県外現住の規定要因分析

■ 4-1　変数の選定

　続いて，出身県内に残る者（①一貫・④進学移動後Uターン）と，残らない者（②就業移動・③進学移動・⑤周流）とを分ける要因について検討する[6]。方法には，

---

6) 出身県から出るか否かの差が，現在の状況にいかなる差異をもたらすのかについて，簡単な集計表（表9-2）を載せておく。統制が必要なその他の要因を考慮していないなどの限界は多々あるため，参考程度にしていただければ幸いである。「個人年収の平均」を求めるにあたっては，各回答の階級値を代入して算出しており，うち「2000万円以上」は2000万円としている（外れ値の影響を小さくするため）。また，「勤め先に満足している人」は，「あなたは，現在の勤め先にどれくらい満足していますか」に対して，「とても満足している」「まあ満足している」（4件法の上位2件）と回答した人を指す。ここでは，個人年収・既婚者の割合・勤め先に満足している者の割合の全てについて，出身地の別にかかわらず，（程度の差はあれ）出身県外現住者で高くなる傾向がある。

09　人文社会系大卒者の空間的ライフコースとその規定要因　*183*

表 9-2　出身県内居住者と出身県外居住者の差異

出身地	現住地	個人年収の平均 (万円)		既婚者の割合		勤め先に満足 している人の割合	
外　縁	出身県内	247.6	**	37.9%	**	64.5%	†
	出身県外	307.0		52.4%		73.4%	
中　間	出身県内	246.4	***	38.3%	†	66.1%	
	出身県外	343.8		46.8%		70.1%	
大都市	出身県内	306.5	**	35.1%	***	64.2%	*
	出身県外	342.7		58.5%		72.3%	
全　体	出身県内	284.5	***	36.2%	***	64.5%	**
	出身県外	334.3		53.7%		71.8%	
計		302.7		42.5%		67.1%	

注) 有意水準は, † : *p* < .10, * : *p* < .05, ** : *p* < .01, *** : *p* < .001

表 9-3　使用変数の記述統計

	変数名	平均値	標準偏差	備　考
性　別	女性ダミー	0.682	—	ref. 男性
階　層	父大卒ダミー	0.540	—	ref. 非大卒
	母大卒ダミー	0.229	—	
	高校 3 年時暮らし向き (5 件)	2.870	0.793	
学　力	中学 3 年時成績 (5 件)	3.836	1.165	
専　攻	法学・政治学専攻ダミー	0.193	—	ref. 文学・言語学・哲学・倫理宗教学・ 歴史学
	経済学・経営学専攻ダミー	0.220	—	
	社会学・心理学専攻ダミー	0.220	—	
	教育学専攻ダミー	0.110	—	
地　域	収容率	0.509	0.332	
	新規大卒者初任給額	189.995	9.703	
その他	進学移動ダミー	0.344	—	ref. 非進学移動

出身県内現住を 0, それ以外現住を 1 とするダミー変数を従属変数とした 2 項ロジスティック回帰分析を用いる。

　独立変数には, 第 2 節で言及した地域移動に関わるであろう個人の要素, すなわち性別, 階層, 学力, そして専攻についての変数と, 同じく地域移動に関わる地域の要素として, 大学 (定員) の規模を表す「大学収容率」, 地域における経済的便益を表す「新規大卒者の初任給額 (男女別)」[7] の二つを投入する。ここで,「大学収

容率」という変数について説明を加えておきたい。

大学収容率とは，ある都道府県内における18歳人口に対する大学教育の供給量を示すものとされ，大学（定員）の地域的偏在を表す指標として使われている[8]。本章では，上山（2011）に倣って，ある都道府県に設置されている大学への入学者数を，当該都道府県の3年前の中学校卒業者数で除することによって算出した[9]。

以上の変数を独立変数として投入して分析を行う。しかし，従属変数が現在居住地であるため，先の変数だけを用いたのでは，それらが規定しているのが進学移動であるのか，就業移動であるのかがわからないし，大学進学時の移動がもつその後の移動への影響力も計ることができない。よって，上記の変数のみを用いたモデル1の他に，進学時の移動の有無を含めたモデル2も立てることで，変数の影響が働く時点を捉えるとともに，進学移動がもつ現住地への規定力も探りたい。なお，独立変数のVIFはいずれも2未満である。

■ 4-2　分析：流出の規定要因と，出身地による差異

まず，全てのサンプルを用いて，出身都道府県外現住の規定要因を探る（この分析のみ，出身地のダミー変数を投入した）（表9-4）。

モデル1をみると，男性，高階層者，学力上位者ほど県外へ流出しており，その他，

---

7) 地域における経済的便益を示す指標としては，朴澤（2016）や上山（2014）のように，大卒者の高卒者に対する相対賃金を用いる場合が多いが，これは，上記の研究群の関心が大学進学行動にあるために，進路選択主体の最終学歴が問題となるからである。一方で，本章の対象は全て大卒以上であるため，最終学歴による経済的便益の差には着目する必要がない。よって本章では，出身地における大卒の経済的便益を示す指標として「新規大卒者の初任給額」を用いた。大卒労働者全体の平均値を用いなかったのは，それが地域人口の年齢構成の影響を受けるからである。

8) なお，「収容率」あるいは「収容力」という概念にはいくつかの疑義が申し立てられており，具体的には，たとえば収容率概念は大学の質の差（学部や入試難易度など）を考慮していない（村山2007）ことや，またそもそも県内なら自宅からの通学が可能で，県外ならそれが不可能だという仮定のもとに成立している（河原2017）ことが批判されている。本章の分析は，こうした粗さを含む「収容率」概念に基づいているという点でも一定程度の限界を有している。

9) 収容率や新規大卒者の初任給額は，調査対象者が2016年時点で25歳〜34歳の者であることを鑑み，調査時点で30歳の者が大学2年時のデータ，すなわち2006年の学校基本調査・賃金構造基本統計調査のデータと，その3年前の学校基本調査から得ている。収容率・初任給額ともに時変の変数であるが，年ごとの相関は大きいだろうことを考え，近似値として一律にこれを入れた。

09　人文社会系大卒者の空間的ライフコースとその規定要因　*185*

表 9-4　出身県内居住者と出身県外居住者の差異

		全　体			
		モデル 1		モデル 2	
		β	S.E.	β	S.E.
性　別	女性ダミー	-0.385**	0.133	-0.186	0.143
階　層	父大卒ダミー	-0.030	0.106	-0.055	0.112
	母大卒ダミー	0.211 †	0.123	0.106	0.131
	高校 3 年時暮らし向き	0.136*	0.062	0.101	0.066
学　力	中学 3 年時成績	0.227***	0.043	0.160***	0.045
専　攻	法学・政治学専攻ダミー	0.047	0.143	0.040	0.153
	経済学・経営学専攻ダミー	-0.066	0.141	0.001	0.150
	社会学・心理学専攻ダミー	0.005	0.137	0.047	0.146
	教育学専攻ダミー	-0.230	0.172	-0.111	0.183
地　域	収容率	-0.452*	0.219	-0.050	0.226
	新規大卒者初任給額	-0.025**	0.009	-0.014	0.010
	外縁地方出身ダミー	-0.279 †	0.144	-0.005	0.157
	大都市出身ダミー	-0.227	0.144	0.428**	0.163
その他	進学移動ダミー			1.768***	0.123
	有意確率	p<.001		p<.001	
	Nagelkerke's R^2	0.070		0.207	
	n	2066			

注）有意水準は，†：$p<.10$，*：$p<.05$，**：$p<.01$，***：$p<.001$

収容率や大卒初任給が高いと流出しにくくなることがわかる。これはどれも，先行研究の知見と整合的な結果である。

　次にモデル 2 をみると，進学移動ダミーが有意である一方で，モデル 1 で有意だった変数の規定力はそれぞれ減り，性別や階層変数が有意ではなくなっている。このことから，モデル 1 で有意だった変数が影響するのは概ね進学移動時であるといえる。同時に，進学時の移動の有無が現在居住地に与える影響がとても大きいことも，進学移動ダミーの β 値やモデル間の R^2 値の大きな差異などから読みとれる。また，就業と直接関わる初任給額が進学時にしか効かない一方で，就業よりも進学に対して直接的な影響力をもつだろう中 3 成績が，就業移動にも効果をもつのは興味深い。これはおそらく，中 3 成績（学力）が学校歴に転化し，学校歴が高いほど流動的になることを意味しているだろう。

　次いで特筆しておきたいのは，出身地ダミーの効き方が，モデル 1 とモデル 2 とで異なることである。これを解釈するならば，外縁地方出身者は（中間地方出身者に比べて）非流出の傾向を示すものの，それは進学時の効果が大きいということである（これは図 9-3 などと整合的）。また，就業移動についてのみみれば，大都市出身者は

表9-5 出身県外現住の規定要因分析（地域別）

		大都市出身				中間地方出身				外縁地方出身			
		モデル1		モデル2		モデル1		モデル2		モデル1		モデル2	
		β	S.E.	β	S.E.	β	S.E.	β	S.E.	β	S.E.	β	S.E.
性 別	女性ダミー	-0.513*	0.199	-0.201	0.210	-0.377	0.272	-0.214	0.290	-0.312	0.279	-0.131	0.314
階 層	父大卒ダミー	0.034	0.145	0.024	0.150	-0.009	0.208	-0.129	0.222	-0.072	0.255	-0.062	0.284
	母大卒ダミー	-0.009	0.162	-0.043	0.168	0.563*	0.255	0.407	0.268	0.564†	0.317	0.227	0.353
学 力	高校3年時暮らし向き	0.109	0.087	0.058	0.090	0.238*	0.119	0.213†	0.126	0.019	0.140	0.045	0.155
	中学3年時成績	0.216***	0.058	0.195***	0.059	0.257**	0.088	0.082	0.096	0.272**	0.106	0.197†	0.116
専 攻	法学・政治学	-0.088	0.198	-0.154	0.207	0.185	0.301	0.245	0.319	0.217	0.322	0.255	0.362
	経済学・経営学	0.044	0.186	0.023	0.193	-0.138	0.296	-0.020	0.315	-0.132	0.327	0.067	0.367
	社会学・心理学	0.029	0.183	0.026	0.189	0.039	0.273	0.130	0.290	-0.071	0.345	-0.022	0.383
	教育学	-0.194	0.260	-0.250	0.270	-0.059	0.319	0.299	0.344	-0.732*	0.367	-0.363	0.408
地 域	収容率	0.023	0.267	0.034	0.274	-1.285	1.081	0.038	1.161	-5.213***	1.053	-2.495*	1.166
	新規大卒者初任給額	-0.041**	0.015	-0.013	0.016	-0.009	0.017	-0.006	0.018	-0.013	0.018	-0.021	0.020
その他	進学移動ダミー			1.527***	0.179			1.751***	0.245			2.187***	0.267
	有意確率	p<.001		p<.001		p<.05		p<.001		p<.001		p<.001	
	Nagelkerke's R^2	0.039		0.124		0.059		0.207		0.167		0.376	
	n	1182				476				399			

注) 有意水準は、†：$p<.10$，*：$p<.05$，**：$p<.01$，***：$p<.001$

09 人文社会系大卒者の空間的ライフコースとその規定要因 *187*

（中間地方出身者に比べて）流出しやすいということであろう（図9-2などと整合的）。

　しかし，この傾向も，出身地域別にみると，また異なる様相を示す（表9-5）。

　大都市出身者のモデル1では，女性ダミー，中3成績，新規大卒者初任給が有意に効いているが，モデル2では中3成績と進学移動ダミーだけが有意になる。次に中間地方出身者をみると，モデル1では母大卒ダミー，高3時暮らし向き，中3成績が有意であるものの，モデル2では高3時暮らし向きが10%水準で残るほかは，全て進学移動ダミーに吸収されている。

　最後に外縁地方をみる。モデル1では母大卒ダミー・中3成績，そしてこれまでどこでも有意でなかった教育学専攻ダミーが有意に効いており，さらに収容率が強力に働いている。一方モデル2では，中3成績と収容率が残り，その他は進学移動ダミーに吸収される。

■ 4-3 考　　察

　以上の分析からいえることは四つある。

　第一に，大都市では，階層要因も収容率も影響力をもたないということである。大都市は全体的に収容率が高いため，県内進学ができないゆえに県外進学をするということがそもそも起きにくいのであろう。階層要因も，非大都市では県外進学できるかどうかで問題になるが，県内進学がほぼ自明視されている大都市では，それほど大きな問題にはならないのだと推論できる。すなわち，収容率は，非大都市出身者が県内進学できるかどうかに，階層要因は，非大都市出身者が県外進学できるかどうかにのみ関わっているのだ[10]。

　収容率について付言すれば，非大都市内部でも，外縁地方でしか有意でなかった。外縁地方では収容率の効果が強力であるのに対して，中間地方では収容率が有意ではなく，代わりに階層変数の効果が外縁地方より強いこと，そして朴澤（2016）の知見などを総合して考えてみれば，外縁地方では，「出身階層にかかわらず，収容率の影響を受けて，一定数が（進学）移動しなければならない」というような，消極的移動のメカニズムが主流であり，対して中間地方では，「収容率にかかわらず，

---

10) 念のため改めて注を添えるが，本節が示しているのは「大卒の非流出者と大卒の流出者」を比べての「流出」についての知見である。言い換えれば，「非大卒者」と比しての知見でもないし，「進学」についての知見でもない。たとえば，「大都市で階層要因が効かない」のは，「大卒の非移動者と大卒の移動者」を比較した場合であって，「非大卒の移動者と大卒の移動者」を比較した場合には有意な階層差があるかもしれない。

（将来的な便益への期待から）移動できるものがする」という，積極的移動のメカニズムが主流であると解釈できるだろう。非大都市内部でも，移動のメカニズム自体が異なることが示唆される [11]。

　第二に，上記の変数とは逆に，大都市でのみ有意であったのが女性ダミーと新規大卒者初任給額である。大都市では移動が自明視されていないからこそ，「女性である」ことや「出身県にとどまることで経済的便益を受けられる」ことが，移動に対する枷として働くのかもしれない。

　第三に，上記の変数とは異なって，中3成績と進学移動ダミーは，出身地域にかかわらず影響力をもつ。本章が用いたデータの対象は大卒者に限定されているため，中3成績は学校歴の効果と考えるのが自然であろう。だとするならば本章の結果は，「優秀な」者ほど流出するという悲観的な見方を支持するものである。また，モデル1とモデル2の間の R^2 値の大きな差や，進学移動ダミーの β 値の大きさをみればわかるように，進学移動ダミーの強い影響力も重要である。大学進学時の移動の有無が大学卒業後の居住地をも大きく左右するのである。

　そして第四として，外縁地方出身者において有意な，教育学専攻ダミーの負の効果について述べたい。モデル2では進学移動ダミーに回収されて有意でなくなることから，教育学を専攻する（ことを希望する）者の多くは県内進学をし，そのまま出身県にとどまるということである。つまり，外縁地方の教育学部は，県内進学の機会を提供すると同時に，県内就業のためのルートとしても有効になっているのだ。出身県の収容率が低く，一定数が県外へ流出せざるをえない外縁地方出身者にとって，県内での生活というライフコース実現の一助となっている教育学部は，個人の側からみても有益なことだろう [12]。視点を変えて外縁地方の側からみれば，外縁地方の教育学部は，人口流出を防ぐ機能をもっているのだといえる。

11）外縁地方における収容率の効果が，進学移動ダミーを入れても残るのは，解釈が難しい。背後にある何らかの変数と擬似相関している可能性などが考えられる。

12）なお，外縁地方出身かつ出身県現住の人びとにおいては，教育学部出身者はそれ以外の者より有意に個人年収の平均値が高く（1％水準），既婚者の割合が高く（5％水準），勤め先に満足している者の割合が高い（10％水準）。このことから，外縁地方の教育学部は，出身県内で生活をする機会の量的側面だけでなく，質的側面にも貢献しているように思われる。

5 結　論

　本章では人の移動を「個人」の視点から捉えることを目的とし，分析を行った。本章が示すものは，大きく分けて五つある。

　第一に，出身地によって，「どのように移動しているのか」が異なるということである。大都市では①一貫型ないし②就業流出型が多いが，中間地方や外縁地方では相対的に少なく，代わりに③進学移動や④進学移動後Uターン，⑤周流型の者も多くなっていた。非大都市内部でも，特に①一貫型と④進学移動後Uターン型の規模について差がみられた。このことは，キャリアの空間的軌跡が（言い換えれば，空間的ライフコースが），出身地によって異なる傾向にあることを示している。高等教育機関の偏在や就業機会の偏在は，高等教育機会の地域格差や人口移動との関わりのなかで描かれることが多かったが，それにとどまらず，空間的ライフコースが出身地によってある程度規定されてしまうという，個人のライフコースの問題でもあるのだ。

　第二に，「どこへ移動しているのか」も，出身地の影響を大きく受ける。進学移動だけでみても，あるいは就業移動を含めてみても，居住地は出身地の影響を大きく受けていた。図9-4をみれば，どの地方出身者であっても半数超は出身地にとどまっており，また移動者だけをみても，大都市への移動と出身地周辺への移動が大部分で，大都市から非大都市への流出や，外縁地方から中間地方への流出，中間地方から外縁地方への流出は多くなかった。端的にいえば，居住地選択にはかなり大きな経路依存性があるのである。このことは，個人の側からみたときに，移動先が限定されているという話でももちろんあるが，地域の側からみれば，当該地域現住者の居住経験が偏っているという問題でもある。居住経験に空間的断絶があると言い換えてもいいだろう。実際に，外縁地方現住者の多くは外縁地方出身者であり，中間地方現住者の多くは中間地方出身者であり，大都市現住者の多くは大都市出身者であった。コミュニティ研究や「まちづくり」研究などにおいて，しばしば「よそ者」の重要性が説かれることがあり（敷田 2009 など），地域の経済活動を活性化させる存在としても期待されている（大谷・井川 2011）が，上記の知見からは，そうした多様な居住経験をもつ者同士の相互交流はそう頻繁には起きていないだろうことが推察される。一見すると地方の人口流出を防ぐ機能を担うようにみえる「地元志向」の高まり（堀他 2015）がもつ，「居住地の再生産」を助長する機能にも目を向けたうえで，「地元志向」にとどまらない，居住経験を空間的に分散させることへ

190

の配慮があるべきではなかろうか[13]。

　第三に，出身地によって，移動（経路）の規定要因や，それが効く段階も異なる。すなわち，移動のメカニズム自体が，出身地によって異なりうるということである。たとえば，表 9-5 からは，中間地方では積極的移動が，外縁地方では消極的移動が起こっていることが示唆された。人びとの移動を捉える際には，出身地を考慮したうえでの分析が必要だろう。

　第四に，出身地域にかかわらず現住地に対して影響をもっていたのが，中 3 成績と進学移動の有無である。進学時の居住地選択が，就業後の居住地に大きく関わるということは，進学時に移動するか否か（できるか否か）が，そのまま将来の居住地に関わるということである。とくに非大都市では，②就業移動の者は少なく，進学時に移動しなかった（できなかった）者は，そのまま①一貫型になる場合が多い。そして非大都市での進学移動に対して一貫して影響力をもっていたのが，中 3 成績であった。すなわち，本章の知見は，「優秀な」者・高学校歴の者ほど都市へ流出し，

---

13) この点について私見を述べると，まち・ひと・しごと創生本部（2017）が意図している，大学（定員）を分散させる試みは，特に大都市と外縁地方での「居住地の再生産」を促進するように思われる。大都市出身者のほとんどが大都市の大学に進学している一方で，外縁地方の大学には外縁地方出身者しか通っていないという現状があり，さらに外縁地方では消極的移動が主であることが示唆されているためである。また，より踏み込んでいえば，まち・ひと・しごと創生本部（2017）をはじめとする諸々の政策は，「居住地の再生産」に加えて，地域間での分断をも招きうるようにさえみえる。たとえば，以下の記述。

　　②地方創生インターンシップの推進
　　〈概要〉
　　東京圏への転入超過のうち，進学や就職を機に転入する若年層が大半を占めているため，東京圏在住の地方出身学生等の地方還流や，地方在住学生の地方定着の促進を目的とし，地元企業でのインターンシップの実施の全国展開を産官学を挙げて支援する「地方創生インターンシップ」に取り組み，地方企業の魅力の再発見を通じた地方就職・地元就職を支援し，東京一極集中の是正を図る（まち・ひと・しごと創生本部 2017：14）。

ここでは，「東京一極集中の是正」が，「東京圏在住の地方出身学生」もしくは「地方在住学生」のみの行動変容によって是正されるものとして捉えられている。すなわち，「東京圏出身かつ東京圏在住」の学生が視野にないのである。これは「東京一極集中」の原因を「地方出身者／居住者」だけに求めているという点で「東京圏」と「地方」の間での分断そのものである。

そうでない者ほど非大都市にとどまるという石黒ら（2012）の示唆を補強するものである。大卒以上の者に限ってみても，「学力」が空間的ライフコースを一定程度規定し，しかも「学力」が低い者ほど出身地に埋め込まれる傾向にあるのだ。本章では，このことが個人／地域に対してもつ意味についてこれ以上詳細に検討することはしないが，ただ素朴に人口移動の量的規模のみを扱うのではなく，移動者・非移動者の質的な内実を問う視点も必要であるということは申し添えておきたい。

そして最後に，外縁地方における教育学部がもつ意味について，改めて記しておこう。本書で何度も触れてきた2015年の「国立大学法人等の組織及び業務全般の見直しについて（通知）」は，教員養成学部を含む，人文・社会科学系分野の学部・大学院について，廃止を含めた組織の見直しを求めた（文部科学省 2015a）。これは教員養成学部の廃止を無条件に迫るものではないが，少なくともその「量的縮小」（文部科学省 2015b：3）が意図の一つにあることは疑いの余地がない。ではこの，教員養成学部の，あるいはその定員の「量的縮小」は，外縁地方出身者にどう働くだろうか。教員になりにくくなる，ということももちろんあるだろうが，本章で検討した空間的ライフコースの観点からは，「出身県で進学する」そして「出身県で就職する」という，居住地選択の余地が狭まるだろうことが指摘できる。翻って外縁地方の側からみれば，これは人口流出を加速させるということでもある。地方の「消滅」が叫ばれ，その「創生」が政策的課題ともなる今，大学・学部の意義と役割は，人びとの空間的ライフコースとの関わりという視点からも捉えられるべきである。

【文　献】

秋永雄一・島　一則 1995,「進学にともなう地域間移動の時系列分析」『東北大学教育学部研究年報』43: 59–76.

雨森　聡 2008,「大学進学に対する地方居住のもつ意味―地域的教育機会格差に焦点を置いて」佐藤嘉倫監修『学歴社会と機会格差』日本図書センター, pp.253–270.

石川由香里 2009,「子どもの教育に対する母親の地域移動効果―地域間ジェンダー格差との関わり」『教育社会学研究』85: 113–133.

石川由香里・杉原名穂子・喜多加実代・中西祐子 2011,『格差社会を生きる家族―教育意識と地域・ジェンダー』有信堂高文社.

石黒　格・李永俊・杉浦裕晃・山口恵子 2012,『「東京」に出る若者たち―仕事・社会関係・地域間格差』ミネルヴァ書房.

石戸谷繁 2004,「ローカリティーを生きる―「郡部校」生徒の進路選択」古賀正義編著『学

校のエスノグラフィー―事例研究から見た高校教育の内側』嵯峨野書院, pp.93-119.

磯田則彦 2009,「高等教育機関への進学移動と東京大都市圏への人口集中」『福岡大學人文論叢』41(3): 1029-1052.

上山浩次郎 2011,「大学進学率の都道府県間格差の要因構造とその変容―多母集団パス解析による4時点比較」『教育社会学研究』88: 207-227.

上山浩次郎 2014,「進路行動と地域移動―1990年代以降における関東での大学進学移動に注目して」『北海道大学大学院教育学研究院紀要』120: 111-135.

江崎雄治 2006,「「向都離村」人口移動の減少」江崎雄治『首都圏人口の将来像―都心と郊外の人口地理学』専修大学出版局, pp.33-58.

大谷　剛・井川静恵 2011,「非大都市圏へのU・Iターンの促進とU・Iターン者を活用した内発的雇用創出活性化に係る研究」(研究報告書No.134.) 独立行政法人労働政策研究・研修機構.

岡崎友典 1976,「高等教育就学機会と地方出身者―大卒Uターン者の実態と「大都市大学」の役割」『教育社会学研究』31: 130-141.

苅谷剛彦・安藤　理・有海拓巳・井上公人・高橋　渉・平木耕平・漆山綾香・中西啓喜・日下田岳史 2007,「地方公立進学校におけるエリート再生の研究」『東京大学大学院教育学研究科紀要』47: 51-86.

川田　力 1992,「わが国における教育水準の地域格差―大学卒業者を中心として」『人文地理』44(1): 25-46.

川田　力 1993,「長野県佐久地方における大学進学行動と大学新規卒業者の就職行動」『地理学評論』66A-1: 26-41.

河原秀行 2017,「ローカリズムから〈地域〉を問う―「空間」と「場所」を越えて」『東京大学大学院教育学研究科紀要』57: 271-279.

吉川　徹 2001,『学歴社会のローカル・トラック―地方からの大学進学』世界思想社.

轡田竜蔵 2017,『地方暮らしの幸福と若者』勁草書房.

貞広幸雄 2003,「可変単位地区問題」杉浦芳夫編『地理空間分析』朝倉書店, pp.48-60.

敷田麻美 2009,「よそ者と地域づくりにおけるその役割にかんする研究」『国際広報メディア・観光学ジャーナル』9: 79-100.

総務省統計局 2017,「匿名データの作成・提供及びオーダーメード集計」〈http://www.stat.go.jp/info/tokumei/（最終確認日：2018年7月6日）〉.

高見具広 2016,「UIJターンの促進・支援と地方の活性化―若年期の地域移動に関する調査結果」(資料シリーズNo.152.) 独立行政法人労働政策研究・研修機構.

粒来香 1998,「地域移動の趨勢分析―戦後日本における階層構造との関連から」三隅一人編『社会階層の地域的構造』1995年SSM調査研究会, pp.27-49.

殿岡貴子 2004,「教育社会学における「地域」概念の再検討―「社会空間論」の視角から」『東京大学大学院教育学研究科紀要』44: 141-148.

冨江英俊 1997,「高校生の進路選択における「地元志向」の分析―都市イメージ・少子化との関連を中心に」『東京大学大学院教育学研究科紀要』37: 145-154.

中川聡史 2005,「東京圏をめぐる近年の人口移動―高学歴者と女性の選択的集中」『国民経済雑誌』191(5): 65-78.

中川聡史 2007,「人口移動は不均等を是正するのか─日本，中欧，東南アジアの事例から」『経済地理学年報』53(4): 395–398.

中澤高志 2008,『職業キャリアの空間的軌跡─研究開発技術者と情報技術者のライフコース』大学教育出版.

中澤高志・神谷浩夫・木下禮子 2005,「ライフコースの地域差・ジェンダー差とその要因─金沢市と横浜市の進学高校卒業生を対象に」『人文地理』58(3): 308–326.

中澤　渉 2011,「高等教育進学機会の地域間不平等」『東洋大学社会学部紀要』48(2): 5–18.

中島ゆり 2007,「大学生の就職活動と地域移動」小杉礼子編『大学生の就職とキャリア─「普通」の就活・個別の支援』勁草書房, pp.77–116.

林　拓也 1998,「地位達成における地域効果─機会の地域間格差に注目して」三隅一人編『社会階層の地域的構造』1995 年SSM 調査研究会, pp.69–86.

原　純輔 2006,「社会階層研究と地域社会」『地域社会学会年報』18: 45–61.

日下田岳史 2006,「大学への自宅進学率の経済モデル」『教育社会学研究』79: 67–84.

藤村正司 2009,「大学進学における所得格差と高等教育政策の可能性」『教育社会学研究』85: 27–48.

朴澤泰男 2016,『高等教育機会の地域格差─地方における高校生の大学進学行動』東信堂.

堀有喜衣・喜始照宣・中島ゆり・金崎幸子・小杉礼子 2015,『若者の地域移動─長期的動向とマッチングの変化』(資料シリーズNo.162.) 独立行政法人労働政策研究・研修機構

まち・ひと・しごと創生本部 2017,「まち・ひと・しごと創生基本方針 2017 について」〈http://www.kantei.go.jp/jp/singi/sousei/info/pdf/h29-06-09-kihonhousin2017hontai. pdf（最終確認日：2018 年 7 月 6 日）〉.

村山詩帆 2007,「大学教育機会の地域間格差の再検討─進学移動の構造と過程に照準して」『大学教育年報』3: 62–74.

文部科学省 2015a,「国立大学法人等の組織及び業務全般の見直しについて（平成 27 年 6 月 8 日文科高第 269 号文部科学大臣通知）」〈http://www.mext.go.jp/b_menu/shingi/chousa/koutou/062/gijiroku/__icsFiles/afieldfile/2015/06/16/1358924_3_1.pdf（最終確認日：2018 年 7 月 6 日）〉.

文部科学省 2015b,「新時代を見据えた国立大学改革（平成 27 年 9 月 18 日日本学術会議幹事会における文部科学省説明資料）」〈http://www.mext.go.jp/component/a_menu/education/detail/__icsFiles/afieldfile/2015/10/01/1362382_2.pdf（最終確認日：2018 年 7 月 6 日）〉.

文部科学省 2017,「平成 30 年度に開設しようとする大学又は短期大学の収容定員増及び平成 31 年度に開設しようとする大学又は短期大学の設置の認可の申請に対する審査に関し，大学，大学院，短期大学及び高等専門学校の設置等に係る認可の基準の特例を定める件等の公示について（通知）」〈http://www.mext.go.jp/b_menu/hakusho/nc/1396808.htm（最終確認日：2018 年 7 月 6 日）〉.

山口泰史 2002,「地方の時代と若年層の地元定着」荒井良雄・川口太郎・井上　孝編『日本の人口移動─ライフコースと地域性』古今書院, pp.35–52.

山口泰史・江崎雄治・松山　薫 2010,「新規大卒者のU ターン移動と就職―山形県庄内地域の事例」『季刊地理学』62(4): 211–221.

山口泰史・松山　薫 2001,「わが国における大学進学移動の動向と変化」『東北公益文科大学総合研究論集: forum21』2: 75–95.

山口泰史・松山　薫 2015,「戦後日本の人口移動と若年人口移動の動向」『東北公益文科大学総合研究論集』27: 91–114.

渡邊　勉 2012,「大卒者の地域移動―関西学院大学社会学部卒業生調査の分析（7)」『関西学院大学社会学部紀要』115: 1–21.

あ と が き

　2018 年 4 月現在，日本における大学改革はみしみしと音を立てるような勢いで進められている。国立大学から着手された「改革」が，公立大学・私立大学までをも巻き込むような形の展開がいくつもみられる。

　たとえば 2016 年度から国立大学は，「卓越した教育研究」タイプ（16 大学），「専門分野の優れた教育研究」タイプ（15 大学），「地域貢献」タイプ（55 大学）に分類され，それぞれの具体的な取り組み状況に即して運営交付金を重点配分する仕組みのもとに置かれるようになった。それに続いて，2018 年 3 月 27 日に開催された中央教育審議会大学分科会・将来構想部会合同会議の配布資料[1] では，「世界を牽引する人材を養成」「高度な教養と専門性を備えた先導的な人材を養成」「具体の職業やスキルを意識した教育を行い，高い実務能力を備えた人材を養成」という三つの観点から，公立・私立大学まで含めて各大学の「強み」や「特色」を明確にしていくことが提案されている。さらに同資料では，国立・公立・私立大学を連携させてゆく「大学等連携推進法人」についても提案がある。

　これらは少子高齢化に伴う若年人口の減少と国家財政の逼迫のもとで，設置者の枠を超えた大学の統廃合と「機能強化」を図ろうとする動きであるが，果たすべき機能を大学単位で割り当てようとする発想には，将来構想部会の委員のなかから疑問も示されている[2]。実際に，一つの大学のなかでも学部や学科，あるいは個々の教員によって教育研究の内容や特色は異なっており，それを特定の機能に貢献するように捻じ曲げてゆくことは，むしろ自律的な教育研究の発展を阻害するおそれが強い。

　しかし，先行的に「改革」が実施されている国立大学では，すでに上記 3 タイプへの指定がなされるとともに，学部の再編により新しい文理融合型学部や地域振興型学部などの定員が増え，逆に「人文社会」や「教育」の定員は減少している。第 1 章で触れた 2015 年 6 月 8 日の文科相通知に記されていた，「文系学部の廃止・縮小」は，すでに着々と実施に移されてしまっている。そして皮肉なことに，人口変

---

1)「資料 1-1 大学の「強み」の強化と連携方策について（案）」〈http://www.mext.go.jp/
　b_menu/shingi/chukyo/chukyo4/gijiroku/__icsFiles/afieldfile/2018/03/30/1403109_0
　1.pdf（最終確認日：2018 年 7 月 6 日）〉
2)　前掲注 1 の資料の 5 ページを参照。

動により新規大卒労働市場が「売り手市場化」するなかで，定員が減らされた文系学部への入学人気や採用ニーズは高まっているという指摘がある[3]。ここから読み取るべき教訓は，これが必要だ，あれは必要ない，と「政府主導」で決めつけて進められる「改革」が，社会の現実と乖離している場合も多いということに他ならない。

また，2018年6月現在，政府は低所得世帯の学生に対して大学の授業料を無償化する政策を進めているが，その対象となる大学の条件として，卒業に必要な単位の1割以上の授業を実務経験のある教員が担当していることや，理事に産業界など外部の人材を複数任命していることなどを課す方針を定めたことが示されている[4]。これは，職業的に「役に立つ」大学を優遇する政府の考え方が明確に表れた方針である。この方針についても，学生の学ぶ自由や権利を侵害するものであること，実務家出身教員や産業界からの理事の増加が大学教育の質保障につながるかどうかは疑わしいことなど，すでに多数の批判が寄せられている。このような乱暴な施策は，大学や学生の活力を削ぎ，政府が渇望する「生産性向上」や「イノベーション」をも阻害することが懸念される。

ただし他方で，人文社会系の大学教育がまったく改善を要しないというわけでもない。「役に立たない」という認識・言説やそれに基づく諸政策に抗していくためにも，実際にどのように「役に立って」いるのか，よりいっそう「役に立つ」にはどうすればよいのかについて，理想論や自己正当化の強弁ではなく，データに基づく理解や改善案を，人文社会系の大学側が自ら社会に示してゆく必要がある。頑迷な守旧は，なすすべなく謗られ負け続けてゆくことと正反対にみえて，実は一体である。

このような思いから，私たちは本書のもとになった研究プロジェクトを開始した。その結果をひとまずとりまとめたものが本書である。人文社会系の大学教育の「役立ち方」をさまざまな角度から検討している各章を総合していえることは，教育の内容・方法や学生の学び方（それ自体が大学が指導すべき事柄である），さらにはそれらが卒業後の個人の行動に及ぼす間接的影響によって，あるいは特定の属性や

---

3)「変わる国立大学—減る文系，増える文理融合型」〈http://benesse.jp/kyouiku/201802/20180219-1.html（最終確認日：2018年7月6日）〉

4) 人生100年時代構想会議「人づくり革命　基本構想」https://www.kantei.go.jp/jp/singi/jinsei100nen/pdf/torimatome.pdf（最終確認日：2018年7月6日）〉

あとがき　197

経路をたどる層において殊更に，文系の大学教育は「役に立ちうる」という（常識的な）事実である。人文社会系の内部の各分野の間でも教育内容・方法の特性は異なっており，各分野で何が相対的に欠如しているのかについても，一定の示唆が得られた。本書では主に，教育方法の双方向性と教育内容のレリバンス（将来との関連性・有意味性）に焦点を当ててきたが，これらは人文社会系の大学教育が「役に立つ」かどうかを左右する重要な要素であることが確認された。大学の教育課程や個々の授業の設計において，これら二つの要素を高める試みや工夫が必要であると考える。それを政府に言われたからやるのではなく，人文社会系の諸分野自身の意思と判断において取り組むことを私たちは呼びかけたい。そして，教育の内容・方法が卒業後の将来にどのようにつながっているのかを，まずはその教育を行っている大学人が，空疎ではない言葉で，大学生や社会に対して繰り返し説明してゆくことの不可欠さについても，やはり呼びかけたい。

　ただし，本書には反省点や限界も多々残されている。データサンプル，変数，分析のいずれの点についても，制約と粗さは否めないことを私たちは自覚している。それゆえ私たちは今回の研究プロジェクトをパイロット的なものと位置づけ，その発展形である新たな調査研究の実施に着手したところである。破壊的ともいえる急激な諸「改革」のもとで，地道なデータ収集により大学教育を点検していこうとする私たちの努力は，蟷螂の斧のように無力かもしれず，またスピード的にも間に合わないかもしれない。しかし，この状況下でこのような企図を進めていた者たちがいたということそのものを事実として残すことが，研究者としての私たちの矜持である。

2018 年 6 月

編者

事 項 索 引

あ行

アクティブ・ラーニング　57

一貫　178
一般科目の学習熱心度　160
ST 比　23
演繹的職務分析法　149

か行

外縁地方　16
　——現住者　182
　——出身者　181, 185, 188
概念　131
学習観の転換　135
学習熱心度　158
　一般科目の——　160
学問的知識　7
学問の自由　6
学力　191
学歴不信　107
学校歴と職業　90
カテゴリー　131
「カレッジ・インパクト」論　126

帰納的職務分析法　149
キャリアの空間的軌跡　189
給付型奨学金　168
教育学　22, 25, 30, 31, 35, 40
教育学・心理学　44, 51, 52
教育学部　158
教育学専攻ダミー　188
教員免許　67
居住地　172
　——選択の経路依存性　189
　——の再生産　190

空間的ライフコース　171,

180
グラウンデッド・セオリー・
　アプローチ　130

経済学　30, 31, 35, 40
「健気な親」　152
現在の職種と資格取得　84

コア・カリキュラム　3
　モデル——　3
交渉スキル　31
高卒パネル調査（JLPS-H）
　11
高等教育への進学率　125
広範スキル　36
国際成人スキル調査
　（PIAAC）　5
個人の移動経路　178
コミュニケーション能力　2
雇用と資格取得　83

さ行

採用面接の構造　8
参照基準　4

資格取得
　——研究　65
　——と職業キャリア　80
　——の有無　79
　——の効用　63
　現在の職種と——　84
　雇用と——　83
　自律的なキャリア開発と——
　84
　性別と——　82
　専門分野と——　69, 82
　大学在学中の——　82
　大学での学習姿勢と——
　83
　大学での授業経験と——

83
　大学の入学難易度と——
　82
仕事スキル変数　31, 35
社会科学系　40
社会学　22, 25, 27, 30, 31, 35,
　40, 44, 52, 138
社会学部　147
社会人調査　10, 12, 22, 91,
　109
就業移動　178
柔軟スキル　36
10 年トランジション調査　11
周流　179
主観的な職業的レリバンス
　93, 97
授業外実践コミュニティ　47
出身県　182
出身地　16
取得資格　62
生涯学習　146
奨学金　15
　——利用者　155, 159, 165
　——利用割合　156
商学・経済学　44, 52
情報スキル　31
職業資格　61
　——の分類　66
　——の保有率　14
職業的レリバンス　90
　——の誤認　93
　——の認知構造　101
　主観的な——　93, 97
　大学教育の——　94
職務分析　149
女性　158
女性ダミー　188
初年次教育　131, 137
ジョブ・ローテーション
　147

事項索引　199

自律的なキャリア開発と資格取得　84
進学移動　173, 178
進学移動後Uターン　178
進学移動者　180
進学移動ダミー　188
新規大卒者初任給額　188
「人口移動」研究　174
人文科学系　40
人文系バイアス　99, 102
心理学　22, 35, 40
進路選択研究　173

正課，正課外の経験　107
正規雇用割合　161
政治学　35
性別と資格取得　82
切片化　130
ゼミ（ナール）　127, 132-134, 140, 146
　　——所属率　27
　　——所属理由　27
　　——での発表の回数　27
　　——での発表の機会　27
全国大学生調査　11
潜在クラス分析　94
選抜カップリング　90
専門カップリング　90, 96, 97
専門科目の学習熱心度　160
専門スキル　36, 37
専門分野　51
　　——と資格取得　69, 82

双方向型授業　57
ソーシャルな否定的評価　110, 118, 121
卒業論文　29, 133, 141

た行
大学改革　195
大学教育
　　——のアウトカム　9
　　——の仕事活用度　44, 46, 48, 49
　　——の質保障　3
　　——の職業的レリバンス　94
　　——分野別質保障　4
大学在学中の資格取得　82
大学時代の学習態度　48
大学収容率　184
大学授業料　152
大学進学機会
　　——格差　154
　　——の地域格差　173
　　——の地域格差研究　174
大学生活・意識空間　109, 112
大学生パネル調査　11, 12, 25, 36
大学での学習姿勢と資格取得　83
大学での学習熱心度　106
大学での授業経験と資格取得　83
大学の資格課程　71
大学の収益率　106
大学の入学難易度と資格取得　82
　　——支援　66
（大学）不適応態度　50, 53, 56
大学への否定的意識　111
大学への否定的評価　117
（大学）まじめ態度　50, 53, 56
（大学）ラーニング・ブリッジング態度　13, 50, 53, 58
（大学）レリバンス型授業頻度　53, 57
大都市　187
　　——現住者　182
　　——出身者　181, 185
貸与型奨学金　153
多重対応分析　108
多変量解析　108

地域区分　177

（知識集約型の）第4次産業　97, 102
チャーター効果　126
中間地方　16
　　——現住者　182
　　——出身者　181
中3成績　188

ディスカッション型授業経験　99, 102

な行
内容的レリバンス　37, 40

日本学生支援機構奨学金　152
日本型労働市場　61
　　——における資格の重要度　62
日本の奨学金制度　153

は行
パーソナルな否定的評価　110, 118, 121
バイアス　59
　　人文系——　99, 102
働き方とライフスタイルの変化に関する全国調査（JLPS）　11
パネル調査　11
判断スキル　31
汎用的技能形成　7

人柄　62
非流出　182
非流出者　182

文学・言語　35
文学・哲学・歴史学　44, 52
文系の大学教育　3
分野別質保障　3

偏差値の差　65
法（律）学　25, 27, 30, 31, 40,

135

法学・政治学　*44*

法学部　*147*

方法的双方向性　*37, 40*

ま行

「まち・ひと・しごと創生基本方針 2017」　*172*

「学び習慣」仮説　*8, 56, 84, 106, 154, 163*

モデル・コア・カリキュラム　*3*

や行

役立つ／役立たない　*106, 122*

ら行

ラーニング・ブリッジング　*43, 45, 47, 56*

流出　*182*

歴史学　*35*

レポートに関する学習行動　*8*

レリバンス　*13, 22, 197*

　内容的——　*37, 40*

レリバンス型授業経験　*99, 100, 102*

レリバンス自己評価得点　*119*

ローカル・トラック　*176*

論理スキル　*36*

人名索引

A-Z

Callender, C. *153, 154, 156, 166*
Carlhed, C. *108*
Cheung, S. Y. *9*
Clark, S. L. *97*

Fujihara, S. *9*

Gerber, T. P. *9*

Ishida, H. *9*

Jackson, J. *153, 154, 156, 166*

Le Roux, B. *108, 112*

Muthén, B. *97*

Rouanet, H. *108, 112*

あ行

青島祐子 *77, 82*
阿形健司 *63, 65, 84*
秋永雄一 *174*
雨森聡 *173*

飯吉弘子 *43*
居神浩 *85*
井川静恵 *173, 189*
石井藍子 *7*
石川由香里 *172, 173*
石黒格 *174-176, 191*
石田浩 *11*
石戸谷繁 *173*
磯田則彦 *174*
乾彰夫 *11*
今野浩一郎 *65, 77*
岩田弘三 *56*
岩村美智恵 *7*

上田信一郎 *62*
上西充子 *66, 67, 78, 84*
上山浩次郎 *184*
潮木守一 *152*
浦坂純子 *7*

江崎雄治 *178*
エントウィスル, N. *56*

大内裕和 *152, 154*
大谷剛 *173, 189*
岡崎友典 *174, 176*
小方直幸 *7, 9, 31, 45, 90*
小川和孝 *107*

か行

香川めい *15*
笠木恵司 *62*
片桐新自 *9*
金子元久 *7, 57*
苅谷剛彦 *173*
河井亨 *45, 47, 50*
川田力 *175, 176*
河野志穂 *12, 14, 64, 66*
河原秀行 *16, 177, 184*

吉川徹 *172, 174, 176*
木下康仁 *130*

葛城浩一 *7, 64, 65, 85*
轡田竜蔵 *172*
グレーサー, B. *130*

慶伊富長 *7*

小林雅之 *152, 154*
小山治 *7, 8, 13, 47, 57*
近藤博之 *108, 152*

さ行

貞広幸雄 *177*

敷田麻美 *189*
篠田雅人 *7*
島一則 *107, 174*
下田健人 *65, 77*

末冨芳 *152*
ストラウス, A. *130*

妹尾渉 *107*
銭小英 *152*

た行

高橋桂子 *7*
高見具広 *173, 178*
滝沢聿代 *9*
竹内洋 *90*
舘野泰一 *47*

筒井美紀 *65*
堤孝晃 *13*
粒来香 *171, 172, 174*

殿岡貴子 *177*
冨江英俊 *173*
豊永耕平 *9, 14, 90*

な行

中川聡史 *175*
中澤高志 *171, 172, 176*
中澤渉 *2, 152, 173*
中島ゆり *172*
中原淳 *7, 126*
生田目康子 *64*

西舘洋介 *15*
二宮祐 *15*

仁平征次　64

は行
畑野　快　57
濱口桂一郎　90
濱中淳子　7, 8, 16, 56, 107,
　126, 154, 156, 163, 164
林　拓也　173
林洋一郎　149, 173
原　純輔　172

樋口勝一　64
日下田岳史　7, 107, 158, 173
平尾智隆　7, 126
平沢和司　9, 90

深町珠由　5
伏木田稚子　127
藤村正司　173
藤本佳奈　7
藤原　翔　94

古田和久　7, 108, 152

別惣淳二　9

朴澤泰男　173, 175, 177, 180,
　184
堀有喜衣　174, 189
本田由紀　1, 4, 9, 10, 12, 13,
　22, 90, 163

ま行
松繁寿和　7
松本真作　62
松山　薫　172, 174, 175, 178

溝上慎一　7, 45, 47, 50, 107,
　120, 126

村澤昌崇　7
村山誌帆　184

や行
八木紀一郎　9
保田江美　47, 107, 120
矢野眞和　7-9, 16, 45, 56, 84,
　90, 91, 106, 107, 154, 156,
　163-165
山口泰史　172, 174-176, 178
山田裕司　46
山田浩之　64, 66
山田礼子　7, 126

吉見俊哉　2, 4, 6, 106
吉本圭一　44, 46, 48, 51

わ行
渡邊隆信　9
渡邊　勉　171, 172, 175, 176,
　178

執筆者紹介（*は編者）

本田由紀*（ほんだ ゆき）
東京大学大学院教育学研究科教授
担当：第1章，第2章

小山　治（こやま おさむ）
京都産業大学全学共通教育センター
准教授
担当：第3章

河野志穂（かわの しほ）
立教大学社会学部兼任講師
担当：第4章

豊永耕平（とよなが こうへい）
東京大学大学院教育学研究科
博士課程
担当：第5章

香川めい（かがわ めい）
大東文化大学社会学部講師
担当：第6章

二宮　祐（にのみや ゆう）
群馬大学学術研究院准教授
担当：第7章

西舘洋介（にしだて ようすけ）
東京大学大学院教育学研究科
修士課程
担当：第8章

河原秀行（かわはら ひでゆき）
東京大学大学院教育学研究科
修士課程修了
担当：第9章

文系大学教育は仕事の役に立つのか
職業的レリバンスの検討

2018 年 8 月 31 日　初版第 1 刷発行
2020 年 1 月 31 日　初版第 4 刷発行

編　者　本田由紀
発行者　中西　良
発行所　株式会社ナカニシヤ出版
〒606-8161　京都市左京区一乗寺木ノ本町 15 番地
　　　　　　Telephone　　075-723-0111
　　　　　　Facsimile　　075-723-0095
Website　http://www.nakanishiya.co.jp/
Email　iihon-ippai@nakanishiya.co.jp
郵便振替　01030-0-13128

印刷・製本＝ファインワークス／装幀＝白沢　正
Copyright © 2018 by Y. Honda
Printed in Japan.
ISBN978-4-7795-1310-7

本書のコピー，スキャン，デジタル化等の無断複製は著作権法上の例外を除き禁じられています。本書を代行業者等の第三者に依頼してスキャンやデジタル化することはたとえ個人や家庭内での利用であっても著作権法上認められていません。

ナカニシヤ出版・書籍のご案内　　表示の価格は**本体価格**です。

反「大学改革」論

若手からの問題提起　藤本夕衣・古川雄嗣・渡邉浩一［編］　　これから大学はどうなっていくのだろうか。今後の大学を担う若手たちが，現状の批判的検討を通じて，より望ましい方向性を模索する。　　　　　　　　　　　　　　　　　　　　　　　2400 円＋税

高校・大学から仕事へのトランジション

変容する能力・アイデンティティと教育　溝上慎一・松下佳代［編］　　若者はどんな移行の困難の中にいるのか──教育学・社会学・心理学を越境しながら、気鋭の論者たちが議論を巻き起こす！　　　　　　　　　　　　　　　　　　　　　　　　　　2800 円＋税

認知資本主義

21 世紀のポリティカル・エコノミー　山本泰三［編］　　フレキシブル化、金融化、労働として動員される「生」──非物質的なものをめぐる現代のグローバルな趨勢「認知資本主義」を分析。　　　　　　　　　　　　　　　　　　　　　　　　　　2600 円＋税

自立へのキャリアデザイン

地域で働く人になりたいみなさんへ　旦まゆみ［著］　　なぜ働くのか，ワーク・ライフ・バランス，労働法，ダイバーシティ等，グローバルに考えながら地域で働きたい人のための最新テキスト。　　　　　　　　　　　　　　　　　　　　　　　　1800 円＋税

大学における多文化体験学習への挑戦

国内と海外を結ぶ体験的学びの可視化を支援する　村田晶子［編著］　　海外，国内での異文化体験と多様な背景をもつ人々との交流を「多文化体験学習」と捉え多様な実践から教育デザインと学びの意義を分析。　　　　　　　　　　　　　　　　　2900 円＋税

大学における海外体験学習への挑戦

子島　進・藤原孝章［編］　　様々なプログラムを記述・分析する「事例編」と学習を総合的に検討する「マネージメントと評価編」を通しよりよい実践をめざす。　　2800 円＋税

若者たちの海外就職

「グローバル人材」の現在　神谷浩夫・丹羽孝仁［編著］　　経済のグローバル化が進むなか、自らの意思で海外に移住し、様々な言語・社会・経済の環境の中で働く日本人の実態を綿密な調査を通じて明らかにする。　　　　　　　　　　　　　　　2700 円＋税

テストは何を測るのか

項目反応理論の考え方　光永悠彦［著］　　そのテスト，大丈夫？　PISA などに用いられている公平なテストのための理論（＝項目反応理論）と実施法を解説。　3500 円＋税